森林资源资产负债表编制：理论框架与实务操作

张瑞琛　著

中国财经出版传媒集团
中国财政经济出版社
·北京·

图书在版编目（CIP）数据

森林资源资产负债表编制：理论框架与实务操作／张瑞琛著．-- 北京：中国财政经济出版社，2025. 3.
ISBN 978－7－5223－3825－5

Ⅰ. F326. 25

中国国家版本馆 CIP 数据核字第 2025H25Q34 号

责任编辑：段　钢　　　　　　责任校对：徐艳丽
责任印制：史大鹏

森林资源资产负债表编制：理论框架与实务操作
SENLIN ZIYUAN ZICHAN FUZHAIBIAO BIANZHI：
LILUN KUANGJIA YU SHIWU CAOZUO

中国财政经济出版社 出版

URL：http：//www. cfeph. cn
E－mail：cfeph@ cfeph. cn

社址：北京市海淀区阜成路甲 28 号　邮政编码：100142
营销中心电话：010－88191522
天猫网店：中国财政经济出版社旗舰店
网址：https：//zgczjjcbs. tmall. com
涿州汇美亿浓印刷有限公司印刷　各地新华书店经销
成品尺寸：170mm×240mm　16 开　15. 75 印张　225 000 字
2025 年 3 月第 1 版　2025 年 3 月河北第 1 次印刷
定价：88. 00 元
ISBN 978－7－5223－3825－5
（图书出现印装问题，本社负责调换，电话：010－88190548）
本社图书质量投诉电话：010－88190744
打击盗版举报热线：010－88191661　QQ：2242791300

本书是2019年度国家社会科学基金一般项目《森林资源资产负债表编制研究》（项目编号：19BGL162）的最终成果；本书的出版受到福建农林大学经济与管理学院一流师资队伍建设项目的资助！

前　言

中国式现代化是人与自然和谐共生的现代化，党的二十大报告强调："必须牢固树立和践行绿水青山就是金山银山的理念，站在人与自然和谐共生的高度谋划发展。"绿水青山等自然资源在国家安全、民族生存、区域协调发展中发挥基础性作用，健全自然资源资产管理体制、构建自然资源资产全过程责任体系对深入推进生态文明建设至关重要。新时代新征程，要不断巩固生态文明建设已取得的成效，充分发挥自然资源资产各项制度管根本、管长远的作用，站在人与自然和谐共生的高度，探索适应中国式现代化发展的生态文明建设有效路径，走好生态文明建设康庄大道。

厘清全民所有自然资源所有权委托代理关系，让生态文明建设工作"制度化"。全民所有自然资源所有权委托代理机制是生态文明建设的重要内容和内在要求，旨在落实资源保护与开发过程中全民主体的地位、深化自然资源资产管理改革，强调先代表后委托。自然资源的自然禀赋特性导致自然资源资产变化莫测，单凭某一个部门的监督管理是无法做到资源优配的，因此，需要对自然资源产权制度进行分配，将所有权和管理权进行分割，使代理人通过契约获得管理权和收益权，进而激励代理人对管理对象进行主动积极的规划管理，达到降低非必要成本消耗的目的。在构建全民所有自然资源所有权委托代理机制前，应当明确代理人行使权力的内容限制，划清权力与责任的界限，并且对利益双方非一致的成本与收益问题建立合理的契约激励，实行严格的监督约束机制，对双方利益均给予充分考量，做到平衡保护、合理兼顾。

持续开展自然资源报表编制工作，让生态文明建设过程“报表化”。构建实物量、价值量自然资源报表体系，一是全面推广自然资源大数据平台，方便直接对自然资源数据进行归集、转换、分析等，深度挖掘自然资源分布状况、结构等报表编制的相关信息，实现自然资源资产信息化管理平台与林业、农业、水利、环保等多部门信息联动管理平台有效对接，稳步推进自然资源资产信息化管理平台的县市、省直乃至全国范围的全覆盖。二是建立健全实物量型自然资源报表的编制标准体系，明确自然资源报表体系构成、自然资源资产核算总则和单项自然资源资产核算技术指南，组成配套的自然资源资产管理文件，形成一套涵盖数据获取、模型评估全过程的方法指引体系，并尽量在全国范围内统一自然资源报表编制的格式、内容、统计方式和口径，使得自然资源的存量、价值量及相应变动都能统一规范、及时准确地反映。三是改进自然资源经济和生态价值的测算方法。结合现行测算方法，运用生态学、生态经济学和环境科学等为理论依据，在数据评估合理性的前提下，尽量探索出成本低廉、适用性强、耗时短、可操作、结果稳定可靠的测算方法，突破自然资源报表由实物量向价值量型报表转化的瓶颈。

强化领导干部自然资源资产离任审计，让生态文明治理“责任化”。党的十八届三中全会提出：“探索编制自然资源资产负债表，对领导干部实行自然资源资产离任审计。建立生态环境损害责任终身追究制。”自然资源资产审计作为生态文明体制建设的重要举措，不仅是一项领导干部绩效评价和责任追究制度，更是我国生态文明建设和绿色发展大局的重要组成，应提高政治站位。一是转变“离任审计”为“年度审计”。按年份对价值量自然资源资产负债表实施审计，满足常态化年度审计需要，实现对领导干部任内连续、全面的审计监督与评价，有效克服离任审计和专项审计的滞后性问题。二是建立自然资源资产审计评价体系。结合价值量自然资源资产负债表中资产、负债、净资产等各项目的具体内容，构建一套基于价值量的符合审计评价工作需求的审计评价指标体系，作为对领导干部绩效评价、人事安排和奖惩的重要依据。三是完善审计结果运用，健全生态文明监督与考核机制。应扎紧制度的笼子，使领导干部敢担当、敢负责，在发展经济的同时，必须兼顾对绿水青山的保护，将美丽中国和生态文明建设落到实处。

实施自然资源资产管理情况报告制度，使生态文明建设成效“公开化”。为更好地适应中国式现代化的发展需要，实现可持续化的自然资源管理，一是完善自然资源资产产权体系，要深化自然资源统一调查，切实做好自然资源和不动产统一确权登记，稳步开展重点区域自然资源确权登记公告登簿，明晰产权主体和权利内容，支撑自然资源整体保护、系统修复及综合治理，服务生态文明和美丽中国建设。二是从工作方式、方法和重点上做好三个转变，首先监督管理工作需要转向全民所有自然资源资产所有权委托代理，其次是从审计角度出发，探索审核自然资源资产价值以及领导干部离任审计，最后是将重点落在自然资源监督管理体系规范化上，健全完善监督管理流程，实现自然资源有效利用。三是建立上下联动、横向协同的报告机制。自然资源部门要确定“路线图”、绘好“时间表”、制定“任务书”，明确专项报告的内容、工作流程、职责分工等，加强与全国人大常委会等部门的沟通协作，探索建立国有自然资源资产管理评价指标体系，使自然资源资产管理情况得到清晰反映。

当前，我国生态文明建设进入了以降碳为重点战略方向、推动减污降碳协同增效、促进经济社会发展全面绿色转型、实现生态环境质量改善由量变到质变的关键时期。推进生态优先、节约集约、绿色低碳发展，必须把健全现代环境治理体系作为推进生态环境保护的基础支撑，建立健全领导责任体系、企业责任体系、全民行动体系、监管体系、市场体系、信用体系、法律法规政策体系，落实各类主体责任，提高市场主体和公众参与的积极性，在改善生态环境质量上不断取得新进步，在促进经济社会发展全面绿色转型中不断取得新进展。本书正是从“森林资源资产负债表”这一研究视角出发，形成了一个较完整的研究框架，为进一步的理论分析和相关政策制定提供了可依赖的经验证据支持和依据。

张瑞琛

2025 年 1 月 1 日

目　　录

上篇　森林资源资产负债表编制：理论框架

上　篇

森林资源资产负债表编制：理论框架

第一章

绪　论

第一节　研究背景

中国式现代化是人与自然和谐共生的现代化，党的二十大报告强调："必须牢固树立和践行绿水青山就是金山银山的理念，站在人与自然和谐共生的高度谋划发展。"深入贯彻落实这一重要要求，必须着力健全现代环境治理体系，为实现经济社会发展与人口、资源、环境相协调提供坚强保障和坚实基础。绿水青山等自然资源在国家安全、民族生存、区域协调发展中发挥基础性作用，健全自然资源资产管理体制、构建自然资源资产全过程责任体系对深入推进生态文明建设至关重要。随着全球对可持续发展和资源管理重视程度的日益加深，森林资源作为地球上最重要的自然资源之一，其科学管理与合理利用已成为国际社会普遍关注的焦点。而森林资源的管理与评估正通过大数据、云计算等现代信息技术，逐步迈向精细化、智能化，为森林资源资产负债表的科学编制提供了前所未有的技术支撑。在此背景下，森林资源资产负债表编制的研究不仅是对传统森林资源管理方式的革新，更是推动绿色经济、实现生态文明建设的重要工具。

生态环境治理能力是国家治理能力的重要体现。健全现代环境治理体系，是推进国家治理体系和治理能力现代化的内在要求。党的十八大以来，以习近平同志为核心的党中央把生态文明建设作为关系中华民族永续发展的根本大计，从思想、法律、体制、组织、作风等方面全面发力，开展一系列根本性、开创性、长远性的工作，把“美丽中国”纳入社会主义现代化强国目标，把“生态文明建设”纳入“五位一体”总体布局，把“人与自然和谐共生”纳入新时代坚持和发展中国特色社会主义基本方略，把“绿色”纳入新发展理念，把“污染防治”纳入三大攻坚战，对生态文明建设进行全面系统部署安排。在这一过程中，我国现代环境治理体系不断健全完善，生态环境治理体系和治理能力现代化水平显著提升。实践证明，健全现代环境治理体系，有利于充分发挥制度管根本、管长远的作用，不断提高生态环境治理体系和治理能力现代化水平，为推进国家治理体系和治理能力现代化、满足人民日益增长的优美生态环境需要提供坚强保障。

早在2013年，党的十八届三中全会通过的《中共中央关于全面深化改革若干重大问题的决定》就明确提出要探索编制自然资源资产负债表，并对领导干部实行自然资源资产离任审计，建立生态环境损害责任终身追究制。这一决定为我国森林资源资产负债表的编制提供了重要的政策依据和指导思想。随后，2015年3月，中共中央政治局审议通过的《关于加快推进生态文明建设的意见》中，进一步强调了以自然资源资产产权和用途管制、自然资源资产负债表、自然资源资产离任审计、生态补偿等重大制度为突破口，把生态文明建设纳入法治化、制度化轨道的重要性。此后，我国于2022年计划在内蒙古、福建、河南、海南、青海五省区开展森林资源价值核算试点工作，旨在建立健全生态产品价值实现机制。以上政策的出台，体现了我国政府对森林资源保护的高度重视，也为森林资源资产负债表的研究提供了政策依据和研究方向。

党的十八大报告强调了生态文明建设在中国发展总体布局中的关键地位，将其作为“五位一体”总体布局的一个重要方面。这一战略布局还包括经济建设、政治建设、文化建设和社会建设。随后，在十八届三中全会上，中国共产党进一步明确提出了编制自然资源资产负债表的要求，以更全面地评估和管理国家的自然资产。2015年，国务院办公厅正式发布了《编制自然资源资产负债表试点方案》（国办发〔2015〕82号），旨在通过试点工作探索和实践自然资源资产管理的有效途径。根据该方案，选择了内蒙古自治区呼伦贝尔市、浙江省湖州市、湖南省娄底市、贵州省赤水市和陕西省延安市等地区开展编制自然资源资产负债表的试点工作。这些试点地区的选择考虑了自然资源的代表性以及当地已有的工作基础。在十三届全国人大一次会议上，通过了关于国务院机构改革方案的决定，其中批准成立了中华人民共和国自然资源部。党的二十大报告指出，“中国式现代化是人与自然和谐共生的现代化”，明确了我国新时代生态文明建设的战略任务，总基调是推动绿色发展，促进人与自然和谐共生。以上文件体现了中国政府在推进生态文明建设方面的坚定决心和明确态度。森林资源作为自然资源资产中的重要组成部分，其管理和保护尤为关键。为此，编制森林资源绿色资产负债表成为一项重要任务。这样的资产负债表能够为生态文明建设提供信息支持，帮助有效保护和可持续利用森林等自然资源。它不仅提供了资源存量和流量的数据，还有助于监测资源的变动情况，为政策制定和资源配置提供决策支持，从而促进生态环境的保护和可持续发展。

从实务工作角度看，当前各省、市、试点地区编制的自然资源资产负债表森林资源部分大多仅包含森林资源实物量的增减变动情况，缺少对森林资源经济价值与生态服务价值增减变动情况的反映。从理论角度看，目前尚未有森林资源资产负债表系统理论体系研究，无法进一步指导实务工作的推进。在此背景下，完善森林资源资产负债表的理论研究及其应用与创新，对促进我国自然资源资产负债表编制、推动生态文明建设，具有重要的实际意义。

第二节 研究方法

第一，文献分析法。通过对该成果相关的文献进行整理、分析和综述，洞悉国内外在森林资源资产负债表理论研究的前沿动态，通过梳理和总结现有文献研究成果，学习和借鉴前沿研究成果和最新研究方法，为成果研究奠定理论基础和搭建研究框架，分析现有研究的侧重点和不足，找到本成果研究工作的主要突破点。

第二，案例分析法和比较研究法。本书所进行的案例分析与调查主要集中在森林资源实物量与其经济价值、生态服务价值的内在联系及普遍规律，为简化森林资源经济价值、生态价值评估程序提供科学、合理的推算方法，提高实务工作的可操作性。

第三，归纳演绎法。归纳法是从个别事实中概括出一般性的结论原理的方法，也就是从具体的例子中归纳出一般性结论的方法。演绎法则是从一般性原理、概念引出个别结论的方法，即根据已有的前提，应用逻辑推理得出结论的方法。本书通过归纳法从具体案例中提炼出一般性的结论或假设，然后再通过演绎法对这些结论或假设进行逻辑验证和推导，最终得出严密科学的结论。

第四，实证研究法。依据统计数据，建立数学模型，并用数学模型计算出分析对象的各项指标及其数值的方法。在文献研究和文本分析的基础上，针对已有研究方法的不足，提出新的研究方法，构建合理模型来确定条件因素与现象之间的因果关系的活动，阐明自变量与某一因变量的本质关系。

第五，综合分析法。通过全面整合相关理论和已有研究成果，构建系统的研究框架。深入分析、对比和归纳，从而揭示问题的本质和规律，确保研究结论的科学性和可信度。不仅提高了本书的逻辑性和说服力，而且丰富了研究内容和深度，为学术界和实践领域提供了更可靠的参考和启示。

第三节　研究意义

一、理论意义

第一，完善森林资源资产负债表编制框架。国内外已经形成环境经济综合核算框架体系，但这一核算体系对森林资源的确认计量与评价是建立在宏观区域尺度上的。我国会计实务上对环境核算无论是宏观层面的环境经济综合核算，还是微观层面的会计核算，缺少对森林资源资产负债表编制的理论框架、森林资源经济价值与生态服务价值在森林资源资产负债表中的反映等相关研究，本书将进一步分别研究与完善。

第二，系统梳理资源经济学理论体系。森林资源资产负债表的研究，有助于深化对森林资源价值、权属及变动规律的认识，进一步丰富和完善资源经济学理论体系。通过构建资产负债表，可以系统梳理森林资源的经济属性、生态功能和社会价值，为资源经济学提供新的研究视角和理论支撑。

第三，推动会计学科创新发展。森林资源作为特殊的自然资源，其资产负债表的编制需要融合会计学、林学、生态学等多学科知识。这一研究不仅拓展了会计学的研究领域，也为会计学科在自然资源管理方面的应用提供了理论支持。通过构建科学合理的森林资源资产负债表，可以推动会计学在自然资源领域的创新发展。

二、实践意义

第一，形成科学规范的森林资源价值计量方法。探讨森林资源经济价值与生态服务价值会计核算理论，形成科学规范的森林资源价值计量方法，构建较为系统且具有可操作性的森林资源的会计确认与计量、会计科目、账务处理和会计报告体系，使森林资源财务会计理论与实务基于可持续发展的前提下获得新的拓展，从而弥补传统林业会计核算方面存在的一些缺陷与不足。

第二，促进森林资源的可持续利用。通过编制森林资源资产负债表，可以清晰地了解森林资源的现状和未来发展趋势，为制定可持续利用策略提供重要参考。这有助于避免过度开发和不合理利用，确保森林资源的长期稳定和可持续发展。

第三，提升生态保护意识和行动。森林资源资产负债表的编制和公布，有助于提升公众对森林资源价值和重要性的认识，增强生态保护意识。同时，资产负债表的数据展示，可以激发社会各界参与森林资源保护和生态建设的积极性，形成全社会共同保护森林资源的良好氛围。

第四，推动绿色发展和生态文明建设。森林资源是生态文明建设的重要组成部分，其资产负债表的编制有助于推动绿色发展和生态文明建设。通过优化森林资源配置、提高森林资源利用效率、加强森林资源保护等措施，可以实现经济发展与生态环境保护的良性循环，为构建美丽中国贡献力量。

总的来说，森林资源是自然资源的重要组成，也是陆地生态系统的主体，选择森林资源资产价值进行研究具有相当重要的理论与现实意义，即丰富了资源会计的研究基础和相关理论，为森林资源资产负债表框架体系和自然资源资产负债表审计研究奠定了理论基础；对森林资源的生态价值进行合理准确的确认和计量，是准确反映所在地区自然资源价值量的保障，更是自然资源资产负债表正确编制的基础工作。只有确保森林资源生态价值科学合理的确认与计量，才能保证自然资源资产负债表的准确编制，同时也是领导干部自然资源离任审计的重要前提工作。

第四节　研究框架与技术路线

本书研究的总体思路是对习近平总书记提出的生态文明建设的思想以及相关的文献与政策进行梳理，总结自然资源资产负债表与森林资源资产负债表体系概念框架，并总结其背后的意义与目标；进而归纳不同类型森林资源在会计领域确认、计量、记录、报告的方法，从而科学合理地编制森林资源资产负债表；在此基础上，结合试点地区的相关数据，总结森林资源资产负债表编制的经验，探讨森林资源资产负债表编制的合理路径并提供案例，同时在全国范围内推广森林资源资产负债表的实务运用，从领导干部森林资源资产离任审计视角切入并提供案例；为自然资源部、国家林业和草原局等相关政府部门提供政策建议与咨询报告。

本书的主要研究对象包括：在习近平生态文明思想指引下梳理森林资源资产负债表编制的理论基础；开展各试点地区森林资源资产负债表编制与审计的具体案例分析，为森林资源生态资产负债表编制的实现路径提供实践经验积累；为自然资源部、国家林业和草原局等相关政府部门就加强生态文明建设，编制自然资源资产负债表提供政策建议与咨询服务。本书的整体框架包括以下几个部分：

第一部分：介绍研究的背景、方法、研究意义与创新点。本部分介绍研究主题的背景、研究所采用的方法、意义与创新点，包括问题的起源、研究的动机以及研究领域的现状和挑战、研究的重要性和价值等。此外，还讨论了本书的总体框架与创新点。

第二部分：相关理论基础的梳理以及习近平生态文明思想概述。本部分对森林资源资产负债表编制相关的理论知识进行详细梳理，同时将对习近平生态文明思想建设理念进行阐述。

第三部分：系统介绍自然资源资产负债表与森林资源资产负债表的财务概念框架。本部分主要系统地构建自然资源资产负债表与森林资源资产负债表编制的理论基础，解决编制自然资源资产负债表与森林资源资产负债表的理论框架，明确报告目标、编制的基本假设、需要确认的会计要素、报表的信息质量特征等内容。

第四部分：森林资源资产负债表报表的具体编制。本部分将结合会计学、林学、资产评估学等多学科知识，对森林资源资产负债表的列报内容与项目、列报基础及其他相关理论进行探讨与研究，就报表中资产、负债及所有者权益的具体内容、各项目的构成要素、报表项目之间的逻辑关系、报表附注及相关信息披露要求等方面内容进行详细设计与研究，力争设计出一张不仅能反映森林资源的实务量，更能反映其价值量和生态价值的报表。

第五部分：试点地区森林资源资产负债表编制的案例分析与实务运用。本部分以试点地区为例，搜集国家设立的几个试点地区的相关数据并开展森林资源资产负债表编制与审计的案例分析，从而得到通过森林资源资产负债表编制与审计的实践经验总结。

第六部分：结论及政策建议。本部分将在理论研究和实践经验总结的基础上得出科学合理的结论，为自然资源部、国家林业和草原局等相关政府部门提供政策建议与咨询服务。图 1－1 是本书研究的具体框架。

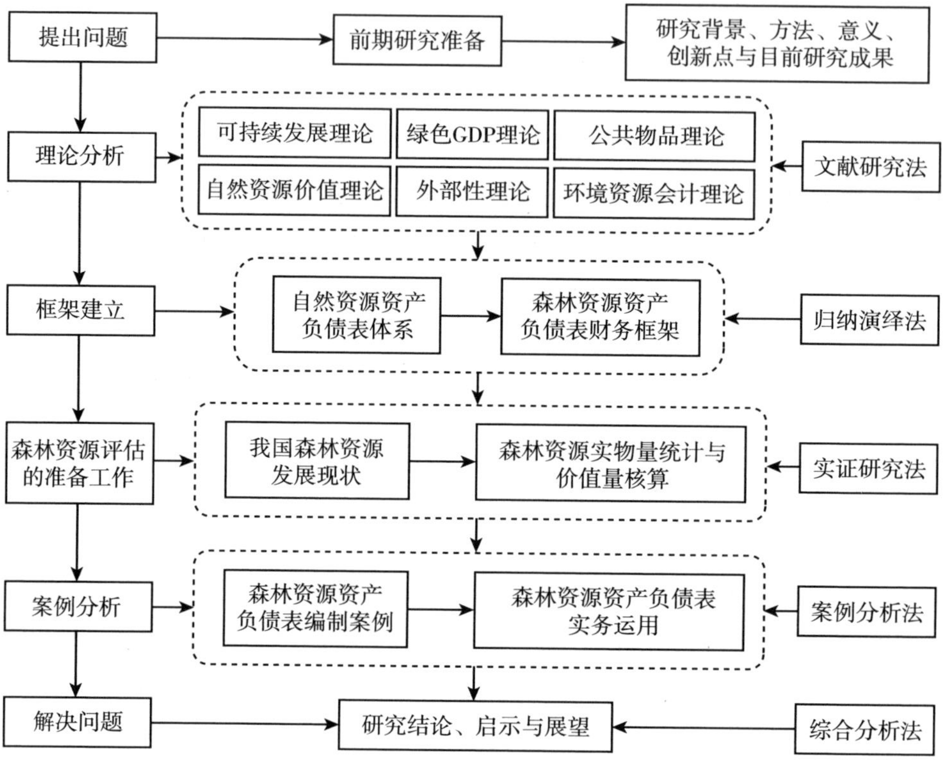

图 1－1　本书的研究框架

第五节　研究创新点

第一，研究视角创新：本书在前人研究基础上将解决森林资源资产会计核算中实物量和价值量的相互衔接问题、森林资源资产生态价值质量与数量的核算问题，为建立科学简洁的森林资源资产生态价值计量与确认方法进行探讨。

第二，研究方法创新：目前我国林业系统中较为成熟地采用了遥感技术，并在利用遥感技术、全球定位系统和地理信息系统技术来测量生态效益方面取得了较大的进步。本书将与林业行政主管部门及林业调查统计专业机构进行深度合作，利用他们在森林调查、森林灾害监测和资源评价等方面的数据努力解决森林资源资产生态计量的规范化和快速计量问题，为提供连续会计年度的资产负债表提供相关数据保障。

第三，研究框架创新：本书在国内外众多研究的基础上，探讨森林资源资产的生态价值会计核算理论，形成快速规范的生态计量方法，构建较为系统而具有可操作性的森林生态价值的会计确认、会计计量、会计科目和会计报告体系，将使会计理论与实践基于可持续发展的前提下获得新的拓展。

第四，研究区域创新：南方是我国重点林区，森林覆盖率与森林面积大，种类多。本书以南方多省森林资源为例，对森林资源生态价值的确认与计量路径进行实例研究探讨，依托试点地区丰富的森林资源，从而得出森林资源生态价值确认与计量路径的可推广经验，为全国范围内合理计量森林资源价值、准确编制自然资源资产负债表和开展领导干部自然资源离任审计提供必要工作基础。

第二章

文献综述

第一节　国外研究现状

一、自然资源与环境核算的研究

20 世纪 50 至 60 年代，随着西方发达国家工业化的加速，环境问题日益凸显，引发了社会各界对经济增长与资源环境关系的深刻反思。在这一背景下，环境逐渐被视为“最多人的最大化的利益”，即环境的质量和保护成为关乎公众福祉的重要议题。希克斯和卡普分别在 1946 年和 1950 年提出了绿色 GDP 的概念，这一概念的提出是对传统 GDP 核算方式的挑战和补充。他们认为，传统的 GDP 虽然能够反映经济的总量增长，但却无法全面反映真实的国民财富总量，因为它没有考虑到资源消耗和环境污染所带来的负面影响。因此，他们建议在计算 GDP 时，应当扣除由环境污染和自然资源退化所带来的经济损失，以更准确地反映国家的经济状况和财富水平。自 20 世纪 70 年代起，西方国家及国际组织开始积极投入自然资源环境核算理论、方法的研究和实施中。这一时期，环境经济学、生态经济学等学科的兴起和发展，为自然资源环境核算提供了理论支撑和方法论指导。富勒顿和金在 2008 年指出，到了 20 世纪 80 年代，自然资源、环境污染等因素已经成为内生增长模型的重要影响变量，这进一步凸显了自然资源环境核算在经济发展中的重要性。挪威在 1987 年完成了《挪威自然资源核算》报告，这是世界上最早对实物资源进行核算的报告之一。该报告采用了多种方法和指标，对挪威的自然资源进行了全面、系统的核算，为后来的自然资源环境核算提供了宝贵的经验和借鉴。随后，荷兰、法国、韩国、美国等国家也相继开展了自然资源与环境核算的研究与实践。这些研究和实践不仅有助于评估经济发展中的环境代价，还开始关注自然资源的生态价值核算，从而为政策的制定和实施提供了科学依据。随着人类对环境问题的认识逐渐加深，政府和企业开始更加重视环境保护，并不断增加在环境方面的投入与支出。这种趋势推动了规范和加强与环境相关的经济活动核算成为重要的议题。国部克彦（2014）指出，环境会计将环境与经营紧密联系起来，环境价值的核算和管理是会计功能拓展和社会责任履行的必然结果。这意味着，环境会计不仅是对传统会计的补充和完善，更是企业履行社会责任、实现可持续发展的重要手段。格雷（2000）认为，环境会计源于社会责任会计，并从社会责任会计中独立出来，成为会计学科中的一个重要研究领域。这一观点表明，环境会计的发展是与社会责任会计密切相关的，它们共同构成了会计学科的重要分支。同时，环境会计的独立和发展也反映了社会对环境保护和可持续发展的日益关注和重视。

1997 年，美国会计师协会（American Accounting Association，AAA）对环境会计核算主体在经营行为中对区域内自然环境所产生的影响给予了高度重视。这一举措反映了会计行业对环境问题的日益关注，并强调了环境会计在评估和管理经济活动对环境影响方面的重要性。

与此同时，联合国国际会计和报告准则政府间专家工作组也在环境会计问题上进行了长期的研究。1995 年的年会更是将环境会计作为核心议题进行讨论，显示出国际组织在推动环境会计发展方面的决心和力度。20 世纪 90 年代，西方会计学者开始将环境问题与会计理论相结合，对资源耗费进行核算和计量。这一举措标志着环境会计（又称绿色会计）理论的逐步成型。吉奥斯（2009）指出，现行的国民收入核算制度（SNA）在评估森林资源经济价值时存在低估现象，这意味着传统的核算方法可能无法全面评价森林对经济福利的总贡献。因此，他强调了引入和使用“绿色会计”

的重要性，以更准确地反映经济活动对自然环境的影响。马特罗（2007）在研究中则探讨了如何缩小绿色会计理论与森林生态系统服务估值应用之间的现有差距。他的研究旨在找到一种更加科学和合理的方法，将绿色会计理论应用于实际的森林生态系统服务估值中，从而更好地指导环境保护和可持续发展的实践。詹内蒂（2015）提出，在传统国民经济核算体系下，虽然治理环境污染需要大量投入，但这些投入反而会导致国内生产总值的增加。这一现象表明，传统的国民经济核算体系可能无法准确反映环境污染所带来的负面影响。因此，需要借助绿色会计等新的核算方法，对经济活动进行更加全面和准确的评估。

关于绿色会计与环境会计的定义，虽然普遍观点认为两者含义相同，但也有一些观点认为环境会计更注重保护环境，而绿色会计则是一种尝试将环境成本纳入经营业绩的会计类型。这种差异反映了环境会计领域的多样性和复杂性，也反映了不同学者和研究机构在该领域的研究重点和方向。此外，绿色 GDP 作为绿色会计的一个重要指标，可以被用于政策制定和评估（Rounaghi，2019）。绿色 GDP 的计算方法是在传统 GDP 的基础上扣除由于环境污染、自然资源退化和生态破坏等因素所带来的经济损失。这一指标能够更准确地反映一个国家的经济状况和财富水平，为政策制定者提供更加科学和全面的决策依据。

综上所述，环境会计作为会计学科的一个重要分支，在评估和管理经济活动对环境影响方面发挥着越来越重要的作用。随着环境问题的日益严峻和人们对可持续发展的追求，环境会计领域的研究和实践将会得到更多的关注和支持，为实现经济发展和环境保护的良性循环提供有力保障。

二、森林资源会计核算的研究

利特尔顿（1933）在研究中指出，会计人员在不断寻求可以纳入核算范围的各种资源，其中就包括森林资源这一重要的自然资源。坎宁（1929）根据森林的年龄分布、大小、砍伐量、种植量以及年度变化量等因素，精确测算了每年的木材生长量，这为森林资源公允价值的计量提供了有力依据。

关于林木收入的确认，学者们持有不同的观点。佩顿和利特尔顿（1940）认为，林木资产在生长过程尚未结束时，不能将其确认为营业收入。而亨德里克森（1977）则持相反观点，他认为林木的自然增长或成熟过程所形成的自然增值也应被视为收入。这些争论的核心在于收入费用观和资产负债观的选择问题。尽管各国尚未制定专门的森林资源会计核算准则，但国际会计准则理事会（IASB）、美国会计准则委员会（FASB）、澳大利亚会计准则委员会（AASB）以及中国会计准则委员会（CASC）都已经制定了针对自然资源的生物资产会计准则，如 IAS41、ASC905、AASB1037（AASB141）和 CAS5。其中，AASB141 的界定范围与 IAS41 完全一致，但 AASB1037 仅给出了原则性的范围并未详细界定，且强调这些准则规范的是企业为获利目的而持有的自生和再生资产。

IASB 于 2000 年发布了 IAS41—农业，该准则适用于生物资产、收获时的农产品以及农业活动涉及的政府补助的会计处理。然而，该准则规定森林资源资产仅指人工林场中的林木、原木，不包括采伐后得到的木料。莱夫特（2007）认为，虽然 IAS41 采用公允价值计量属性相对于单纯的历史成本是一种进步，但有时公允价值的取得并非易事，并且 IAS41 仅规范生物资源的经济价值核算。

三、森林资源生态效益研究

森林资源及其生态系统服务面临着诸多不确定性因素，这些因素可能导致生产或市场条件发生剧烈变化，进而影响森林资源的核算。由于这些影响难以事先准确估计，使得森林资源的核算工作充满了挑战。尽管如此，全球范围内已有一些国家和组织开始尝试运用自然资源账户核算方法来评估森林资源及其生态系统服务的价值。例如，芬兰自 1985 年开始运用自然资源账户核算方法，制定了森林资源核算和环境保护支出费用核算体系。这一体系不仅有助于更好地了解森林资源的经济价值，还有助于评估环境保护措施的效果。此外，莱特（1989）提出了以包括生态指标在内的质量指标来衡量森林综合生态效益的方法，为森林资源核算提供了新的思路。

哈里普利亚（2001）则尝试利用 SEEA 系统从实物量和价值量方面对森林资源进行核算，并将核算结果调整国内生产总值（GDP），以反映森林资本枯竭的影响。这一方法有助于更准确地评估森林资源的经济价值及其对国民经济的影响。随着对森林资源核算研究的深入，越来越多的学者开始关注森林碳汇服务的估价问题。森林碳汇服务是指森林通过吸收二氧化碳来减缓气候变化的过程。目前，对于森林碳汇服务的估价主要有两种方法：一是参考边际社会损害，二是利用 CO_2 的市场交易价格。这些方法为森林碳汇服务的价值评估提供了依据。除了碳汇服务外，森林还提供了许多其他非市场生态系统服务，如流域保护、生物多样性保护等。哈基克（2020）指出非市场生态系统服务的额定价值是市场生态系统服务价值的两倍以上。因此，将非市场森林生态系统服务纳入环境管理核算具有重要意义。在国家层面核算方法上存在的差距和困难使得生态系统核算面临诸多挑战。为了应对这些挑战，波列修克（2021）建议在生态系统核算中创建森林生态系统资产和生态系统服务关键指标表。这一建议有助于更好地监测和评估森林生态系统服务的变化及其对人类社会和自然环境的影响。

此外，一些国家和地区也开展了森林资源生态效益评估工作。例如，日本林野厅较早地开展了森林资源生态效益评估工作，并发表了关于森林公益效能计量评价的研究报告。科斯坦萨等（1997）通过“生态服务指标体系”（ESI）测算了全球森林生态系统服务的价值高达 47 000 亿美元，约占全球生态系统服务价值的 14. 2% 和全球国民生产总值（GNP）的 26. 11%。这一研究成果进一步证明了森林生态系统服务的重要价值。

各国在实践中也形成了各具特色的森林资源核算体系。例如，瑞典按照欧盟统计局的试点项目要求确立了森林核算的内容，但在森林服务价值核算方面内容有限。南非侧重核算人工林的存量和流量指标，天然林只核算流量指标。罗马尼亚则评估了森林综合社会环境价值。这些实践为全球森林资源核算提供了有益的探索和借鉴。

总之，随着全球气候变化和环境问题日益严峻，森林资源及其生态系统服务的价值和地位越来越受到人们的关注和重视。未来，需要进一步完善森林资源核算方法和技术手段，加强国际合作与交流，共同推动全球森林资源保护和可持续发展。

四、森林资源资产负债表的研究

挪威自 1970 年起便对环境资源给予了高度重视，并建立了环境账户体系，这一体系涵盖了林业、水利、矿物等多元化资源数据。经过几十年的持续发展，挪威已经将大气资源也纳入了其资源库，并对其进行了严格的监控与数据收集。这种对自然资源持续、系统的监测与评估，为挪威在环境保护和可持续发展方面提供了坚实的数据支撑。在森林资源评估方面，日本林业厅展现出了其前瞻性和多元性。它们不仅使用了多种指标来全面衡量森林资源的贡献和价值，还特别关注森林生态系统的修复和恢复，以及对森林管理体系的不断完善。例如，通过实施森林保护和修复计划，日本林业厅成功地提高了森林生态系统的复原能力，这不仅有助于维护生态平衡，也为森林资源的可持续利用提供了有力保障。在编制森林资源资产负债表时，需要特别注意以下几点：首先，必须将森林资源的生态服务功能纳入考虑范围，这样才能全面、准确地反映森林资源的真实价值；其次，针对不同类型的森林资源，需要进行分类和评估，以确保数据的准确性和可比性；最后，还必须充分考虑不同利益相关者的需求和利益，只有在平衡各方利益的前提下，才能确保森林资源的可持续利用和保护。总的来说，森林资源作为地球上最重要的自然资源之一，其价值和地位不容忽视。通过持续的环境监测、科学的资源评估和有效的管理措施，不仅可以更好地保护和利用森林资源，还可以为全球的可持续发展作出积极贡献。

第二节　国内研究现状

一、自然资源与环境核算的研究

为了与国际标准接轨并构建我国的环境经济核算体系，从理论到实践层面，我国开始深入探讨自然资源核算的相关问题。李金昌（1987）率先提出，应全面加强对各类自然资源的核算工作，这为我国自然资源核算研究奠定了基础。随后，1988 年，中美两国的研究机构携手合作，共同研究如何将自然资源环境核算纳入国民经济体系的理论与方法。这一合作不仅促进了国际间的学术交流，也为我国自然资源核算的国际化进程提供了重要支持。进入 20 世纪 90 年代后期，北京大学的一批学者（1996 ~ 1999 年）开始致力于研究可持续发展背景下的"绿色核算"模式、理论及方法。他们的研究为我国绿色核算体系的建立提供了重要的理论支撑。到了 2001 年，中国科学院可持续发展战略小组于 2001 年验证了自然资源环境核算的可行性。侯元兆（2006）、潘勇军（2013）和康文星等（2010）也深入探索了自然资源核算与传统国民经济核算的联系，推动了绿色 GDP 核算的发展，在此领域作出了重要贡献。而林向阳和周冏（2007）则借鉴国外经验，尝试将 SEEA 框架融入我国 GDP 核算，为体系完善提供新思路。

在生态环境资产经济价值的计量方面，史丹和张金昌（2014）提出了增量原则，强调将生态环境价值的提升与破坏分别作为资产与负债进行计量，为我国生态环境资产的评估提供了新的思路。乔世震（2002）则指出环境会计不仅涉及货币计量，还包括非货币计量，这一观点丰富了环境会计的理论基础。袁广达（2015）深入研究了环境会计的构成要素和发展现状，认为环境会计与绿色会计相通，主张在实践中结合非货币计量，并以组织行为对环境的影响为指导来确定环境会计的要素，为环境会计的实践提供了指导。环境会计按核算对象可分为宏观和微观两类，前者关注自然资源的实物量和价值量，后者则聚焦于企业的环境责任。这两类环境会计共同构成了我国环境会计的完整框架，为生态环境保护提供了有力支持。

二、自然资源资产负债表的研究

现阶段，自然资源统计与核算的研究成果为编制自然资源资产负债表提供了坚实的理论支撑。学者们从不同角度对此进行了深入研究，为编制工作提供了清晰的思路和方法。孔含笑等（2016）提出了从自然资源核算过渡到自然资源资产负债表的两步走策略，确保了核算的准确性和有效性。封志明等（2014）则提出了从平衡表、分类账户核算过渡到细化的、标准化的资产负债表的探索路线，强调了实物计量到开发价值计量的逐步过渡。耿建新等（2015）概括了自然资源资产负债表的相关概念，并分析了其理论基础、框架体系和所缺内容，强调了自然资源负债确认和计量方法的适用性。姚霖（2016）重点探讨了"资产"与"负债"内涵的争论，并指出现存方法在实际中难以应用，强调了灵活应用的重要性。刘明辉等（2016）提出编制自然资源资产负债表是一门综合的、交叉的、前沿的学科，强调了跨学科合作的重要性。国际上，SEEA 与 SNA 是广泛认可的自然资源资产负债表编制核算体系。汪佑德（2017）对两者进行了差异分析，提出采用以 SEEA 为主、SNA 为辅的编制方法。胡文龙等（2015）和唐洁珑等（2017）以 SEEA 与 SNA 为参照对象，提出了我国自然资源资产负债表的表式结构和基本内容。这些研究为具体编制工作提供了重要参考。

综上所述，当前的研究成果为自然资源资产负债表的编制提供了坚实的理论基础和实践指导。未来，随着研究的深入和实践的推进，相信自然资源资产负债表的编制工作将不断完善和发展，为我国的生态文明建设和可持续发展提供有力支撑。

目前，自然资源资产的定义在学术界存在多种观点。SEEA 和 SNA 均认为其具有经济价值，但在核算方法上有所不同。我国学者如周志方（2014）强调国家控制、可获取性、可计量性和价值化等条件，而谷树忠等（2016）则提出自然资源资产需要具备货币转换能力、稀缺性和明确产权特征。尽管观点各异，但普遍认同自然资源资产的稀缺性和货币衡量等特性。

在自然资源负债方面，国际准则尚未明确界定，导致非金融负债与自然资源负债关系模糊。国内学者如耿建新等（2015）对设置自然资源负债持有异议，但多数学者认同其设置，并关注资源消耗、环保支出等负债内容。高敏雪（2016）和商思争（2016）均认为超过正常消耗的自然资源应计入负债，商思争还从可持续发展角度提出，当开采影响后代发展时，过量部分应计入负债。对于自然资源净资产，即自然资源资产负债表中的差额，学者们主要在称谓上存在差异。部分学者称其为所有者权益，而耿建新等（2014）建议使用“自然资源净资产”或“净资产”来描述。总体而言，自然资源资产减去自然资源负债等于自然资源净资产的观点得到广泛认同，并通过期初期末增减量来反映其核算期内的变化程度。尽管在自然资源资产、负债和净资产的定义上存在学术争议，但普遍认同其自然属性和经济价值的重要性。在核算方法上，需要结合国际准则和国内实际情况，逐步建立和完善自然资源资产负债表编制体系。

综上所述，学者尚未形成统一认识，但普遍认同自然资源资产的经济价值、稀缺性和货币衡量等特性，以及设置自然资源负债的必要性。对于自然资源净资产的称谓和定义也存在一定差异，但大多数学者倾向于使用“自然资源净资产”或“净资产”来描述差额，并通过期初期末增减量来反映其变化程度。这些研究为自然资源资产负债表的编制提供了理论支持和实践指导。

三、森林资源会计核算的研究

森林资源资产确认与计量研究近年来取得了显著进展，这主要得益于学者们的深入探索和贡献。在技术层面，张卫民等（2022）和王鹤臻等（2022）在森林资源资产评估技术方面进行了系统梳理，并创新性地提出采用公允价值作为森林资源资产的价值计量属性，结合质量价值法进行价值计量，为森林资源资产的科学管理提供了有力支持。周显然等（2012）详细分析了重置成本法在森林资源资产评估中的应用，为实际操作提供了具体指导。杨晓杰等（2005）则将重置成本法应用于橡胶林木资产评估，并提出了相应的评估模型。在会计核算方面，郑晶（2014）提出企业直接投入的营林成本应以历史成本入账，自然成长部分采用公允价值计量，为森林资源资产核算提供了新思路。徐勇（2018）则关注了国有林场等主要从事市场化经营的单位的森林资源资产会计核算问题。这些学者们的贡献为森林资源资产确认与计量的研究提供了宝贵的理论和实践支持，推动了该领域的不断发展和进步。

目前，学者们提出了采用公允价值和质量价值法进行价值计量、将森林生态效益纳入林业会计核算体系等观点和建议。这些研究不仅有助于更准确地评估森林资源资产的价值，还为林业部门的生态文明建设提供了有力支持。然而，目前这些研究尚未在实践中得到广泛应用。因此，未来需要进一步加强实践探索和推广应用，以促进森林资源资产管理的科学化和规范化。通过不断完善森林资源资产的确认与计量方法，可以更好地保护和利用森林资源，实现生态、经济和社会的可持续发展。

四、森林资源生态效益研究

王宏伟等（2015）区分了“核算”与“评估”的概念，前者用于资源价值量化，后者多用于资产交易和业绩考核。李金昌（1992）提出的资源价值理论为森林资源核算提供了理论支撑，建议构建资源环境核算体系以全面反映经济社会发展状况。孔繁文等（1992）强调了森林环境资源核算的重要性，指出价值衡量和计价是关键。侯元兆等（1995）细化了森林资源核算，并构建了相应的理论体系和方法。他们的研究为森林资源核算和绿色 GDP 核算提供了开创性支持，为后续研究者奠定了坚实基础，并为社会可持续发展提供了决策依据。随着时间的推移，森林资源核算的焦点已经发生了显著的变化，这反映了社会对环境和生态价值的日益关注。金德凌（2000）的观点凸显了生态效益在森林资源价值中的重要地位。他提议将森林生态效益视为无形资产，纳入森林资源核算体系，这有助于更全面地评估森林资源的整体价值，而不仅仅局限于其经济收益。徐泓（1999）从环境会计的角度出发，强调了森林资源生态效益在微观核算中的困难性。他指出，由于生态效益的复杂性和难以量化，微观核算中难以准确衡量，因此更适合从宏观层面进行核算。这提醒，在森林资源核算中，需要采用更宏观、更综合的方法来评估生态效益。黄溶冰和赵谦（2015）则指出了当前森林资源核算与 SEEA（环境经济核算体系）之间的紧密联系。他们强调，SEEA 通过运用统计方法，在核算 GDP 时考虑了经济资源的损耗和环境退化等因素，这使得能够更准确地评估经济活动对环境和资源的影响。

这一观点强调了环境经济核算在森林资源核算中的重要性，以及其在实现可持续发展目标中的关键作用。

森林资源核算与国民经济核算体系（SNA）及环境经济综合核算体系（SEEA）相互补充，共同评估经济活动对环境和资源的影响。张涛（2003）从林业经济机制转轨角度诠释了森林生态效益补偿概念，为生态补偿提供了理论基础。米峰等（2003）评述了森林生态效益研究，为后续研究指明方向。侯元兆等（2005）提出构建森林生态效益指数来衡量其价值。当前核算体系已涵盖林业单位会计、统计和评估，探索揭示生态价值。岳上植等（2008）建议将生态价值纳入核算，石道金（2008）提倡使用公允价值提高核算准确性。张颖全面核算了我国森林资源价值和绿色 GDP，强调森林文化和生态保护，为森林保护和可持续发展提供了有力支持。森林资源生态价值的评估研究在全球范围内尚未形成统一体系，但我国学者在此领域已取得了显著进展。从 20 世纪 90 年代开始，我国便着手进行森林资源的生态价值评估，多位学者采用不同方法对此进行了深入研究。孔繁文（1999）计算得出森林资源生态价值是立木价值的 13 倍，这一发现凸显了森林资源的生态重要性。余新晓等（2005）和中国森林资源核算及纳入绿色 GDP 研究项目组（2010）参考了 Ostanza 等人的生态系统服务价值估算方法，为我国森林生态价值的评估提供了重要参考。赵同谦等（2004）评估了我国森林生态系统的总生态经济价值，约为 14 万亿元/年，进一步验证了森林资源的巨大生态价值。

随着研究的深入，越来越多的学者开始关注森林碳汇的价值。张颖和潘静（2016）指出，森林碳汇价值的大小与碳汇实物量大小和国内外碳汇市场价格变化密切相关，2013 年我国的森林碳储量价值高达 7 180. 89 亿元。此外，史丹和胡文龙（2015）编制了我国自然资源资产负债表，其中森林资源资产的价值逐年增长，但其在自然资源资产中的比重仍然较低，未能真实反映森林资源在自然资源中的地位和作用。

在地方层面，孟祥江（2011）计算了黔南州森林生态系统的年产出总值，显示出森林生态系统对地方经济的巨大贡献。张颖（2015）则对内蒙古扎兰屯市的森林资源价值进行了评估，其中生态系统服务价值占据了绝大部分。董秀凯和王兵（2014）、潘金生等（2019）、王兵等（2020）和赵轩（2021）分别对吉林露水河林业局、呼伦贝尔市、大兴安岭重点国有林区以及伊春国有林区的森林生态效益进行了评估，得出了各具特色的结果。

然而，由于评估方法的多样性，不同学者在森林资源生态价值评估上得出的结果存在较大差异。这种差异不仅给该领域的应用与推广带来了挑战，也凸显了统一评估规范的重要性。近年来，随着国家层面森林资源生态价值评估规范的出台，该领域的研究方法逐渐走向规范与统一，为相关应用和实践提供了有力支持。

森林资源生态价值的评估不仅具有学术意义，更对林业经济的发展具有重要推动作用。潘福民（2015）强调了森林资源资产评估在林权流转、林权抵押、森林保险等方面的重要性。曲艳梅（2013）以具体区域为例，证实了森林生物多样性资产在微观经济主体内的会计确认和公允价值计量的可行性。胡玉可（2015）提出的以取得生态效益所支付的对价来核算森林资源资产生态环境价值的方法，为生态环境价值的衡量提供了新的思路。

综上所述，随着森林资源生态价值评估方法的逐渐规范与统一，以及学者们在评估方法和模型上的不断探索与创新，森林资源生态价值评估的准确性和实用性得到了提升，这将有助于推动森林资源生态价值评估在林业经济、生态保护等领域的应用与推广。

五、森林资源资产负债表的研究

自 2004 年以来，中国在森林资源价值核算方面取得了显著进展。国家林草局和国家统计局联合开展的一系列研究，不仅借鉴了国际先进的核算框架（如 SEEA2012），还结合中国实际制定了创新性的评估标准，如《森林生态系统服务功能评估规范》（GB/T 38582—2020）。这些研究成果不仅增强了我国森林资源核算的科学性和准确性，还为国家账户体系和国家自然资源资产负债表的编制提供了有力的支撑。

关于自然资源资产负债表的编制和填写工作，学术界存在不同的观点。一方面，有专家认为应遵循国际惯例，从基础理论到核算途径都应与国际接轨。这种观点强调了国际标准和惯例的重要性，认为这有助于提高我国自然资源核算的国际化水平和可比性。另一方面，也有学者主张在编制过程中应发挥主观能动性，创新性地融入会计学相关原理。这种观点突出了会计学在自然资源核算中的独特作用，认为这有助于构建符合中国国情的自然资源资产负债表理论体系。

在森林资源资产负债表的理论研究中，许多学者深入探讨了森林资源资产与负债的概念和内涵，并提出了相应的设计框架。柏连玉（2015）从可收集的数据出发，分析了编制森林资源资产负债表过程中遇到的难点。他指出，森林在保护水源、土壤、大气和生物多样性方面所起的作用目前还难以量化和货币化计量，这在一定程度上限制了森林资源资产负债表的准确性和完整性。因此，未来在森林资源核算和资产负债表编制方面，还需要进一步探索和研究，以提高评估结果的准确性和可靠性。

总之，中国在森林资源价值核算方面已经取得了显著成果，但仍面临一些挑战和难点。未来，随着研究的不断深入和实践的不断发展，相信我国在森林资源核算和自然资源资产负债表编制方面将取得更大的进步。这将为我国森林资源的保护和可持续利用提供更为科学、准确的指导，促进生态文明建设和经济社会的可持续发展。

第三节　文献评述

综上所述，对森林资源负债表的理论研究均取得初步成果，但从总体上来看，中国在森林资源资产负债表的编制方面仍处于探索阶段，且存在以下问题。

一、框架体系的研究尚存在空白

由于森林资源的复杂性和多样性，以及我国在此领域的研究起步较晚，目前尚未形成统一、完善的森林资源资产负债表编制框架。这使得不同地区和部门在编制报表时缺乏统一的指导标准，导致研究的延续性和准确性受到影响。具体来说，森林生态服务中的许多价值，如净化空气等，并不直接参与市场交易，也不产生直接的经济流入。这些服务具有公共产品的特性，因此其经济价值和公益价值应分别进行核算。虽然赤水、鄂州等地已经开始尝试对森林资源进行整体研究，但其重点仍然放在林地与林木的资产核算上，对森林资源的生态产品价值考虑不足，更未充分展示生态产品价值中的公益性部分。同时，对于负债的界定在研究中并未得到清晰且合理的阐述，也成为问题所在。由于环境承载力、污染处理等方面的估算存在很大的难度，其可信值较低，因此不能真实反映森林资源对经济的贡献度。这也进一步导致了政府在森林资源受托责任方面的模糊性。基于这些原因，现有的研究在评估森林资源价值时，往往无法准确衡量其负债状况，从而影响了对森林资源整体价值的判断。

因此，需要重新审视和界定资产与负债的相关概念，明确其在森林资源价值评估中的地位和作用。同时，还需要加强对环境承载力、污染处理等方面的研究，提高估算的准确性和可信度，以更好地评估森林资源对经济的贡献度。

二、理论研究的适用性和实用性不足

目前，森林资源资产负债表的编制仍处于理论探索阶段，并面临一些实际操作的挑战。首先，报表的形式和某些核算项目与计量方式相对复杂，这使得在实际操作中难以实现。例如，在权益平衡表中，资源负债的确定依赖于自然资源资产与资源生态权益之间变化量的对比，但实际操作中难以确定实际的变化量。其次，学者们的研究主要集中于核算内容与报表形式，但在报表编制流程、责任单位、报送时间、公布周期等实际操作层面的描述却相对模糊。这导致报表的适用性和实用性降低，限制了其在实践中的应用。此外，试点省份的报表具有区域性特点，尚未在全国范围内推广，这进一步影响了报表的通用性和连续性。为了解决这些问题，需要对森林资源资产负债表体系进行进一步的完善。具体来说，需要学者进一步研究单项报表的内容与格式规范，明确编表主体和报送周期，使报表的编制成为森林资源动态核算的一项制度性工作。这将有助于提高报表的适用性和实用性，推动其在更广泛的范围内应用，从而更好地服务于森林资源管理和决策。

三、研究方法多为定性分析，缺乏量化分析的支持

首先，现有的研究多采用传统的规范性研究方法，这种方法主要依赖于已有的理论和经验，通过逻辑推理和演绎来得出结论。虽然规范性研究在建立理论基础和指导实践方面具有重要价值，但在森林资源资产负债表的编制研究中，由于森林资源的复杂性和多样性，以及不同地区和类型森林资源的差异性，单一使用规范性研究方法可能无法全面、准确地反映森林资源的实际情况和价值。

其次，现有的研究较少采用实证分析或案例分析等方法。实证分析可以通过收集实际数据，运用统计和计量经济学等方法进行分析和验证，从而得出更具有说服力和可信度的结论。案例分析则可以深入研究具体地区的森林资源资产负债表编制实践，总结经验和教训，为其他地区提供借鉴和参考。然而，目前这些实证和案例分析方法在森林资源资产负债表编制研究中的应用还相对较少。

此外，对于森林资源资产的实物量及价值量计量模型的研究也比较少。实物量和价值量是森林资源资产负债表中的重要内容，是衡量森林资源资产状况和价值的重要依据。然而，由于森林资源的特殊性和复杂性，如何准确计量其实物量和价值量是一个难题。目前的研究在这方面还存在不足，需要进一步探索和完善相关的计量模型和方法。

综上所述，森林资源资产负债表编制研究方法单一，主要表现在过度依赖规范性研究、缺乏实证分析和案例分析以及实物量和价值量计量模型研究不足等方面。为了推动森林资源资产负债表编制研究的深入和发展，未来需要加强实证分析和案例分析等方法的运用，探索和完善相关的计量模型和方法，以更全面、准确地反映森林资源的实际情况和价值。

第三章

相关概念与理论基础

第一节　基本概念

一、绿色发展

绿色发展指的是一种可持续发展的理念，旨在平衡经济增长与环境保护之间的关系。它强调通过实施环境友好型政策和采取可持续性措施来推动经济增长。绿色发展的概念首次于 1987 年由世界银行提出，在随后的几十年里得到了广泛的关注和应用。随着气候变化、资源短缺和环境污染等问题的加剧，绿色发展被视为一种解决方案，可以在促进经济健康增长的同时减少对自然资源的压力。一个关键的目标是实现经济的低碳化。这意味着减少温室气体排放，尤其是二氧化碳的排放，以应对全球变暖问题。为了实现低碳经济，各国采取了许多措施，包括提高能源效率、推广可再生能源的使用和促进清洁技术的发展。通过这些措施，可以降低对化石燃料的依赖，并逐步转向更可持续的能源形式。除了低碳经济外，绿色发展还关注资源的有效利用。这包括水资源、土地资源和森林资源等自然资源。通过采取循环经济的原则，可以减少资源的消耗和浪费，并最大限度地延长资源的使用寿命。例如，废物回收和再利用有助于减少垃圾的产生，而循环农业和可持续林业管理有助于保护土地和森林资源。另一个重要的方面是环境保护。绿色发展倡导保护和恢复生态系统的健康和多样性。这包括保护森林、湿地和珊瑚礁等关键生态系统，以及降低污染，改善空气和水质。环境保护不仅有助于维护生物多样性，还能提供人们所依赖的生态服务，如水资源的供应和自然灾害的缓解。

在实现绿色发展的过程中，社会公正和包容也是非常重要的。这意味着确保经济增长的好处能够平等地分配给所有人，并促进社会的包容性。这需要改善社会基础设施，提供职业培训和教育机会，减少贫困并消除社会不平等。为了实现绿色发展，国际合作起着重要的作用。相关问题如气候变化和生物多样性损失是全球性的挑战，需要各国通力合作才能解决。国际组织、政府、企业和社会组织之间的合作可以促进技术转让、资金支持和知识共享。此外，国际协议和框架，如巴黎协定和可持续发展目标，也提供了实现绿色发展的指导原则和目标。

尽管绿色发展面临着许多挑战，但它也带来了许多机遇。通过转向可持续经济模式，可以创造新的就业机会和商业机会。清洁能源产业的发展已经在许多国家带来了就业增长，并成为经济增长的主要驱动力之一。此外，绿色技术的创新也为企业和创业者提供了新的市场和发展领域。

总而言之，绿色发展是一个综合性的概念，涵盖了经济增长、环境保护、资源利用、社会公正和国际合作等多个方面。通过采取可持续性措施和政策，可以实现经济繁荣和环境保护的“双赢”局面。绿色发展提供了一个框架，帮助人类社会在迈向可持续未来的道路上取得平衡和进步。

二、生态文明

生态文明是一个重要的概念，旨在促进人与自然的和谐共生。它强调了人类社会与自然环境之间的平衡关系，并提倡可持续发展的原则。生态文明不仅关注经济增长，而且注重环境保护、生态平衡和社会公正。生态文明的概念首次在中国被提出，并在近年来得到了全球范围内的重视。作为一个综合性的理念，生态文明包含许多方面的内容，包括生态保护、资源利用、环境治理、可持续发展、文化传承等。在生态文明的构建中，生态保护是一个核心要素。它强调保护自然生态系统的完整性和稳定性，保护珍稀濒危物种和生物多样性。为了实现这一目标，需要采取一系列措施，如保护自然保护区、恢复退化生态系统、防止非法野生动植物贸易等。另一个重要的方面是资源利用的可持续性。生态文明鼓励合理利用自然资源，避免过度开采和浪费。这涉及了发展清洁能源、推动循环经济、提高资源利用效率等。通过合理的资源管理，可以减少对自然资源的依赖，并降低对环境的负面影响。环境治理也是生态文明的一个关键方面。这包括改善空气和水质，减少污染排放，处理废物和有害物质等。通过加强环境监测和治理，可以改善环境质量，保护公众健康，并为未来创造一个更美好的环境。可持续发展是生态文明的重要原则之一。它强调在满足当前需求的同时，不损害未来世代满足其需求的能力。可持续发展涉及经济、社会和环境的三个维度。在经济方面，需要推动创新和绿色技术的发展，构建低碳经济模式。在社会方面，需要关注社会公正、减少贫困、提高教育水平。在环境方面，需要保护生态系统、减少资源消耗、降低污染排放。

生态文明还倡导文化传承和创新。它强调人类与自然之间的文化联系，倡导尊重自然和传统知识。同时，也鼓励创新和科技进步，以推动可持续发展。生态文明的实现需要政府、企业和公众的共同努力。政府在制定相关政策和法规方面起着重要作用，通过激励措施和监管机制来引导社会行为。企业需要承担社会责任，采取环保措施并推动绿色发展。公众也应积极参与，增强环境保护意识，改变不良的生活方式。

在全球层面，生态文明促进了国际合作。气候变化、生物多样性保护等问题是全球性挑战，需要各国通力合作。国际组织、政府和非政府组织可以通过技术转让、资金支持和经验分享来加强合作。

生态文明是一个涉及许多领域的综合性概念，旨在实现人与自然的和谐共生。通过生态保护、资源利用的可持续性、环境治理、可持续发展和文化传承等方面的努力，可以建设一个更加美好的未来。生态文明需要政府、企业和公众的共同参与，同时也需要国际合作来应对全球性的环境挑战。通过构建生态文明，可以实现可持续发展的目标，保护地球的生态环境，并为人类创造更加美好的未来。

三、自然资源资产负债表

自然资源资产负债表是一种用于衡量和评估国家或地区自然资源的可持续利用和管理的工具。它提供了关于自然资源状况、价值和可持续利用程度的详细信息。通过对自然资源进行资产负债表的编制和分析，可以帮助政府和决策者更好地认识和管理自然资源，推动可持续发展。

自然资源资产负债表的核心思想是将自然资源视为一种资产，并考虑其对经济和社会的贡献。自然资源包括土地、水资源、森林、矿产和能源资源等。这些资源在经济活动中起着重要的作用，提供了生产要素、原材料和能源，支持着人类的生活和经济发展。尽管自然资源资产负债表在理论和实践中具有重要意义，但在实施过程中也存在一些挑战。其中包括数据收集和估值的困难、方法的选择和统一性等。此外，还需要政府和决策者的支持和承诺，以确保资产负债表的可持续更新和有效利用。

总体而言，自然资源资产负债表是一种重要的工具，可以更好地了解和管理自然资源，推动可持续发展。它提供了关于资源状况、价值和可持续利用程度的信息，为决策制定、规划和监测提供了支持。通过透明度、问责制和激励机制，自然资源资产负债表促进了资源的保护、可持续利用和环境保护的目标实现。尽管面临一些挑战，但通过不断改进和完善，这一工具将在可持续发展中发挥更大的作用。

四、森林资源资产

（一）森林资源资产

森林资源既是国民经济的重要组成部分，也是社会发展所必需的自然资源。而资产是为特定产权主体（主要为林业企事业单位）拥有或控制，能够以货币计量并且为产权主体带来经济流入的经济资源。当森林资源具备资产的属性，也就是其为一定的产权主体所拥有且能够用货币进行计量，并为其主体带来经济效益时，便可将其称为森林资源资产。因此，可将森林资源资产定义为：特定产权主体拥有或控制，经过科学的经营利用，预期会给其带来经济利益的森林资源。森林资源资产的定义是以现在的社会条件、经济条件、科技水平为前提的，随着社会发展、科技进步，森林资源资产所涉及的外延也会不断发展变化。针对森林资源资产进行分类，原国家国有资产管理局和原林业部根据资产的概念与特征，在 1996 年发布的《森林资源资产评估技术（试行）》中，将森林资源资产划分为森林、林木、林地和森林景观资产四个概念。森林资源资产根据生物资产的分类可分为消耗性林木资产、生产性林木资产、公益性林木资产和林地资产。根据森林的功能分类，以分类经营为标准，又可将森林资源资产划分为公益性森林资源资产（如特种用途林资产、防护林资产）和经营性森林资源资产（如用材林资产、薪炭林资产和经济林资产）。

（二）森林资源资产的特点

森林资源资产具有以下一般资产不具备的特点：

（1）不可分割性。森林资源资产包括林木、林地、动植物和微生物资源，在人工因素和自然因素相互影响下，林木与林地是不可分割的。

（2）可再生性。绿水青山就是金山银山，森林资源资产在一定条件下是可重复再生并被利用的，因此其遵循现在的可持续发展理念，对其进行科学管理、利用，可以发挥巨大的经济效益与生态效益。

（3）经营长周期性。林木的自然生长是缓慢的，对于森林资源资产的经营周期也十分漫长，从几年到上百年不等，而森林资源资产的经营长周期性也导致在其过程中更容易被人为因素及自然因素所影响，比其他资产有更大的经营风险。

（4）构成复杂性。森林资源资产分为森林、林木、林地和自然景观资产四类，其中，森林与林木资产属于存货范畴，林地资产属于不动产范畴，而森林景观资产又具有无形资产的性质，造成了森林资源资产复杂的构成，而其实物量巨大又在形态上存在很大不同，就给森林资源资产实物量与价值量的计量造成了很大的难度。

（5）经营效益多样性。森林资源资产直接向社会生产具有实物形态的木材、果实等产品，产生经济效益；同时，森林资源资产作为生态环境可以发挥涵养水源、保育土壤、固碳释氧、积累营养物质、净化大气环境等生态效益，对人类生存有着不可或缺的作用。因此，森林资源资产既具备社会效益，同样也具备生态效益。

五、森林资源资产负债表

为了编制森林资源资产负债表，必须首先构建一个合适的财务报告概念框架。这个框架是编制报表的必要前提，它确保报表能够准确反映森林资源的价值，并为管理者提供可靠的决策支持。森林资源资产负债表的概念来源于自然资源资产负债表，自然资源资产负债表是用于森林、海洋、土地、水等自然资源资产管理的统计管理报表体系。森林资源资产负债表作为自然资源资产负债表的组成部分，其反映被评估区域或编制主体在某时点所占有或管理的森林资源资产状况、某时点所应承担的森林资源负债状况以及相应的森林资源净资产。

（一）实物量报表与价值量报表

自然资源实物量报表与自然资源价值量报表是当前自然资源资产负债表编制的两种报表类型。以森林资源为例，实物量森林资源资产负债表以森林资源实物为计量单位（如蓄积：立方米，面积：公顷等），反映编制主体某一时点森林资源的实物存量；价值量森林资源资产负债表是在实物量报表的基础上，辅以价值估算方法，将森林资源实物量转化为能够以货币计量的经济价值并以一定的报表结构反映出来的报表体系。无论是价值量报表还是实物量报表，其都是服务各级政府自然资源资产管理的专项信息系统。

（二）森林资源资产负债表财务报告概念框架

所谓森林资源资产负债表财务报告概念框架是指在一定的目标和原则基础上，由与森林资源资产负债表报表编制相关的基本概念组成的理论体系，旨在为森林资源资产负债表的编制、分析、评价等工作提供一套规范的理论基础。森林资源资产负债表的财务报告概念框架的构建需要与国家编制自然资源资产负债表的目标相契合。森林资源资产负债表在新形势绿色发展理念的要求下，受森林资源的特殊性、复杂性等诸多因素影响，森林资源资产负债表的编制不可能像企业财务会计报表体系那样经过设置账户、编制分录、记账、试算平衡、账项调整、结账、编制报表的一个完整会计循环过程产生。因此，森林资源资产负债表财务“报告”概念框架不是财务“会计”概念框架，其理论体系涵盖范围要比财务会计概念框架小很多。森林资源资产负债表的编制流程不能照搬照抄企业财务报表编制流程，必须基于森林资源的特性来编制。构建森林资源资产负债表财务报告概念框架是编制森林资源资产负债表的必要前提，其着重解决编制森林资源资产负债表的目标、会计信息质量要求、报表要素的界定及其确认、计量和附注披露等理论问题。一个基于价值量的森林资源资产负债表财务报告概念框架体系主要内容如图 3－1 所示。

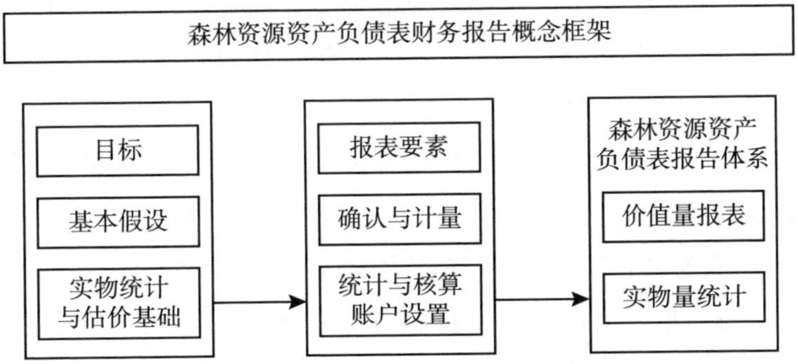

图 3－1　森林资源资产负债表财务报告概念框架体系

六、森林资源会计核算

随着全球环境问题的日益严重，森林作为地球上最重要的生态系统之一，其保护和可持续发展受到了广泛关注。森林资源不仅为人类提供丰富的物质产品，如木材、果实等，还具有维持生态平衡、保护生物多样性、调节气候等重要功能。然而，传统的会计核算体系往往只关注森林资源的物质价值，而忽略了其生态、环境和社会价值。因此，开展森林资源会计核算具有重要的理论和实践意义，森林资源核算不仅成为一个紧迫的任务，也成为生态学、环境科学、地理学等多个学科交叉研究的热点。通过核算，可以对森林资源的数量、质量和空间分布进行全面的了解，为制定科学合理的森林管理策略提供决策依据。

森林资源核算（Forest Resource Accounting）是一个相对较新的概念，是指运用会计学原理和方法，对森林及其相关资源的数量、价值、成本、收益等进行量化和记录的一种管理活动。其核心目标是全面、准确地反映森林资源的经济、生态和社会价值，为决策者提供科学依据，促进森林资源的可持续发展。这涉及了对森林及其相关资源的全面、系统和科学的管理，强调的是对森林资源的可持续利用，以确保当代和后代的福祉。森林资源不仅包括树木，还包括其中的动物、植物和微生物，以及与森林相关的环境、生态和地理条件。与传统会计相比，森林资源会计核算具有以下特点：

（1）核算对象多样性：森林资源不仅包括林木、林地等有形资源，还包括生态系统服务、生物多样性等无形资源。核算对象涵盖了森林资源的各个方面，充分体现了其综合价值。

（2）价值计量复杂性：森林资源的价值不仅包括物质价值，还包括生态、环境和社会价值。这些价值的计量方法多样，且存在诸多不确定性，使得价值计量成为森林资源会计核算的难点和重点。

（3）跨学科性：森林资源会计核算涉及会计学、生态学、环境科学、地理学等多个学科领域，需要跨学科的知识和技能来支撑。

（4）政策导向性：森林资源会计核算往往与国家政策、法规密切相关，其核算标准和方法会受到政策的影响和制约。尽管森林资源核算已经取得了一定的成果和应用，但仍面临许多挑战。例如，如何更准确地评估森林的生态系统服务价值、如何将核算结果更好地应用于实践、如何提高数据的质量和可获取性等。未来，需要进一步加强研究和实践探索，不断完善和发展森林资源核算的理论和方法体系。同时，也需要加强国际合作与交流，共同推动全球森林资源的可持续利用和发展。

七、森林资源资产负债表审计规范体系

（一）森林资源资产负债表审计

森林资源资产负债表审计，是对森林资源资产、负债及净资产状况进行核查与验证的重要过程。其核心在于确保报表数据的真实性、完整性和准确性，以便为决策者提供可靠的信息支持，推动森林资源的可持续管理。在审计中，不仅关注报表编制是否符合法规与会计准则，还深入探究数据的源头，检查是否存在虚报、遗漏或误报。同时，对森林资源资产的计价合理性、折旧方法与年限的合规性进行仔细审查，确保资产价值真实反映。负债方面，审计旨在核实其存在性与计量的准确性，防止低估或高估。净资产的计算也是审计的重点，确保其基于“资产－负债”的逻辑准确得出。这项审计不仅关乎财务信息的透明与公正，更是生态文明建设下对自然资源负责任管理的重要体现。通过森林资源资产负债表审计，能够更好地掌握森林资源的经济价值与生态服务价值，为制定科学合理的自然资源政策提供坚实的数据支撑，同时也为领导干部自然资源资产离任审计提供有力的依据，共同推动自然资源的有效保护与永续利用。

（二）森林资源资产负债表审计规范

森林资源资产负债表审计规范首先明确了审计的目标和原则。审计的目标在于核实森林资源资产负债表的各项数据是否真实、准确，是否遵循了相关法律法规和会计准则。在审计过程中，应坚持独立性、客观性和公正性的原则，确保审计结果的可靠性和权威性。同时，规范还强调了审计人员的专业素质和职业道德要求，确保他们具备完成审计任务所需的知识和技能。在审计程序方面，森林资源资产负债表审计规范规定了详细的步骤和方法。这包括了解被审计单位的基本情况、内部控制制度及其执行情况，评估重大错报风险，实施具体的审计程序如抽样检查、实地盘点等，以及形成审计意见和报告。这些程序旨在从各个方面对森林资源资产负债

表进行全面、深入的审查，以确保其真实性和完整性。

此外，森林资源资产负债表审计规范还特别关注了一些关键领域和重点问题。例如，对森林资源资产的计量和确认、折旧和摊销、减值准备等方面进行了详细规定。对于负债部分，规范关注了如应付账款、长期借款等项目的确认和计量。在权益方面，则重点审计了实收资本、资本公积、盈余公积和未分配利润等项目的变动情况。这些关键领域和重点问题的审计，有助于更准确地反映森林资源资产负债表的真实状况。

森林资源资产负债表审计规范还强调了审计过程中的沟通和协调工作。审计人员应与被审计单位保持密切沟通，充分了解其业务特点和行业背景，以便更准确地把握审计重点。同时，审计人员之间也应加强协作，共同解决审计过程中遇到的问题和困难。

总之，森林资源资产负债表审计规范是一套系统、全面、严谨的审计标准和程序。它旨在确保森林资源资产负债表的真实性、合法性和公允性，为森林资源的管理和保护提供有力支持。通过遵循这些规范，可以更好地评估森林资源价值，推动其可持续发展，为生态文明建设贡献力量。

第二节　相关理论基础

一、契约理论

现代契约理论起源于20世纪中叶，是对古典契约理论的一种深化和拓展。它汲取了新古典经济学、博弈论、信息经济学等多个学科的精髓，更加关注在信息不对称、不完全竞争和有限理性的现实情境下，契约的形成、执行及其所面临的挑战。这一理论突破了传统契约理论中关于完全信息和完全理性的假设，使契约研究更加贴近现实。现代契约理论的核心内容包括契约的不完全性、契约的执行与监督以及契约设计。它认识到，在现实世界中，由于各种不确定性、交易成本和人的有限理性，契约往往无法详尽无遗地规定所有可能的未来状态和应对措施。因此，如何通过合理的机制设计、法律规定和社会规范来减轻契约不完全性带来的问题，确保契约的有效执行，成为现代契约理论关注的焦点。现代契约理论在企业组织、金融市场、公共政策等领域具有广泛的应用。在企业组织中，它用于指导股东与管理层、企业与供应商、企业与消费者之间的契约关系，帮助解决信息不对称和利益冲突问题。在金融市场中，现代契约理论为金融契约的设计、监管政策的制定提供了理论支持，有助于维护金融市场的稳定和公平。在公共政策领域，它指导政府与社会各界之间的契约关系，确保公共资源的合理分配和高效利用。

二、科斯定理

科斯定理起源于20世纪60年代，由经济学家罗纳德·哈里·科斯提出。科斯在对传统的外部性理论进行批判的过程中，提出了这一具有深远影响的经济学定理。传统的外部性理论认为，“市场失灵”需要政府干预来解决，但科斯定理却提出了一个全新的视角：在特定条件下，市场本身可以通过交易来解决外部性问题，无须政府干预。科斯定理的基本内容可以概括为：在产权明确且交易成本足够低的情况下，无论初始产权如何分配，市场都能通过交易达到资源配置的最优状态。这一定理强调了产权界定和交易成本在资源配置中的重要性。科斯认为，只要产权清晰界定，市场力量就会驱使双方通过谈判达到资源配置的帕累托最优。此外，科斯定理还隐含了一个重要的前提，即市场是充分竞争的，不存在垄断和信息不对称等问题。科斯定理在环境保护、资源管理、污染控制等领域具有广泛的应用。以环境保护为例，科斯定理为排污权交易提供了理论基础。通过明确污染权的归属和允许污染权在市场中的交易，可以激励企业减少污染排放，降低环境治理成本。在资源管理方面，科斯定理的应用有助于解决资源过度开发和浪费的问题。通过明确资源的产权归属和建立资源交易市场，可以推动资源的可持续利用和有效配置。此外，在城市规划、土地利用等领域，科斯定理也为相关政策制定提供了有益的思路。例如，在城市规划中，通过明确土地使用权和建立土地交易市场，可以实现城市空间的优化配置和高效利用。

除了上述领域外，科斯定理还可以应用于企业内部的资源配置和管理。在企业内部，各部门之间往往存在资源争夺和利益冲突的问题。通过明确各部门的产权边界和建立内部交易机制，可以实现企业内部资源的优化配置和高效利用，提高企业整体的经济效益。此外，科斯定理还可以为政府制定公共政策提供指导。政府可以通过明确产权边界和降低交易成本来促进市场交易的顺利进行，从而实现公共资源的优化配置和社会福利的最大化。

总的来说，科斯定理提供了一个全新的视角来看待“市场失灵”和政府干预的问题。它强调了产权界定和交易成本在资源配置中的重要性，并提供了一种通过市场交易来解决外部性问题的思路。虽然科斯定理在实际应用中存在一定的局限性和挑战，但它仍然提供了一个有益的理论工具和政策指导。

三、可持续发展理论

可持续发展理论是一种注重长期发展的理念，它强调在满足当代人类需求的同时，保护生态环境，维护资源的可持续性，并保障未来世代的需求。该理论的核心思想是在经济发展、社会进步和环境保护之间寻求平衡，以实现全球的可持续发展。可持续发展理论起源于对传统发展模式的反思。在过去的经济增长模式下，人类对自然资源的过度开采和环境破坏引发了严重的生态问题和社会不公。可持续发展理论主张改变这种不可持续的发展方式，寻求一种能够长期持续的发展模式。可持续发展理论包含三个基本原则：公平性原则、持续性原则和共同性原则。公平性原则强调代际公平和代内公平，要求在发展过程中关注不同世代和地区的人们的需求和权益；持续性原则要求经济发展和资源利用必须在生态环境可承受的范围内，避免对环境造成不可逆的破坏；共同性原则强调全球合作和共同努力，以实现可持续发展的共同目标。为了实现可持续发展，需要采取一系列的措施和行动。这包括促进清洁能源的使用、推广可持续农业、加强环境监管、提高资源利用效率、推动绿色经济的发展等。同时，也需要加强国际合作，共同应对全球性的环境问题，如气候变化、生物多样性丧失等。可持续发展理论在实践中得到了广泛的应用。许多国家和地区已经将可持续发展纳入其发展战略，并采取了一系列政策和措施来推动可持续发展的实现。同时，国际组织和民间团体也在积极推动可持续发展目标的实现，通过合作和共同努力来应对全球性的挑战。

总之，可持续发展理论是一种关注长期发展的理念，它强调在经济发展、社会进步和环境保护之间寻求平衡，以实现全球的可持续发展。该理论对于应对当今世界面临的环境问题和社会挑战具有重要的意义和价值。

四、绿色 GDP 理论

绿色 GDP 理论是一种将环境因素纳入传统 GDP 核算的理论，旨在真实反映一个国家或地区的经济发展与资源环境之间的关系。绿色 GDP 理论的核心思想是在传统 GDP 的基础上，扣除自然资源的损失和环境污染的代价，以更准确地反映经济发展的净值。绿色 GDP 理论起源于对传统 GDP 局限性的认识。传统 GDP 仅仅衡量了经济活动的市场价值，而忽略了这些活动对环境的影响。绿色 GDP 理论认为，应该将环境因素纳入经济核算体系，以更全面地反映经济发展和资源环境之间的真实关系。绿色 GDP 的核算方法通常包括以下几个步骤：首先，确定自然资源的基础存量；其次，核算自然资源的损耗和环境的退化；最后，从传统 GDP 中扣除自然资源的损耗价值和环境的退化成本。通过这样的核算方法，绿色 GDP 能够更真实地反映经济发展的净值，同时提醒人们关注经济发展对环境的影响。绿色 GDP 理论的意义在于它提供了一种新的视角来看待经济发展。它强调经济发展的可持续性，要求在追求经济增长的同时，注重资源的合理利用和环境的保护。通过绿色 GDP 的核算，人们可以更清楚地看到经济发展的真实成本和收益，从而更好地权衡不同发展路径的优劣。为了实现绿色 GDP 的目标，需要采取一系列的措施和行动。这包括加强环境监管、推广清洁能源、促进循环经济、提高资源利用效率等。同时，也需要加强国际合作，共同应对全球性的环境问题，推动全球的可持续发展。

总之，绿色 GDP 理论是一种将环境因素纳入经济核算的理论，旨在更真实地反映经济发展的净值。该理论对于推动可持续发展的实现具有重要的意义和价值。

五、公共物品理论

公共物品理论是经济学中的一个重要概念，它探讨了公共物品的供给、消费和付费等问题。该理论的核心思想是，与私人物品相比，公共物品具有非排他性和非竞争性的特点，这意味着一个人对公共物品的消费不会减少其他人对它的消费，而且公共物品的成本是由所有使用者共同分担的。公共物品理论对于理解公共资源的配置和管理具有重要意义。由于公共物品的非排他性和非竞争性，市场机制在提供公共物品方面往往是无效率的。因此，政府通常需要介入公共物品的供给，通过税收等手段筹集资金，并为公众提供必要的公共物品和服务。公共物品的供给方式多种多样。政府可以通过直接生产或与私人企业合作的方式来提供公共物品，如建设基础设施、提供教育、卫生服务等。此外，一些公共物品也可以通过自愿的方式提供，如社区组织、非营利机构等。然而，公共物品理论也面临着一些挑战和问题。由于公共物品的供给通常需要集体决策，因此可能会出现“搭便车”现象，即一些人不愿意为公共物品付费，却仍然享受其带来的好处。此外，公共物品的供给还可能面临公平和效率的权衡问题，例如，如何在满足不同群体需求的同时，避免资源的浪费和过度使用。为了解决这些问题，需要采取一系列的措施和行动。这包括加强监管和规范公共物品的供给、推广市场化运作、提高公众参与度和透明度等。同时，也需要加强国际合作和交流，共同探索公共物品供给的最佳实践和模式。

总之，公共物品理论是经济学中的一个重要概念，它探讨了公共物品的供给、消费和付费等问题。该理论对于理解公共资源的配置和管理具有重要的意义和价值。为了实现公共物品的有效供给，需要政府、市场和社会各方的共同努力和合作。

六、外部性理论

外部性理论是经济学中的一个重要概念，它探讨了经济活动中外部效应的存在及其对资源配置的影响。该理论的核心思想是，某些经济活动会产生外部成本或外部效益，这些成本和效益并未完全反映在市场交易中，从而导致“市场失灵”和资源配置的不合理。外部性理论可以分为正外部性和负外部性两类。正外部性是指某个经济主体的活动给其他个体带来了好处，例如，一个企业研发的新技术被其他企业采用并推广，提高了整个行业的生产效率。负外部性是指某个经济主体的活动给其他个体带来了坏处，例如，某个工厂排放的污染物对周边环境造成了污染。外部性的存在会导致“市场失灵”，因为市场价格体系无法充分反映外部成本或外部效益。为了纠正“市场失灵”，政府可以采取一系列的措施来减少负外部性或增加正外部性。例如，政府可以通过环境法规限制污染物的排放，或者通过财政补贴鼓励企业进行环保技术创新。

除了政府干预外，外部性理论也强调了市场机制在解决外部性问题方面的作用。一些外部性可以通过扩大市场规模和推动竞争来解决，如通过合并企业来减少负外部性。此外，一些外部性也可以通过产权制度来解决，如将环境资源明晰地界定给特定的个体或组织，使其承担相应的责任和义务。然而，外部性理论也面临着一些挑战和问题。首先，确定外部性的存在和程度需要充分的信息和数据支持，这在实际操作中可能存在困难。其次，政府干预和市场机制都可能存在局限性和副作用，如政府干预可能导致官僚主义和低效率，市场机制可能导致资源分配的不公平。为了解决这些问题，需要采取一系列的措施和行动。这包括加强信息披露和透明度、完善产权制度和法律法规、推动市场机制的创新和完善等。同时，也需要加强国际合作和交流，共同探索解决外部性问题的有效途径和模式。

总之，外部性理论是经济学中的一个重要概念，它探讨了经济活动中外部效应的存在及其对资源配置的影响。该理论对于理解“市场失灵”和资源配置的不合理具有重要的意义和价值。为了实现资源的合理配置和社会福利的最大化，需要政府、市场和社会各方的共同努力和合作。

七、自然资源价值理论

自然资源价值理论是经济学中关于自然资源价值和管理的理论体系。该理论的核心思想是，自然资源具有经济价值和生态价值，应当将其纳入国民经济核算体系，并在资源开发和使用过程中实现资源的可持续利用。自然资源价值理论认为，自然资源不仅是经济发展的基础，而且本身具有价值。这种价值可以表现为资源的直接使用价值、间接使用价值、选择价值以及存在价值等多个方面。这些价值应当得到充分的认可和合理的补偿，以实现资源的可持续利用。为了实现自然资源的合理利用和保护，需要将自然资源价值纳入市场体系和政府决策中。首先，应当建立自然资源资产产权制度，明确资源的所有权和使用权，通过市场交易实现资源的优化配置。其次，应当建立自然资源资产负债表，将自然资源的价值纳入国民经济核算体系，为政府决策提供科学依据。此外，还应当完善资源税费制度，使资源使用者为其使用的资源付出合理的代价，激励节约资源和保护环境的行为。自然资源价值理论对于推动可持续发展和生态文明建设具有重要的意义和价值。通过认可和体现自然资源的价值，可以改变传统的发展模式和资源利用方式，推动经济活动与自然生态系统相协调。这有助于实现经济发展和环境保护的双赢，促进人类与自然的和谐共生。

然而，自然资源价值理论在实际应用中也面临一些挑战和问题。首先，自然资源的价值评估是一个复杂的问题，需要考虑多种因素和不确定性。其次，将自然资源价值纳入市场体系和政府决策需要相应的政策和制度支持，这需要不断探索和完善。此外，公众对自然资源价值的认知和理解程度也影响该理论的实施和推广。为了解决这些问题，需要采取一系列的措施和行动。这包括加强自然资源价值评估方法和标准的研究、完善相关政策和制度、提高公众的环保意识和参与度等。同时，也需要加强国际合作和交流，共同探索自然资源的合理利用和管理模式。

总之，自然资源价值理论是关于自然资源价值和管理的理论体系。该理论的核心思想是认可和体现自然资源的价值，推动资源的可持续利用。对于实现可持续发展和生态文明建设具有重要的意义和价值。为了实现自然资源的合理利用和管理，需要政府、市场和社会各方的共同努力和合作。

八、环境资源会计理论

环境资源会计理论是一种将环境因素纳入企业会计体系的理论，旨在真实反映企业的经济活动与环境资源之间的关系。该理论的核心思想是将环境资源作为企业资产和负债的重要组成部分，对其进行确认、计量、记录和报告，为企业决策提供更为完整和准确的信息。环境资源会计理论的发展源于对传统会计局限性的认识。传统会计只关注企业内部的财务状况和经营成果，而忽略了企业的外部环境影响。随着环境问题的日益严重，企业需要更加全面地考虑其经济活动对环境的影响，并承担相应的责任。因此，环境资源会计理论应运而生，为企业提供了一种将环境因素纳入决策的方法。环境资源会计理论的主要内容包括环境资产的确认、计量和报告。环境资产是指企业所拥有或控制的环境资源，包括自然资源、生态环境和人文景观等。企业在进行经济活动时，需要消耗一定的环境资源，因此应当将其纳入企业的资产和负债核算中。环境资产的计量可以采用市场价值、替代成本等方法，计量结果可以作为企业决策的重要依据。除了环境资产的核算外，环境资源会计理论还涉及环境成本的核算。环境成本是指企业在生产经营过程中所发生的环境保护支出和环境污染治理成本。通过环境成本的核算，企业可以更加准确地了解其经济活动的真实成本，从而更好地进行成本控制和经营决策。环境资源会计理论的实施需要相应的制度保障和规范。政府应当制定相关的法律法规和会计准则，明确企业披露环境会计信息的要求和标准。同时，还需要建立完善的环境审计制度，对企业的环境会计信息进行监督和验证，确保其真实性和准确性。环境资源会计理论对于推动企业可持续发展具有重要的意义和价值。通过将环境因素纳入企业会计体系，企业可以更加全面地了解其经济活动对环境的影响，从而采取更为环保和可持续的生产经营方式。这有助于实现经济发展与环境保护的良性循环，促进人类与自然的和谐共生。

然而，环境资源会计理论在实际应用中也面临一些挑战和问题。首先，环境资产的计量和报告需要充分的环境信息和数据支持，这可能涉及企业商业机密的保护和公众参与度的问题。其次，不同国家和地区的环境法规和会计准则存在差异，导致企业在国际间的比较和交流存在困难。此外，环境审计制度的建设也需要相应的专业人才和技术支持。为了解决这些问题，需要采取一系列的措施和行动。这包括加强环境信息披露的监管和规范、推动国际间环境会计标准的统一、加强环境审计专业人才的培养等。同时，还需要加强环境资源会计理论的研究和创新，不断完善和发展该理论体系。

总之，环境资源会计理论是一种将环境因素纳入企业会计体系的理论。该理论的核心思想是将环境资源作为企业资产和负债的重要组成部分，为企业决策提供更为完整和准确的信息，对于推动企业可持续发展具有重要的意义和价值。为了实现环境资源会计理论的广泛应用和实践，需要政府、企业和社会各方的共同努力和合作。

第四章

森林资源资产负债表编制指导思想

第一节　党的十八大以来生态文明建设的总体纲略

一、党的十八大的生态文明建设

（一）生态文明建设是“五位一体”总体布局的重要内容

当前，我国经济社会发展面临资源紧缺、环境污染、生态系统恶化等严峻挑战，这要求确立并践行尊重、顺应、保护自然的生态发展理念。党的十八大报告明确了生态文明建设在社会主义现代化建设中的重要地位，将其与经济建设、政治建设、文化建设、社会建设并列，共同构成“五位一体”的总体布局。报告强调了生态文明建设的深远意义，指出它是关系人民福祉和民族未来的长远大计。报告分析了资源约束趋紧、环境污染严重、生态系统退化三个问题，并提出了将生态文明建设放在突出位置，融入其他四大建设的各方面和全过程。这意味着生态文明建设不仅关注自身领域，还须与其他建设形成有机统一。

在政策方针上，报告提出坚持节约资源和保护环境的基本国策，强调节约优先、保护优先、自然恢复为主的方针。同时，树立尊重自然、顺应自然、保护自然的生态文明理念，促进人与自然和谐相处。关于路径和方式，报告强调推进绿色发展、循环发展、低碳发展，并提出资源节约型、环境友好型社会建设的具体目标。此外，还须形成节约资源和保护环境的空间格局、产业结构、生产方式、生活方式。

在战略任务方面，报告提出了优化国土空间开发格局、促进资源节约、加强生态系统和环境保护、加强生态文明制度建设等任务，为推进生态文明建设指明了方向。总之，应坚定走生态优先、绿色发展之路，为美丽中国和中华民族伟大复兴的中国梦贡献力量。

（二）生态保护是“十三五”规划的重要理念

2016 年 11 月 15 日的国务院常务会议通过了《“十三五”生态环境保护规划》，为我国的生态环境保护工作指明了方向。该规划的核心任务是推动绿色发展，改善人民生活质量。以下是规划确定的主要任务：“十三五”规划在我国的发展历程中具有举足轻重的地位，它不仅是全面落实“五位一体”总体布局和“四个全面”战略布局的关键一步，更是以“创新、协调、绿色、开放、共享”的五大新发展理念为指引，对我国的未来发展进行了全面而深入的规划。在这一背景下，生态环境保护成为规划的重要组成部分，体现了我国对生态环境保护的坚定决心和高度重视。

规划明确提出了以提高环境质量为核心的目标，将生态环境保护放在了突出位置。为实现这一目标，规划提出了一系列具体的措施。首先，强调源头控制的重要性，明确国家生态保护红线，完善环境标准和技术政策，淘汰高污染、高环境风险的技术、设备和产品。这一举措旨在从根本上减少污染物的产生，降低环境风险。其次，规划注重资源节约和循环利用，发展关键技术，以及恢复生态技术，并加快发展节能环保产业。这不仅能够提高资源利用效率，减少资源浪费，还有助于推动绿色产业的发展，促进经济社会的可持续发展。此外，规划还制定了大气、水、土壤污染防治行动计划，对重点地区、流域和工业进行全面排放控制，实施一批重大的生态环境保护工程。这些措施的实施，将有助于改善大气、水、土壤等环境要素的质量，保障人民群众的健康。同时，规划还明确了造纸、建材等 15 个重点行业的污染控制和减排专项措施，提出了工业污染源综合排放计划，以全面整治农业地表源和畜禽养殖等污染。这些措施的实施，将有助于减少重点行业的污染物排放，降低环境风险，保护生态环境。在制度方面，规划要求完善企业排放许可、排放权、环境损害补偿等制度，建立多元化、跨地区的生态补偿机制。这将有助于构建更加完善的环境保护制度体系，为生态环境保护提供有力的制度保障。“十三五”规划在生态环境保护方面的实施强调了地方各级人民政府的主体责任，这是一个非常重要的点。这意味着不仅仅是中央政府，地方政府也需要在生态环境保护方面承担起重要的角色。他们需要将生态环境保护的目标、任务、措施和重点项目纳入自己的国民经济和社会发展规划中，确保这些目标和措施在地方层面得到有效执行。最后，“十三五”规划也明确了国务院有关部门的职责。这些部门需要各自负责，并密切配合，以确保规划的实施。为了加强规划的实施，还需要增加资本投入，以支持生态环境保护项目的开展。此外，建立实施计划的年度调度和评估机制也是一个非常重要的举措。这不仅有助于确保规划的有效实施，还可以及时发现和解决实施过程中出现的问题。根据规划，到 2018 年底和 2020 年底，将分别对实施计划进行中期和最终评估。这些评估结果将向国务院报告，并向社会公布，这有助于增加透明度，让公众了解规划的实施情况。

（三）“生态红线”进入日常行政管理

中共中央办公厅和国务院办公厅在 2017 年联合发布了《关于划定并严守生态保护红线的若干意见》（以下简称《意见》），这一文件为我国生态保护工作设定了明确的时间表和路线图。根据该意见，到 2017 年底，京津冀和长江经济带已经率先划定了生态保护红线，显示出我国政府在生态保护方面的坚定决心和快速行动。随后，到 2018 年底前，其他各省（自治区、直辖市）也完成了生态保护红线的划定工作，这标志着我国在全国范围内初步建立了生态保护红线系统。到 2020 年底，国家生态保护红线的划定、勘测、标定工作全面完成，这一系统得到了进一步的优化和完善，有效保护了土地生态空间，保持了稳定的生态功能，为国家的生态安全提供了坚实的保障。而到了 2030 年，我国将进一步优化生态保护红线布局，实施更为有效的生态保护红线体系。预期在这一阶段，我国的生态功能将得到显著改善，国家生态安全得到充分保障，这将为我国的生态文明建设和绿色发展提供有力的支撑。

在生态保护红线的划定过程中，《意见》明确了红线的范围，并根据保护需要和开发利用现状，对地块实施生态保护红线。通过明确生态系统类型和主要生态功能，以及通过自然资源统一登记明确土地、土地所有权的性质，形成了国家生态保护红线图。在边界测量的基础上，建立了统一的标准标志，确保了保护生态红线落地准确、边界清晰。这一系列的措施和规划，显示了我国政府在生态保护和绿色发展方面的坚定决心和明确方向。随着这些规划和措施的实施，有理由相信，我国的生态环境将得到进一步的改善，生态安全体系将更加完善，从而为我国的可持续发展提供坚实的保障。生态保护红线确实是我国在生态保护领域的一项创新举措，它借鉴了国际上的相关经验，并结合了我国的实际情况，为生态文明建设提供了有力的制度保障。通过划定生态保护红线，我国明确了土地空间开发、利用和保护的界限，为生态文明的保护范围和发展范围提供了清晰的指导。

这次发布的《意见》对地方各级党委和政府机构提出了明确的要求，强调其要履行职责，严格限制生态保护红线，确保红线不被突破。同时，《意见》也要求建立一套生态保护红线控制和激励措施，以鼓励和支持各地区和各部门积极参与生态保护工作。在这其中，地方党委和各级政府被赋予了严格执行生态保护红线的主体责任。这意味着，在未来的工作中，生态保护红线将成为相关综合决策的重要依据和前提。各级政府和有关部门需要按照职责分工，加强监督管理，确保生态保护红线的有效实施。为了确保生态保护红线的落地实施，《意见》还提出了建立目标责任制的要求。这意味着，各级政府和有关部门需要将保护目标、任务和要求逐层分解并落到实处，确保每一项工作都有人负责，每一项任务都能得到有效执行。除了加强监管和建立目标责任制外，《意见》还提出了创新激励约束机制的建议。这包括增加对生态保护的补偿，加强对生态保护红线的支持力度，以及加快完善生态保护补偿制度等。这些措施旨在通过经济激励和政策引导，促进各地区和各部门更加积极地参与到生态保护工作中来。此外，《意见》还鼓励生态保护红线所在地区和受益地区建立横向生态保护补偿机制。这一机制的建立将有助于促进地区间的合作与交流，共同承担生态保护任务，形成全社会共同参与生态保护的良好氛围。

总的来说，这次发布的《意见》为我国生态保护工作提供了明确的指导和有力的支持。通过加强监管、建立目标责任制、创新激励约束机制以及完善生态保护补偿制度等措施，有信心在未来的工作中取得更加显著的成效，为构建美丽中国、实现可持续发展作出更大的贡献。

在生态保护红线的监测监督方面，我国相关部门已经采取了一系列切实有效的措施。原环保部、发改委、国土部等部门会同其他有关部门，共同建立了生态保护红线综合监测网络体系，这一体系充分整合了地面生态系统、环境以及气象等多方面的监测资源，包括设立相对固定的监测点，利用卫星遥感等高科技手段，以确保能够及时、准确地获取生态保护红线的监测数据。为了进一步加强对生态保护红线实施情况的监督，《意见》中明确了环境保护部门和各级有关部门的职责分工。各部门需要按照各自的职责范围，加强对生态保护红线的日常监管和执法力度。同时，为了规范执法行为，提高执法效率，我国还建立了行政执法与刑事司法联动机制，确保对破坏生态保护红线的行为能够依法进行严厉打击。此外，《意见》还提出了一系列配套政策措施，以促进和保护生态功能。这包括制定有利于生态保护的土地政策、工业政策和投资政策，以及推进生态保护红线立法工作等。通过这些政策措施的实施，可以进一步引导和激励社会各界积极参与到生态保护工作中来，共同推动生态文明建设。在资金保障方面，《意见》也提出了研究市场化、社会化投融资机制的建议，以多渠道筹集保护资金。通过发挥组合资金的作用，可以为生态保护红线的划定、保护和管理提供稳定的经费来源，从而确保生态保护工作的顺利进行。

综上所述，这次发布的《关于划定并严守生态保护红线的若干意见》为我国生态保护工作提供了明确的指导和有力的支持。通过加强监管、建立目标责任制、创新激励约束机制以及完善生态保护补偿制度等措施，有信心在未来的工作中取得更加显著的成效，为构建美丽中国、实现可持续发展作出更大的贡献。目前，我国在生态保护红线的监测监督方面已经取得了显著的进展，相关政策措施也在不断完善中。相信，在各部门的共同努力下，我国的生态保护工作一定能够取得更加辉煌的成就。

二、党的十九大的生态文明建设

（一）建设生态文明是中华民族永续发展的千年大计

党的十九大报告中指出，加快生态文明体制改革，建设美丽中国。人与自然是生命共同体，人类必须尊重自然、顺应自然、保护自然。习近平指出，要建设的现代化是人与自然和谐共生的现代化，既要创造更多物质财富和精神财富以满足人民日益增长的美好生活需要，也要提供更多优质生态产品以满足人民日益增长的优美生态环境需要。必须坚持节约优先、保护优先、自然恢复为主的方针，形成节约资源和保护环境的空间格局、产业结构、生产方式、生活方式，还自然以宁静、和谐、美丽。生态文明建设功在当代、利在千秋。要牢固树立社会主义生态文明观，推动形成人与自然和谐发展现代化建设新格局，为保护生态环境作出这代人的努力。

此外，在北京举行的全国生态环境保护会议上，习近平总书记出席会议并发表重要讲话。习近平强调要自觉把经济社会发展同生态文明建设结合起来，充分发挥党的领导和中国社会主义制度的政治优势，集中力量做好重大工作，充分利用改革开放四十多年来积累的坚实的物质基础。加强生态文明建设，解决生态环境问题，坚决防治污染，把我国生态文明推向新的水平。习近平在讲话中强调，生态文明建设是关系中华民族永续发展的根本大计。中华民族向来尊重自然、热爱自然，绵延5000多年的中华文明中孕育着丰富的生态文化。生态兴则文明兴，生态衰则文明衰。党的十八大以来，开展了一系列根本性、开创性、长远性工作，加快发展生态文明顶层设计和制度体系，加强法治建设，建立和实施中央环境保护监督制度，并大力推动绿色发展。进一步落实大气、水、土壤污染防治三大行动计划，率先发布2030年可持续发展议程国家实施方案，实施国家应对气候变化计划（2014～2020年），推动生态环境保护发生历史性、变革性、综合性变化。

总体上看，我国生态环境质量持续好转，出现了稳中向好趋势，但成效并不稳固。生态文明建设正处于压力叠加、负重前行的关键期，已进入提供更多优质生态产品以满足人民日益增长的优美生态环境需要的攻坚期，也到了有条件有能力解决生态环境突出问题的窗口期。我国经济已由高速增长阶段转向高质量发展阶段，需要跨越一些常规性和非常规性关口。必须咬紧牙关，爬过这个坡，迈过这道坎。习近平强调，生态环境是关系党的使命宗旨的重大政治问题，也是关系民生的重大社会问题。广大人民群众热切期盼加快提高生态环境质量。要积极回应人民群众所想、所盼、所急，大力推进生态文明建设，提供更多优质生态产品，不断满足人民群众日益增长的优美生态环境需要。

（二）推进生态文明建设必须遵循六项重要原则

新时代要推进生态文明建设，必须坚持好以下原则：一是坚持人与自然和谐共生，坚持节约优先、保护优先、自然恢复为主的方针，像保护眼睛一样保护生态环境，像对待生命一样对待生态环境，让自然生态美景永驻人间，还自然以宁静、和谐、美丽；二是绿水青山就是金山银山，贯彻创新、协调、绿色、开放、共享的新发展理念，加快形成节约资源和保护环境的空间格局、产业结构、生产方式、生活方式，给自然生态留下休养生息的时间和空间；三是良好生态环境是最普惠的民生福祉，坚持生态惠民、生态利民、生态为民，重点解决损害群众健康的突出环境问题，不断满足人民日益增长的优美生态环境需要；四是山水林田湖草是生命共同体，要统筹兼顾、整体施策、多措并举，全方位、全地域、全过程开展生态文明建设；五是用最严格制度最严密法治保护生态环境，加快制度创新，强化制度执行，让制度成为刚性的约束和不可触碰的高压线；六是共谋全球生态文明建设，深度参与全球环境治理，形成世界环境保护和可持续发展的解决方案，引导应对气候变化国际合作。

因此，要认真学习领会习近平生态文明思想，切实增强做好生态环境保护工作的责任感、使命感。生态环境保护是重大责任，必须贯彻绿色理念，优先发展生态。要解决突出环境问题，保障民众健康与生态权益。工作需科学有效，政策要精准可行。各地区和部门要细化实化措施，确保政策落地生效。要强化主体责任，加大环保督察，坚持实际出发，既治标又治本，防止形式主义。执法要严，整合污染防治与生态保护职责与队伍。统计数据要真实，以成效赢得信任。简而言之，保护生态环境要行动有力、精准施策、严格执法、确保成效，为民众创造优质生态环境。

（三）加快构建生态文明体系，解决生态环境问题

要加快构建生态文明体系。加快建立健全以生态价值观念为准则的生态文化体系，以产业生态化和生态产业化为主体的生态经济体系，以改善生态环境质量为核心的目标责任体系，以治理体系和治理能力现代化为保障的生态文明制度体系，以生态系统良性循环和环境风险有效防控为重点的生态安全体系。要通过加快构建生态文明体系，确保到 2035 年，生态环境质量实现根本好转，美丽中国目标基本实现。到 21 世纪中叶，物质文明、政治文明、精神文明、社会文明、生态文明全面提升，绿色发展方式和生活方式全面形成，人与自然和谐共生，生态环境领域国家治理体系和治理能力现代化全面实现，建成美丽中国。习近平指出，要全面推动绿色发展。绿色发展是构建高质量现代化经济体系的必然要求，是解决污染问题的根本之策。重点是调整经济结构和能源结构，优化国土空间开发布局，调整区域流域产业布局，培育壮大节能环保产业、清洁生产产业、清洁能源产业，推进资源全面节约和循环利用，实现生产系统和生活系统循环链接，倡导简约适度、绿色低碳的生活方式，反对奢侈浪费和不合理消费。

把解决突出生态环境问题作为民生优先领域。坚决打赢蓝天保卫战是重中之重，要以空气质量明显改善为刚性要求，强化联防联控，基本消除重污染天气，还老百姓蓝天白云、繁星闪烁。要深入实施水污染防治行动计划，保障饮用水安全，基本消灭城市黑臭水体，还给老百姓清水绿岸、鱼翔浅底的景象。要全面落实土壤污染防治行动计划，突出重点区域、行业和污染物，强化土壤污染管控和修复，有效防范风险，让老百姓吃得放心、住得安心。要持续开展农村人居环境整治行动，打造美丽乡村，为老

百姓留住鸟语花香的田园风光。要有效防范生态环境风险。生态环境安全是国家安全的重要组成部分，是经济社会持续健康发展的重要保障。要把生态环境风险纳入常态化管理，系统构建全过程、多层级生态环境风险防范体系。要加快推进生态文明体制改革，抓好已出台改革举措的落地，及时制定新的改革方案。要提高环境治理水平，要充分运用市场化手段，完善资源环境价格机制，采取多种方式支持政府和社会资本合作项目，加大重大项目科技攻关，对涉及经济社会发展的重大生态环境问题开展对策性研究。要实施积极应对气候变化国家战略，推动和引导建立公平合理、合作共赢的全球气候治理体系，彰显我国负责任大国形象，推动构建人类命运共同体。

打好污染防治攻坚战。打好污染防治攻坚战时间紧、任务重、难度大，是一场大仗、硬仗、苦仗，必须加强党的领导。各地区各部门要增强“四个意识”，坚决维护党中央权威和集中统一领导，坚决担负起生态文明建设的政治责任。地方各级党委和政府主要领导是本行政区域生态环境保护第一责任人，各相关部门要履行好生态环境保护职责，使各部门守土有责、守土尽责，分工协作、共同发力。要建立科学合理的考核评价体系，考核结果作为各级领导班子与领导干部奖惩和提拔使用的重要依据。对那些损害生态环境的领导干部，要真追责、敢追责、严追责，做到终身追责。要建设一支生态环境保护铁军，政治强、本领高、作风硬、敢担当，特别能吃苦、特别能战斗、特别能奉献。各级党委和政府要关心、支持生态环境保护队伍建设，主动为敢干事、能干事的干部撑腰打气。

要认真学习领会和贯彻落实习近平总书记重要讲话精神，以习近平新时代中国特色社会主义思想为指导，着力构建生态文明体系，加强制度和法治建设，持之以恒抓紧抓好生态文明建设和生态环境保护，坚决打好污染防治攻坚战。为应对环境污染，需要明确重点区域和领域，强化工业、燃煤、机动车污染治理，坚决打赢蓝天保卫战。深入实施“水十条”和“土十条”，加强治污设施建设，提升污水处理能力，并采取有针对性措施治理农用地污染。推动绿色发展，需要从源头预防污染，深化供给侧结构性改革，培育新产业、新业态，利用新技术推动产业智能化和清洁化。同时，倡导绿色低碳生活方式，加强生态保护修复，构建生态安全屏障，坚持山水林田湖草整体保护、系统修复。为协同推进经济高质量发展和生态环境高水平保护，需要发挥政府和企业主体作用，依靠改革和创新提升环境治理能力，完善财政资金投入和多元环保投入体系，加强关键技术研发和攻关，强化环境执法力度，引导全社会树立生态文明意识。

三、党的二十大的生态文明建设理念

（一）“加快发展方式绿色转型”点明我国绿色产业发展进入了新的阶段

习近平总书记指出，高质量发展是全面建设社会主义现代化国家的首要任务。在全面建设社会主义现代化国家开局起步的关键时期，加快发展方式绿色转型对经济高质量发展能否取得新突破至关重要。党的二十大报告明确了新时代必须完整、准确、全面贯彻新发展理念，通过建设现代化产业体系推动产业结构的调整优化，构建一批包括生物技术、新能源、新材料、绿色环保等在内的新增长引擎，发展战略性新兴产业集群，从而加快发展方式的绿色转型。这些举措意味着我国绿色产业发展进入了更高阶的现代化、科技化、集群化的阶段，是习近平生态文明思想从绿色思维出发，在实践中统筹发展绿色制造业、绿色财税金融和绿色科技创新体系，不断推进绿色生产体系的构建，对绿色高质量发展道路的理论体系进行的完善和创新。

（二）“深入推进环境污染防治”体现我国污染防治领域走入全面统筹推进阶段

从党的十九大报告提出“打赢蓝天保卫战”到党的二十大报告的“持续深入打好蓝天、碧水、净土保卫战”，在污染防治的指导思想上突出了系统性的环境治理思维。在污染物控制方面，党的二十大强调要对污染物进行协同控制，对土壤新污染物也要及时纳入协同治理范围，要统筹水资源、水环境、水生态治理，从分项治理推进到强调系统化的综合防治，持续改善环境质量，并从制度建设的角度，健全现代环境治理体系，均体现了习近平生态文明思想持续践行“绿水青山就是金山银山”的理念，是站在人与自然和谐共生的高度进行谋划的新内容。

（三）“提升生态系统多样性、稳定性、持续性”的多元统筹蕴含着生态积累的远景

2019 年，习近平总书记就强调生态系统具有多元共生性，要提升生态系统多样性、稳定性、持续性，必然要求对生态系统的保护以多元共生为导向，进行统筹规划。“草原森林河流湖泊湿地休养生息”“长江十年禁渔”“耕地休耕轮作”等多项措施同步并举，不仅是坚持山水林田湖草沙一体化保护和系统治理的体现，也是这种多元统筹思想的体现。党的二十大提出，要加快实施重要生态系统保护和修复重大工程，推动高质量国土空间发展格局形成，不仅有助于从根本上修复我国（尤其是西部）被破坏的生态环境，在“300 多种珍稀濒危的野生动植物的野外种群数量得到恢复和增长”的基础上，继续“提升生态系统多样性、稳定性、持续性”，更是蕴含着在我国生态实践中修复并不是最终目的地，即不仅要从根本上进行生态环境的治理、修复，更要在修复的基础上，提升更高水平的生态资源存量与质量。这体现了我国生态文明建设的远景目标是走向生态积累，凸显了对“人与自然和谐共生”更深层次的认识和理解，而“建立生态产品价值实现机制，完善生态保护补偿制度”正是推动这一远景目标的重要举措。

（四）“积极稳妥推进碳达峰碳中和”衔接我国能源革命深入推进阶段

党的二十大强调了“碳达峰、碳中和”在生态文明建设整体布局中的重要战略定位。面对“双碳”目标，以习近平同志为核心的党中央明确提出要深入推动能源革命，为保障我国新时代的能源安全，推动我国向能源强国转变，指明了在“双碳”目标驱动下，能源行业结构调整发展的方向。党的二十大报告指出，应通过构建新型能源体系，统筹能源开发和生

态保护，全面推进工业、建筑、交通等产业发展衔接新能源技术，实现能源生产和能源消费方式的清洁、低碳、安全、高效的历史性变革，加快建设新型能源体系，构建综合碳减排制度。这意味着我国将步入能源高质量发展的新征程，从能源革命的角度促进“人与自然和谐共生”。

第二节　生态文明建设的总体布局

一、生态文明建设所面临的形势

我国生态保护工作近年来取得了显著的积极进展。中央和国务院对生态保护工作给予了高度重视，并采取了一系列有力的措施来加强这一领域的工作。各级环境保护部门积极参与综合决策，强化监督管理，致力于遏制生态恶化的趋势。在自然保护区和生态功能保护区的建设与管理方面，取得了积极的成果。同时，生物多样性保护和生物安全管理也得到了进一步的深化。资源开发生态保护的监管水平在不断提高，生态示范工作得到了大力开展，农村污染防治也受到了越来越多的重视。这些努力使得全社会的生态保护意识和社会参与度得到了显著提高。

然而，尽管在生态环境保护方面取得了积极进展，但生态环境状况依然严峻，生态环境恶化的趋势尚未得到有效遏制。生态系统功能下降、生物多样性减少以及外来入侵有害物种等问题削弱了可持续发展的基础。水污染和水生态失衡对经济和社会发展构成了限制。土地退化导致土地生产力下降，而土壤污染则对农产品的安全造成了影响。此外，矿产资源的不合理开发也给部分地区带来了严重的生态破坏和地质灾害频发的问题。随着人口增长和经济社会的快速发展，生态环境所面临的压力日益加大。

因此，需要继续加大生态保护工作的力度，采取更加有效的措施来应对生态环境问题。这包括加强生态系统保护与修复、推动绿色发展、加强环境监管和执法力度、提高公众环保意识等方面的工作。只有通过全社会的共同努力，才能够实现生态环境的持续改善和可持续发展。

（1）国土资源安全问题。中国是世界上水土流失最严重的国家之一。根据最近的遥感数据，中国的水土流失面积高达 367 万平方公里，占全国土地面积的 38.2%，并且这一面积仍在不断扩大。每年新增的水土流失面积约为 1 万平方公里，流失的土壤达到 50 多亿吨，相当于全国耕地每年流失 1 厘米厚的土壤。这种土壤流失需要 120 年～400 年才能自然恢复 1 厘米的厚度。表层土中储存着耕地的肥力，因此其不断流失导致土壤肥力和生产能力逐渐下降。水土流失还带走了氮、磷、钾等养分，这些养分量相当于全国一年的化肥总产量。这不仅造成巨大的经济损失，还导致土壤肥力不断下降，形成恶性循环。中国也是土地沙化、退化和盐渍化问题较为严重的国家之一。从 1970 年到 21 世纪初，沙化土地面积不断扩大，涉及 30 个省、自治区和直辖市，总面积达到 174 万平方公里。荒漠化面积也在持续扩大，每年相当于损失两个沿海地区中等县的土地面积，造成的直接经济损失超过 540 亿元。同时，干旱和半干旱地区的 40% 耕地存在不同程度的退化问题。土壤盐渍化问题也十分突出，盐渍化土地面积已达 80 多万平方公里。此外，非农业建设的增加导致每年仍有 20 万～30 万公顷的耕地被占用。目前，中国有 666 个县的人均耕地面积低于联合国粮农组织确定的 0.8 亩警戒线，这对庞大的人口食物供应构成威胁。

综上所述，中国面临着严重的水土流失和土地退化问题，这些问题不仅影响生态环境，还对经济和社会发展产生深远影响。因此，需要采取有效措施来加强水土保持和生态修复工作，以维护国家的生态安全和可持续发展。

（2）水资源安全问题。水资源是我国经济社会发展的重要战略资源，其充足与否直接影响着国家的经济发展。目前，我国面临的水资源问题十分严峻。人均淡水资源仅为世界平均水平的 1/4，显示出我国水资源的稀缺性。更令人担忧的是，我国 2/3 的城市和农业灌溉主要依赖地下水。然而，许多地区的地下水开采已远超过其可承受范围，导致地下水位下降，形成漏斗状，进一步引发地面沉降的问题。在华北地区，这种现象尤为明显，已经形成了一条长达 2 万平方公里的漏斗带。在其他一些地方，地下水几乎被开采殆尽。水生态平衡的失调也是我国当前面临的一大问题。这主要表现在河流断流现象的日益严重。不仅是在降水量较少的北部和西部地区，即使在雨水充沛的南方，也频繁出现河流断流的情况。以黄河为例，自 1972 年黄河下游首次决堤以来，其决堤的频率、持续时间和范围都在不断扩大。黄河的水量逐渐减少，越来越少地流入大海，这对其生态用水和河水平衡都构成了严重威胁。湖泊的退化和萎缩则是水环境恶化的另一重要标志。以长江流域的湖泊为例，从 20 世纪 50 年代的 1066 个到 90 年代初期的 182 个，湖泊数量大幅减少。华北平原的白洋淀、洞庭湖等湖泊的水面面积也大幅缩小，水位下降，蓄水量锐减。青海湖在 30 年间水位下降了近 3 米，并仍在持续缩小。这些湖泊的退化不仅影响了当地的生态环境，还对周边地区的人民生活产生了深远影响。例如，埃吉纳绿洲因上游水资源被截留，导致流经的水量大幅减少，使得数公里的沼泽和湖泊干涸，大树枯死，绿洲变成了沙漠。同样，在新疆塔里木河上游地区，由于过度开采水资源，河道被切断，导致下游流域的生态系统恶化日益严重。

综上所述，我国水资源面临的问题既有数量上的不足，也有质量上的恶化。这些问题不仅影响了经济社会的可持续发展，还对人民的生活和生态环境产生了深远影响。因此，必须高度重视水资源的保护和合理利用，确保水资源的可持续利用，为我国的经济社会发展提供坚实的资源保障。

（3）生命安全问题。优质的环境对于人类的生存至关重要，它直接影响着人民的健康状况。然而，当前地球的整体生存环境却呈现出对人类越来越不利的趋势，特别是环境污染和有毒化学品对人体造成的伤害问题，已逐渐引起人们的深切关注。尽管我国尚未对环境污染和有毒化学品进行全面系统的调查与评价，但从现有状况和监测数据来看，形势已经相当严峻。水资源和大气中的有害物质种类繁多且复杂，日常生活中各类食物中的有害物质含量与国际标准相比仍存在一定差距。此外，饲料中不当添加抗生素、激素等合成药物的情况也时有发生。

西方国家的大量研究表明，某些污染物质被称为“环境荷尔蒙”，它们能够改变内分泌功能，并对个体及其后代或整个生物群体产生有害影响。这些物质通过环境和食物链进入人体或野生动物体内，干扰其生殖和内分泌系统，进而影响后代的生存与繁衍。例如，英国科学家发现长期生活在受污染水域的雄性鱼类出现性别变异，而鸟类食用含农药食物后产下的蛋壳变薄，难以孵化，导致一些珍稀鸟类濒临灭绝。在包括欧洲、美国和日本在内的20多个国家进行的广泛调查显示，1938～1991年，成年男性精子数量下降了50%，女性不孕率上升至20%，畸胎和畸形的比例也显著增加。面对如此严峻的生态环境挑战，必须高度重视生态保护工作。生态环境保护不仅关乎经济社会的可持续发展和人民生活的福祉，更关系到子孙后代的未来和环境保护事业的成败。因此，必须坚定不移地坚持保护生态环境的原则，将污染防治与生态保护紧密结合起来。通过实施生态修复工程提升环境承载能力，同时采取有效的生态环境保护措施加强污染防治工作。只有这样，才能确保实现五年规划中的环境保护目标，并努力推动人与自然和谐共生的美好愿景变为现实。

二、生态建设的总体布局

党的十八大报告在中国特色社会主义的总体布局中纳入生态文明建设，深刻地表明党对社会主义现代化建设战略任务的认识不断加深，对中国特色社会主义发展规律的认识不断提高。在党的十七大报告第一次提到生态文明之后，党的十八大再次把生态文明作为一个焦点，把“生态文明建设”提升到更高的战略水平，扩大中国特色社会主义总体布局。如何加快生态文明建设已经成为贯彻党的十八大的一项重要任务。生态文明建设可分为以下几个层面：

(1) 经济层面。经济层面的生态文明建设，指的是在经济活动中融入环境保护的理念，确保人类的发展与自然和谐共存。为实现这一目标，需要采取一系列措施。首先，必须大力发展循环经济，充分利用有限的资源，以满足人类可持续发展的需求。这需要全社会达成节约资源的共识，推动形成绿色、环保、资源节约型的生产模式、消费方式和产业结构。同时，还应积极推广先进的污染防治技术，发展清洁和可再生能源，并建立科学完善的能源利用方案，以最大限度地合理利用资源。其次，实施清洁生产是生态文明建设的核心。清洁生产强调在生产过程中减少原材料的使用、降低能源消耗、减少污染物排放，并尽可能减少对自然生态环境的损害。

与传统的只注重物质生产的生产方式相比，清洁生产更加注重生态环境保护。为此，需要加强清洁生产意识的教育，转变公众、企业和政府的观念，使清洁生产成为自觉行为。此外，环保行业在生态文明建设中发挥着重要作用。作为提供改善生态环境所需技术、商品和服务的行业，环保行业不仅要追求经济效益，还要积极履行社会责任。因此，需要大力发展环境保护产业，并加强生态环境教育工作，提高环保单位和从业人员的责任意识，确保他们在推动生态文明建设中发挥积极作用。

总之，经济层面的生态文明建设要求在发展经济的同时，注重资源节约、环境保护和可持续发展。通过发展循环经济、实施清洁生产和加强环保行业的职业责任意识，可以推动生态文明建设取得实效，为子孙后代留下一个更加美好的家园。

（2）政治层面。就生态文明建设的政治层面而言，要求加大重视生态问题的力度，致力于解决生态问题、打造良好的生态环境，并以此作为贯彻科学发展观和构建和谐社会的重要内容，需要形成正确的生态观和发展观。生态文明建设是维护和发展人民根本利益的重要任务，尤其是领导干部必须树立正确的发展观和生态观。各级政府在推进生态文明建设中扮演着至关重要的角色。应该发挥主导作用，为生态文明建设提供社会体制和配套设施以及政治保障。具体来说，政府应将生态文明绩效纳入绩效考核体系中，建立健全监督管理机制，以确保生态文明建设的有效推进。此外，政府还应该推动生态文明的基础制度、社会相关设施和政治保障等方面的建设，不断完善监督管理的体制。加强生态法治建设。当今，中国的社会主义市场经济不断发展，建设社会主义法治国家的进程也不断加快。在生态文明的建设中，生态保护法律占据着越来越重要的地位。这就要求：动员人民自觉开展生态环境保护，积极参与生态环境保护的监督管理，明确生态环境保护的义务和权利，通过学习生态环境法律法规对自身的权益起到保护作用，敢于检举和起诉污染破坏生态环境的行为。与此同时，如果要增强各级领导、环境保护人员、环境保护单位执法人员、其他从业人员以及广大公众的环保意识，那么就要建立与实施相对完善合理的违法违规。

重视生态管理建设。在当前的背景下，中国社会主义市场经济正在蓬勃发展，法治国家的建设也在稳步前进。在这样的时代潮流中，生态文明建设的重要性日益凸显，生态保护法律在其中的作用也越来越重要。为了推进这一进程，需要广泛动员人民群众，使他们自觉地参与到生态环境保护中来，积极监督和管理生态环境，明确自己的权利和义务。人们应当积极学习生态环境法律法规，用法律武器保护自己的权益，勇于检举和起诉那些破坏生态环境的行为。同时，还需要增强各级领导、环境保护人员、执法人员以及其他从业人员的环保意识，让他们在实际工作中更好地发挥作用。为了实现这一目标，需要制定和实施更加完善、合理的法规，以确保生态文明建设的顺利进行。

（3）文化层面。在生态文明建设的文化层面，必须确保所有的文化活动，包括塑造生态观念、行为方式和实现途径的种种因素，都符合生态文明的要求。这需要积极培育生态文化意识，即一种强调人与自然和谐共生的理念。随着时代的进步，人类逐渐认识到对自然的无度索取必将引发自然的反噬。人们的观念正在从征服自然、破坏自然转变为回归自然、珍惜自然，这标志着一种新的生态意识的觉醒。这种觉醒对于改善我国的生态环境具有重大意义。因此，开展生态教育，提高人们对生态文化的认识，规范人们在自然环境中的行为，以及坚定树立生态文化意识，对于解决生态问题至关重要。特别是生态道德教育，它与生态环境的关系密不可分。人们的生态道德水平不仅受生态环境状况的影响，同时也对生态环境产生深远影响。生态道德能够提升人们的生态意识，增强行为的自觉性和自律性，激发保护生态环境的责任感。因此，应该重视生态道德教育，积极履行保护生态环境的责任和义务，对破坏生态环境的行为予以谴责。同时，号召全体人民积极参与各种形式的生态道德实践活动，共同为建设生态文明、绿色美丽的新型社会贡献力量。通过这些努力，可以将我国建设成为一个生态环境优美、社会文明进步的国家。

（4）社会层面。从社会层面来看，生态文明建设应加强对社会事业的建设，并推动生活方式的革新。要营造良好的社会生活环境，建立高效、民主、法治和有序的社会管理体系。同时，树立生态文化意识，推动形成文明、健康、科学和和谐的社会风气。优化生活环境至关重要。生活环境直接影响人们的身心健康和生活质量，因此，保持和提升生活环境的质量显得尤为重要。这涉及城市和农村的全面发展。在城市方面，应建设生态社区，促进城市内外部及周边地区的生态可持续发展。而在农村，应全面推进“生态示范区”建设，并着重打造配备完善设施的“绿色居民区”。

人口健康发展同样关键。应倡导绿色生活方式，提高生活质量和教育质量，控制人口增长，提升人口素质，实现人口负担向人力资源优势的转化。同时，推广生态消费模式，鼓励经济消费，反对奢侈浪费，坚决抵制破坏生态、浪费资源和污染环境的行为。改革开放以来，中国特色社会主义建设的总体布局经历了多个阶段的发展。初期，中国面临生产力落后的状况，因此经济发展成为中心任务。随着经济建设取得一定成果，政治体制的改革也显得至关重要，从而开始了政治体制改革的进程，并提出了依法治国的战略。后来，发展的重点进一步扩展到文化建设，形成了“三位一体”的总体布局。在多年的高速发展后，党开始更加关注社会发展，特别是民生问题，提出了构建社会主义和谐社会的治理新思路，将经济社会发展总体布局扩大为经济、政治、文化、社会四个方面。

经过多年的改革开放，党深刻认识到保护生态环境的重要性。在党的十七大上，生态文明建设被确立为全面建设小康社会的关键要求之一，从而将“四位一体”扩展为“五位一体”的基本思想。党的十八大进一步将这一基本思想确立为全党的完整、系统和统一的意志，使全面、协调、可持续发展的科学发展观真正贯穿于中国特色社会主义的伟大事业之中。将生态文明纳入中国特色社会主义总体布局，是科学发展观的有效落实。科学发展观强调人与自然的关系，为生态文明建设提供了理论基础。在此背景下，党提出加强生态文明领域的工作，将生态文明纳入总体布局，体现了对科学发展观的真正落实和有效实践。

这一举措具有重要意义。历史上，许多古代文明的衰落都与生态环境破坏密切相关。近代以来，生态环境已成为影响社会文明发展的重要因素。全球变暖等环境问题也警示必须重视生态文明建设。因此，建设生态文明是当前中国可持续发展的迫切任务。同时，生态文明建设也是中国应对全球问题的责任所在。作为负责任的大国，中国加强应对气候变化能力建设，为全球生态环境改善作出贡献。将生态文明建设纳入中国特色社会主义总体布局，表明中国在解决全球环境问题上的坚定决心和积极行动。

综上所述，将生态文明纳入中国特色社会主义总体布局是科学发展观的有效落实，具有重要意义和责任担当。这将为中国的可持续发展和全球生态环境改善作出积极贡献。

第三节 基于人类命运共同体与生态文明视角下的自然资源资产负债表编制

自然资源资产负债表是一种用于评估和管理自然资源的核算工具，它能够提供关于自然资源的数量、质量和价值的信息。基于人类命运共同体视角和生态文明视角，编制自然资源资产负债表具有重要的意义。

从人类命运共同体的视角来看，自然资源是全人类共同拥有的财富。编制自然资源资产负债表可以客观地反映全球自然资源的状况和变化趋势，有助于促进各国之间的合作与共享。通过共同管理和保护自然资源，可以实现资源的可持续利用，满足全人类的经济、社会和环境需求。在全球化的背景下，各国之间的资源依赖程度越来越高。然而，由于资源分布不均和利益分配不公等问题，一些国家可能过度开发和消耗自然资源，导致资源的枯竭和环境的破坏。为了解决这些问题，需要建立全球性的自然资源管理体系，通过编制自然资源资产负债表来监测和评估全球资源的使用情况。编制自然资源资产负债表需要考虑多个方面的因素。首先，需要确定资源的种类和范围。自然资源包括土地、水资源、森林、矿产等，每种资源都有其特定的价值和功能；其次，需要收集和整理相关的数据和信息。这包括资源的存量、流量、质量等方面的数据，以及资源的开发利用情况、环境影响等方面的信息；再次，需要建立科学的指标体系和方法，对资源进行定量和定性的评估；最后，需要将各种资源的数据进行整合和分析，形成完整的自然资源资产负债表。

编制自然资源资产负债表不仅可以提供关于资源的数量和质量的信息，还可以揭示资源的价值和功能。例如，通过评估土地资源的生产力和生态功能，可以确定土地的经济价值和生态价值。通过评估水资源的供需状况和水质状况，可以确定水的经济价值和生态价值。通过评估森林资源的木材蓄积量和碳储存量，可以确定森林的经济价值和生态价值。通过评估矿产资源的储量和开采成本，可以确定矿产的经济价值和环境风险。

编制自然资源资产负债表还可以帮助人们更好地了解资源的使用情况和变化趋势。通过对资源的存量和流量进行监测和评估，可以发现资源的过度开发和消耗的问题，并采取相应的措施进行调整和改进。通过对资源的质量进行评估，可以发现资源的退化和污染的问题，并采取相应的措施进行修复和保护。通过对资源的价值进行评估，可以发现资源的价值被低估或忽视的问题，并采取相应的措施进行合理利用和管理。

从生态文明的视角来看，自然资源是生态系统的重要组成部分，对于维持生态平衡和生物多样性至关重要。编制自然资源资产负债表可以帮助了解自然资源的价值和功能，从而更好地保护生态环境。通过合理规划和管理自然资源的使用，可以减少对环境的破坏，实现经济发展与环境保护的良性循环。在编制自然资源资产负债表时，需要考虑到不同类型和区域的自然资源的特点和价值。例如，对于农田资源，需要评估其耕地面积、土壤质量、农作物产量等方面的信息；对于水资源，需要评估其水量、水质、供水能力等方面的信息；对于森林资源，需要评估其林木蓄积量、生物多样性、碳储存量等方面的信息；对于矿产资源，需要评估其储量、开采成本、环境风险等方面的信息。同时，还需要考虑到不同区域的差异性，因为不同地区的资源禀赋和发展需求各不相同。

在编制自然资源资产负债表时，还需要建立科学的指标体系和方法。这包括确定资源的计量单位和计量方法，确保数据的准确性和可比性。同时，还需要建立数据的收集、整理和发布机制，确保数据的及时性和可靠性。此外，还需要加强国际合作，共同制定和实施自然资源管理的政策和措施。只有通过全球范围内的合作与共享，才能实现资源的可持续利用和生态环境的保护。总之，基于人类命运共同体视角和生态文明视角的自然资源资产负债表编制具有重要的意义。它可以客观地反映全球自然资源的状况和变化趋势，促进各国之间的合作与共享；它可以帮助了解自然资源的价值和功能，保护生态环境；它可以指导资源的合理利用和管理，实现经济发展与环境保护的良性循环。通过编制自然资源资产负债表，可以更好地认识和管理自然资源，为人类的生存和发展提供可持续的基础。

然而，编制自然资源资产负债表也面临一些挑战和困难。首先，由于资源种类繁多、分布广泛、价值复杂等因素，编制自然资源资产负债表需要大量的数据和信息支持。这对于数据的收集、整理和分析提出了较高的要求。其次，由于资源的价值受到多种因素的影响，如市场需求、技术进步、政策调整等，编制自然资源资产负债表需要考虑这些因素的变化和影响。这对于预测和评估资源的价值提出了较高的要求。最后，由于资源的开发利用涉及经济、社会、环境等多个方面的利益关系，编制自然资源资产负债表需要协调各方的利益冲突和矛盾。这对于制定合理的资源管理政策和措施提出了较高的要求。为了克服这些挑战和困难，需要加强国际合作和技术交流。通过共享数据和信息，可以提高编制自然资源资产负债表的准确性和可比性。通过借鉴国际经验和技术手段，可以提高编制自然资源资产负债表的科学性和可操作性。通过加强国际合作和技术交流，可以推动全球范围内的资源管理和环境保护工作的发展。

综上所述，基于人类命运共同体视角和生态文明视角的自然资源资产负债表编制具有重要的意义。它可以客观地反映全球自然资源的状况和变化趋势，促进各国之间的合作与共享；它可以帮助了解自然资源的价值和功能，保护生态环境；它可以指导资源的合理利用和管理，实现经济发展与环境保护的良性循环。通过编制自然资源资产负债表，可以更好地认识和管理自然资源，为人类的生存和发展提供可持续的基础。然而，编制自然资源资产负债表也面临一些挑战和困难，需要加强国际合作和技术交流来解决。只有通过全球范围内的合作与共享，才能实现资源的可持续利用和生态环境的保护。

第五章

自然资源资产负债表体系概述

第一节　构建自然资源资产负债表体系的目标与意义

在当前资源紧张、环境恶化的背景下，我国正面临严峻的自然资源与环境挑战。为应对这些挑战，我国不仅加强了自然资源的管理与核算，还积极推进生态文明建设，将其纳入中国特色社会主义事业的总布局中。党的十八届三中全会提出了编制自然资源资产负债表和对领导干部进行自然资源资产离任审计的要求；党的十九大强调，“设立国有自然资源资产管理和自然生态监管机构，统一行使全民所有自然资源资产所有者职责”；党的二十大报告指出，“要推进美丽中国建设，坚持山水林田湖草沙一体化保护和系统治理”。这些无不展现出我国在自然资源管理和核算方面的决心。同时，绿色 GDP 的研究和试点也为我国自然资源价值的科学评估提供了重要支撑，旨在更全面、客观地反映经济社会发展对自然资源的利用和保护情况，为决策提供科学依据。

在生态保护方面，我国取得了积极进展。中央和国务院采取了一系列重大措施，加强生态保护工作，各级环保部门积极参与，自然保护区和生态功能保护区建设取得积极成效。然而，生态环境恶化的趋势仍未得到有效遏制，生态系统功能下降、水污染、土地退化等问题依然严重。面对这些挑战，我国经济社会必须树立并践行尊重自然、顺应自然、保护自然的生态文明理念。生态文明建设被纳入中国特色社会主义事业的总布局，与经济、政治、文化和社会建设相互融合、相互促进。这不仅要求在资源、环境、生态等方面做出努力，更要求将生态文明的理念和方法融入各项建设中，形成人与自然和谐共生的新格局。

总之，面对资源约束趋紧、环境污染严重、生态系统退化的严峻形势，必须坚定不移地推进生态文明建设，树立并践行尊重自然、顺应自然、保护自然的生态文明理念。这是中国特色社会主义事业的重要理念，更是为了子孙后代、为了民族未来所必须承担的责任和使命。只有这样，才能实现经济社会的可持续发展，为中华民族的伟大复兴贡献力量。

第二节　自然资源资产负债表体系构成

一、总体要求

以习近平新时代中国特色社会主义思想为指导，全面贯彻党的十九大精神，深入贯彻落实党中央、国务院和省委、省政府关于生态文明体制改革的决策部署，认真总结前期县、市级试点经验，扎实推进编制自然资源资产负债表工作在市、县（区）全覆盖，健全、完善自然资源存量统计和流量统计，为推进 N 省生态文明建设提供信息支撑、监测预警和决策支持。

二、资料来源

编制土地资源资产账户、林木资源资产账户、水资源资产账户和海洋资源资产账户所需基础数据，分别来自国土、环保、林业、水利等自然资源主管部门，现有资料不足的，可加大统计调查监测频率，增加调查监测点，必要时开展补充性调查。

三、核算对象

根据自然资源内容将自然资源资产负债表分类编制，如土地资源、林木资源、水资源、海洋资源资产负债表。可根据自然资源现有资料及条件，逐步实现从以实物量指标为主的报表到以价值量指标为主的报表编制。

四、核算内容

编制自然资源资产负债表既要反映自然资源规模的变化，更要反映自然资源的质量状况。通过质量指标和数量指标的结合，更加全面系统地反映自然资源的变化及其对生态环境的影响。

五、核算步骤

编制自然资源资产负债表通常涉及以下几个关键步骤：

（1）资源清查和评估：需要对特定地区的自然资源进行清查和评估。这包括确定资源类型、数量、品质、分布和可再生性等。

（2）估值和计量：需要对资源进行估值和计量。这涉及了基于市场价格、成本法或替代成本法等方法来确定资源的经济价值。此外，还可以考虑资源的非市场价值，如生态系统服务的价值。

（3）资产分类和划分：在资产负债表中，自然资源被分为不同类别和子类别，以便更好地组织和管理。例如，土地可以进一步划分为农田、林地、湿地等。

（4）资产估计和更新：自然资源的价值会随着时间的推移而变化。因此，需要定期更新和重新评估资产负债表中的自然资源价值，以反映其实际状况和变化趋势。

六、核算目的和收益

编制自然资源资产负债表主要出于以下目的，带来以下收益：

（1）利于评估资源的可持续利用程度：通过资产负债表，可以了解和评估特定自然资源的可持续利用程度。这有助于确定是否存在资源过度开采、破坏或不合理利用的问题，并采取相应的保护和管理措施。

（2）支持决策和规划：自然资源资产负债表为政府和决策者提供了重要的信息基础，以支持决策制定和资源规划。它可以帮助优化资源配置、制定可持续发展战略，并促进经济增长与资源可持续利用之间的平衡。

（3）监测和评估政策效果：通过对自然资源资产负债表的定期更新和比较分析，可以监测和评估政策和措施对资源管理和可持续利用的影响。这有助于改善政策的有效性和适应性。

（4）激励环境保护和可持续经营：自然资源资产负债表不仅关注经济价值，还包括自然资源的非市场价值。这可以为环境保护和可持续经营提供激励，促进资源的长期保护和可持续利用。

（5）提高透明度和问责制：自然资源资产负债表的编制和公开可以提高政府和决策者的透明度，并推动问责制的实施。公众可以了解国家或地区自然资源的状况和管理情况，参与决策过程，并监督资源管理的执行。

第三节　自然资源资产负债表编制现状

一、政府部门的积极推动

我国历来重视森林资源核算工作，国家统计局和国家林业局等部门均投入大量研究。自 2002 年起，我国完成了针对多种自然资源的实物量核算表，并在森林资源核算上取得显著进展。2013 年，两部门再度合作，深化研究，计划全面解读“绿色 GDP”，相关工作已于 2018 年底前完成，并发布了核算报告。在这一过程中，我国以森林资源统计为基础，结合国际经验，逐步完善核算理论，并推动其与国民经济核算体系的融合。同时，森林资源统计和核算体系与森林资源资产负债表相互支撑，共同推动我国森林资源管理和保护工作的深化。这些努力不仅反映了我国对生态文明建设的重视，也为全球森林资源管理和保护提供了有益经验。

二、专家学者的深入研究

随着试点的深入，我国森林资源资产负债表研究受到广泛关注。专家学者对编制方法和价值核算进行了深入探讨。柏连玉强调报表的准确性和完整性，需要关注数量、质量和价值量的平衡。朱婷等提出了林木资源资产负债表的框架。金宏伟总结了核算成果，并指出需要完善核算方法。孔繁文等主张构建全面核算体系。学者们还从区域角度进行研究。例如，张颖等为云南景东县编制了报表；内蒙古地区研究备受关注，姜海光总结了编制进展与问题；耿国彪介绍了账户设计；房林娜等为贵阳市白云区提供了改进建议。这些研究推动了我国森林资源资产负债表的理论发展，并为实践提供了支持，有助于加强森林资源管理和保护。

尽管我国在森林资源资产负债表研究方面已取得了显著成果，但仍需要不断完善和深化研究，以更好地服务于森林资源的保护和可持续利用。

三、试点单位的经验总结

国务院办公厅于 2015 年 11 月制定并出台了《编制自然资源资产负债表试点方案》（以下简称《方案》）。《方案》要求：对于自然资源，大力提高统计调查和监测力度，强调改革实践的同时进行经验总结，依据是否具有自然资源特色和代表性的衡量标准，选取呼伦贝尔、娄底、湖州、赤水、延安、承德、天津、怀柔作为先行试点地区，开展关于自然资源资产负债表的研究。试点方案强调核算试点地区的存量和流量信息，建立自然资源统计台账。

（一）北京怀柔试点模式

北京市怀柔区作为国家的先行试点区，当地统计局根据《生态文明体制改革总体方案》和《编制自然资源资产负债表试点方案》，考虑怀柔区政府及有关部门的需求，编制怀柔区自然资源统计报表制度。针对森林资源，该制度设计了“森林情况表”和“森林面积存量及变动表格”。

怀柔区统计局因地制宜编制森林表格，以反映当地的森林存量、流量、林业投资和火灾情况，对于全面客观反映森林统计信息具有借鉴意义。但是，不难发现，统计局设计的表格是统计报表形式，没有界定负债和净资产；尽管森林面积存量及变动情况表区分人为因素和自然因素造成的森林变化，但是变动原因笼统，不利于确定责任归属，反映的信息有待完善。这些关键点应值得以下编表时深入思考。

（二）贵州试点模式

贵州省林业厅对森林资源资产负债表的研究格外重视，组建了省林业资源编表专题组，并联合多部门编写了《贵州省林业自然资源资产负债表编制试点工作实施方案》。综合考虑对林业资源实施的多次调查和现有的技术水平，贵州省制定由 7 个一级指标和 23 个二级指标组成的实物量报表的指标体系，开展全省实物量表的编制工作，试点工作已结束。贵州省试点工作仍然进行实物量表的编制，尚未开展价值量的核算，这从侧面表明编表存在一定难度。这启示，在后续编表时应遵循先易后难、先实物后价值的原则。陈永杰（2016）探索设计的贵州省森林资源资产负债表将森林资源分为林地和林木两类，将负债项目分为：法定赔偿、更新造林、退耕还林、因天灾毁损林地修复。已有的成果为贵州省深入探究森林资源资产负债表夯实基础。

总之，森林资源资产负债表的研究尚处于起步的探究阶段，目前并没有形成标准统一的规范化样式。通过总结已有的研究成果可知，构建完整科学的森林资源资产负债表应做到三点：一是符合我国森林资源核算实际；二是吸收发展原有的研究成果；三是借鉴国际最新森林资源核算成果。本书在充分考虑以上三点后，设计森林资源资产负债核算体系，其中详细分类了森林资源，并对负债项目进行合理的界定。

第四节　森林资源资产负债表与自然资源资产负债表的联系

森林资源是自然资源重要组成部分。自然资源按照内容来划分，可以分为土地资源、海洋资源、森林资源、水资源等。由此可见，探索编制森林资源资产负债表是探索编制自然资源资产负债表的重要部分，也是实现此目标的重要步骤。森林资源资产负债表和自然资源资产负债表都是以会计学方法进行资源资产管理的重要工具。具体来说，森林资源资产负债表是专门针对森林资源的管理和核算，而自然资源资产负债表则是对包括水资源、土地资源、森林资源等在内的所有自然资源进行全面的资产和负债核算。

（1）森林资源资产负债表与自然资源资产负债表两者同根共源。森林资源是自然资源的重要组成部分，因此，在编制森林资源资产负债表时，首先需要考虑到其在整体自然资源中的位置和作用。其次，森林资源资产负债表和自然资源资产负债表在编制方法和目标上具有共性，都采纳了会计学的核算原则，并致力于全面揭示特定自然资源的资产与负债状况，进而反映其在国民经济中的数量关系与比例关系。两者均为我国自然资源的科学管理和保护提供了有力的制度支撑，旨在促进资源的可持续利用和生态环境的保护。

（2）森林资源资产负债表要在自然资源资产负债表的基础上持续深入。然而，这两种资产负债表的主要区别在于其核算对象的不同。自然资源资产负债表是一个综合性的报表，涵盖了包括水资源、土地资源、森林资源等在内的所有自然资源，它的目的是展示某一时点上国家或地区层面自然资源的总量及其变动情况。而森林资源资产负债表则更加专注于森林资源的管理和核算，详细反映森林资源的资产、负债及净权益情况。从自然资源资产负债表过渡到森林资源资产负债表，需要深入理解两种报表的核心内容和差异。自然资源资产负债表提供了全面的自然资源核算基础，而森林资源资产负债表则在此基础上对森林资源进行更深入的分析。过渡过程中，可以借鉴资源平衡表的方法，构建多统计指标体系，以更准确地揭示森林资源在国民经济中的地位和作用。同时，还需特别关注森林资源的特性和管理需求，确保核算结果的准确性和科学性。

总之，森林资源资产负债表和自然资源资产负债表在推动自然资源管理和保护方面发挥着重要作用。通过理解和应用这两种报表，可以更好地掌握自然资源的数量、价值及变动情况，为生态文明建设和可持续发展提供有力支持。

第六章

森林资源资产负债表的财务概念框架体系

第一节 构建森林资源资产负债表财务报告概念框架的重大意义

一、助力生态文明建设

习近平总书记先后提出了“生态兴则文明兴，生态衰则文明衰”和“绿水青山就是金山银山”的发展理念，并在党的十八大和十九大报告中明确强调要加大生态系统保护力度、加强生态文明制度建设。会计报表作为一种提供特定信息系统的管理工具，一方面可以反映经济发展的环境代价，落实资源消耗和生态修复的成本与效益；另一方面可以对自然资源的价值量进行核算，使“绿水青山”变成报表上真正的“金山银山”。因此，加快构建森林资源资产负债表财务报告概念框架体系并用以指导价值量森林资源资产负债表的编制工作，其本身就是贯彻落实“绿水青山就是金山银山”理念和推进生态文明建设的具体举措。

二、助力国家资产负债表的编制

党的十八届三中全会通过的《中共中央关于全面深化改革若干重大

问题的决定》中明确提出要编制全国和地方资产负债表。而国家资产负债表是一个系统而统一的价值量报表体系，如图 6-1 所示，包括森林资源在内的自然资源资产负债表是国家资产负债表的不可或缺组成部分。构建基于价值量视角森林资源资产负债表财务报告概念框架体系并指导价值量的森林资源资产负债表编制工作，进而推动其他类型自然资源资产负债表编制工作，这样就可以极大地促进国家资产负债表体系的构建与编制完善工作。

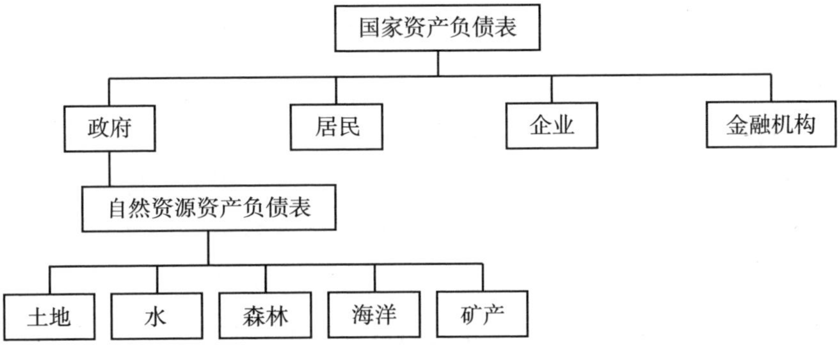

图 6-1　森林资源资产负债表在国家资产负债表体系中的层次

三、助力宏观的治国理政

习近平总书记多次强调要“推进国家治理体系和治理能力现代化”，而生态文明建设和国家资产负债表的编制都促使会计从“微观的企业单位治理”走向“宏观的治国理政”。显然，只反映实物量的自然资源资产负债表不能满足宏观的治国理政的需要。要编制价值量的自然资源资产负债表就需要概念体系的规范、严谨、科学和一致。要实现这个目的，构建一个完善的具有指导作用的森林资源资产负债表财务报告概念框架就不可或缺。包括森林资源在内的自然资源负债表体系提供的宏观治理信息越充分越完善越连续，就越能将会计从“微观”推向“宏观”，从而越能实现习近平总书记提出的治国理政要求。

四、助力“计利应计天下利”

习近平总书记在印度尼西亚国会发表演讲和博鳌亚洲论坛时都提及“计利应计天下利”。“计天下利”思想从全球利益分配和全球治理等方面能实现更大范围、更长时间、更深程度的利益调整，谋划人类社会共同的长远利益，最终实现互利共赢、协调发展、绿色可持续发展和共享发展成果。“计天下利”要求会计工作从维护社会公平、正义和人类社会可持续发展的角度，对自然资源进行财富计量、参与其价值创造、引导自然资源流动和分配，将“绿水青山就是金山银山”体现到自然资源资产负债表上，引导自然资源实现真正的有效率配置和利益分配的公平、正义。这就要求传统会计理论与方法体系必须做出相应变革，要突破传统财务会计概念框架的理论束缚，形成基于“计天下利”的财务报告概念框架体系。因此，构建基于价值量的森林资源资产负债表财务报告概念框架体系，为全球范围内编制、分析、评估和指导包括森林资源在内的自然资源资产负债表提供一个全球通行的、规范的报告编制理论基础、节省跨国范围自然资源资产负债表编制成本、促进对自然资源资产负债表理解与沟通，最终贯彻落实习近平总书记的“计天下利”思想。

第二节　实物量报表与价值量报表

实物量型报表与价值量型报表是当前森林资源资产负债表编制的两种报表类型。以森林资源为例，实物量森林资源资产负债表以森林资源实物为计量单位（如蓄积：立方米；面积：公顷等），反映编制主体某一时点森林资源的实物存量；价值量森林资源资产负债表是在实物量报表的基础上，辅以价值估算方法，将森林资源实物量转化为能够以货币计量的经济价值并以一定的报表结构反映出来的报表体系。无论是价值量报表还是实物量报表，其都是服务各级政府自然资源资产管理的专项信息系统。

一、森林资源资产负债表的实物量报表体系

实物量报表是一种以物理单位来量化特定时间点上资源资产储量的报表，它能够直接反映出资源的使用价值。在当前的研究中，森林资源资产负债表的实物量核算脱胎于自然资源实物量核算体系，是基于一个合理、全面且操作性强的自然资源实物量核算体系上展开的，其大部分的研究工作是基于环境经济综合核算体系（System of Environmental - Economic Accounting，SEEA）和国民账户体系（System of National Accounts）的。

自然资源实物量核算借鉴了 SEEA 和 SNA 中的核算方法，将自然资源实物量核算分为三个主要部分：自然资源核算、自然环境核算以及环境污染治理与保护核算。其中，自然环境核算和环境污染治理与保护核算都涉及土地环境、水环境和大气环境这三个方面。而自然资源核算则从土地资源、水资源、森林资源、矿产资源以及与之相关的生态资源入手。此外，自然资源实物计量方法取决于实物的不同情况。例如，针对水资源，可以采用调查与普查法、实测法、等雨量线法、体积法等；对于土地资源，可以运用统计资料法、情景模拟法、农业生态区域法、承载力与生态足迹法等。

而针对森林资源，其实物量报表是森林资源资产负债表中关注于非货币化物理单位的核心部分，它基于资源环境年报、监测统计数据和资源管理档案等数据源，综合地反映了特定区域内森林资源的存量和流量变化，其不仅为价值量报表提供了必要的量化基础，还为政策制定和管理决策提供了关键的数据支撑。此外，实物量报表有助于国际间的比较和基准设定，促进全球森林资源的科学管理和合作。因此，在本书的研究中，虽然实物量报表的编制过程可能不会得到详细阐述，但其作为价值量评估的基础和在森林资源管理中的重要作用应当被重视。具体而言，这些报表分为基础状况报表和生态功能报表两大类，前者着重记录了林地面积、林木蓄积量等基本信息，后者则关注于碳固定、水源涵养等生态系统服务。这些研究为自然资源资产负债表的实物量核算提供了一套

全面的方法和框架，有助于更准确地评估和管理自然资源，进而支持可持续发展的政策制定。

（一）基础状况报表是森林资源资产负债表编报体系的基石

基础状况报表是森林资源资产负债表的根基，体现了区域内森林资源的实物量信息，如数量、种类和分布。该报表依据资源的存储特性，从资源本身和其所处的自然环境两个维度进行设置，形成“资源量表”和“环境区域覆盖表”。这种设置使得报表不仅反映了森林资源储量的多少，也展现了这些资源所占据的自然区域面积。

在编制方法上，基础状况报表类似于企业会计报表，采用四柱平衡公式来表现期初存量、本期增减量和期末存量的关系。通过列出期间的变化（流量），报表详细记录了报告期内森林资源数量的动态变化，并分析了造成这些变化的自然及人为因素。同时，报表在横向上按资源类别划分，提供了每种资源的占比、变化情况及质量变动，为管理者提供了详尽的数据支撑。

简而言之，基础状况报表通过结合自然资源量表和自然环境区域覆盖表，以及运用四柱平衡公式和分类平衡原则，为森林资源资产负债表提供了一个全面、系统的核算框架。它不仅是整个报表体系建立的基础，也为森林资源的管理和决策提供了关键的数据和分析工具。

（二）生态功能报表是森林资源资产负债基础状况报表的有益拓展

森林资源资产负债表的生态功能报表是一种详细记录和评估森林生态系统服务价值的工具。这种报表以基础状况报表为基础，进一步揭示了森林资源在生态效益方面的表现。

生态功能报表的核心在于评估森林资源所提供的各种生态服务，如碳固定、氧气生产、水源涵养、土壤保持、生物多样性保护等。这些服务是森林生态系统对人类社会的重要贡献，也是森林资源价值的重要组成部分。在编制生态功能报表时，需要采用一系列专门的核算指标和方法。例如，碳固定可以通过测量森林生物量的增长和林木的碳储存能力来估算；氧气生产则可以通过光合作用速率和叶面积指数来计算；水源涵养能力可以通过降水截留、地表径流和地下水补给等指标来衡量；土壤保持功能则可以通过土壤侵蚀率、土壤肥力维持等指标来评估。生态功能报表的编制过程涉及大量的实地调查、监测和模型模拟工作，以确保数据的准确性和代表性。这些数据不仅反映了森林资源的生态功能强弱，还为制订森林资源管理策略和生态补偿政策提供了科学依据。在实践中，生态功能报表的应用有助于推动森林资源的可持续管理和利用。通过量化森林资源的生态服务价值，可以更好地协调经济发展与生态保护的关系，促进生态文明建设。同时，生态功能报表也为政府、企业和公众了解森林资源的生态效益提供了透明和客观的信息，有助于提高社会对森林生态系统重要性的认识和保护意识。

总之，森林资源资产负债表的生态功能报表是一个综合性的评估工具，它不仅记录了森林资源的实物量信息，还深入挖掘了森林生态系统服务的价值。通过这种报表，可以更全面地了解森林资源的状况，更科学地制订管理策略，从而推动森林资源的可持续发展。

二、森林资源资产负债表的价值量报表体系

价值量报表在森林资源资产负债表中扮演着至关重要的角色，它基于实物量报表系统，通过价值核算方法将实物量信息转化为价值量信息，从经济价值的角度反映了森林资源的状况和生态功能的强弱，从财务角度展现了自然资源状况及其生态服务的货币价值。这份报表体现了实物量信息通过价值评估技术转换成的财务数据。编制价值量报表的过程涉及多种评估技术，如市价法、替代法、工程法等，这些方法能够将森林资源的实物量数据转换为经济价值，以便更好地理解和量化森林资源的经济效益。具体来说，市价法通常用于评估那些在市场上有交易的森林产品和服务，替代法则适用于那些没有直接市场价值的生态服务，而工程法则用于评估实现相同生态功能的工程成本。在森林资源资产负债表体系中，价值量报表不仅是一个高阶表现，也相当于实物量报表的价值映射，两者在形式和内

容上互为镜像，紧密相连。在编制过程中，实物量和价值量报表可以结合，形成一个整合了两者的综合报表体系。

（一）价值量报表是实物量报表的价值体现

在现实世界中，价值量报表作为一种展现自然资源价值的工具，其展示的价值含义是有选择性和方向性的。这种选择性意味着不同的核算方法会显现出资源的不同价值特征。价值量报表的基本作用是从财务视角揭示自然资源状态，但它同时也能体现资源的特定价值属性。例如，在森林资源评估中，林木和林地的实物量数据可以通过市价法转换成经济价值，而生态功能报表中的实物量则可以通过替代法、工程法和成本法转化成森林的生态价值。具体来说，森林保持土壤肥力的价值可以通过估算等效化肥的市场成本来评价；森林净化 SO_2 的能力可以通过计算工业处理 SO_2 的成本来估算；森林的水源涵养功能可以通过类比建造相应水库的成本来衡量。这样的评估方法使得森林资源的多维价值在价值量报表中得到体现，为资源管理和政策制定提供了重要的数据支撑。

（二）价值量报表的可加性、可比性是实物量报表重构的必要条件

在自然资源管理中，实物量报表虽然能够提供各类资源的量化数据，但由于资源类型繁多、特征各异，以及测量单位的不统一，使得这些数据难以直接汇总和比较。特别是在生态功能方面，由于服务的多样性和复杂性，实物量报表的局限性更加明显。相对而言，价值量报表则采用货币作为统一的计量单位，将不同资源的经济价值和生态价值转换为货币形式，从而实现了数据的统一性和可加性。这种方法不仅便于报表系统间的整合，还能更直观地反映自然资源的整体价值。所以在实际应用中，价值量报表的优势在于其强大的整合能力。例如，生态功能的价值可以通过货币单位进行汇总，形成专门反映自然资源生态价值的总量账户。这种账户的建立，不仅有助于管理者了解和监控生态系统服务的健康状况，还可以为生态补偿和绿色金融等政策提供数据支持。

总的来说，价值量报表是森林资源资产负债表的核心组成部分，不仅是森林资源资产负债表编报体系中的高级形态，也是实物量报表的重要补充。它可以单独编制，也可以与实物量报表结合，形成复合式报表编制体系。这种复合式报表能够同时提供森林资源的实物量和价值量信息，为管理者和决策者提供了一个全面的资源管理和决策支持工具。在实际管理和应用中，价值量报表的作用不可小觑。它能够帮助政策制定者、企业和公众了解森林资源的经济效益，评估森林投资的回报，以及制定更有效的森林资源管理和保护策略。此外，价值量报表还能够促进森林生态系统服务的市场化和货币化，为生态补偿和绿色金融提供数据支持。因此，在本书中主要研究这种报表，从而更全面地了解森林资源的经济价值，更科学地制定管理策略，推动森林资源的可持续发展。

三、森林资源资产负债表的实物量与价值量换算

森林资源资产负债表编制的基本原则是便利可操作，因此，如何在编制实物量表的基础上快速制成价值量表，是编制过程中需要考虑的问题，要尽可能使得森林资源资产负债表实物量与价值量表编制工作方便快捷。这一过程不仅要求对森林资源的物理数量进行量化，还要评估其经济价值，从而为资源管理和决策提供全面的信息。换算工作通过一个专门的换算表来完成，该表反映了不同森林资源类型对应的实物量指标和基准价格。换算表中，每种资源类型都配有相应的计量单位，如立方米用于计量林木资源、吨用于水源涵养和碳固定等。这些单位价格会根据市场动态或政府规定进行更新，确保了评估的价值量与当前市场条件相符合。通过简单的乘法运算—实物量乘以基准价格—森林资源的实物量即被转换为价值量。例如，一个地区如果拥有 1 000 立方米的林木量，并假定每立方米的基准价格是 $×，那么该地区的林木价值即为 $1 000×。

此外，换算表中还考虑了其他影响价值量的因素，如生物多样性的保护价值、休闲娱乐带来的旅游收入等。这些因素在备注栏中进行了详细说明，为价值量的计算提供了额外的背景信息。这样综合考量后得出的价值

量报表，能够更准确地体现森林资源的真实价值，包括其生态服务功能以及直接和间接的经济贡献。

总之，通过有效的实物量与价值量换算机制，森林资源资产负债表能够为决策者提供一个强有力的工具。它不仅展示了森林资源的实物量信息，更重要的是，它揭示了这些资源的经济价值，这对于实现资源的可持续利用、提升生态文明建设水平以及促进绿色经济发展具有重要意义。

四、基于价值量构建森林资源资产负债表财务报告概念框架体系的原因

而本书研究选择以价值量报表为主而非详细阐述实物量报表的编制有其合理性和必要性。

以下是几个主要原因：

首先，价值量报表提供了一种将森林资源的多样性和复杂性转化为统一经济价值的衡量方法。森林资源不仅包括立木、林地等直接物质资源，还涵盖了生态系统服务等无形价值，如碳汇、生物多样性保护、水源涵养等。这些生态服务的价值很难通过实物量来衡量，而价值量报表可以将这些不同的森林价值转换为统一的货币单位，便于比较和加总，从而为政策制定者和管理者提供更全面的信息。

其次，价值量报表能够更好地反映森林资源对社会经济的贡献。实物量报表虽然能够提供资源存量和流量的详细信息，但无法直接体现这些资源对经济活动的价值。价值量报表则能够揭示森林资源的经济价值，包括直接的市场价值和间接的使用价值，以及非使用价值，这有助于公众和决策者更全面地认识森林资源的社会经济重要性。

再次，以价值量为主的报表可以促进森林资源的可持续管理和决策。通过将森林资源的保护和利用与经济价值相联系，价值量报表可以为可持续发展目标提供量化的基础。这有助于推动生态文明建设，实现“绿水青山就是金山银山”的理念，同时也为绿色 GDP 的计算提供重要数据支持。

最后，国际上对于环境会计和报告的趋势是越来越多地采用价值量方

法。这有助于与国际实践接轨，促进国际间的比较和学习，提升国际合作和交流的效果。

综上所述，以价值量报表为主的研究能够更全面地反映森林资源的多维度价值，更好地服务于森林资源的管理、决策和国际交流。在本书中主要强调价值量报表的编制方法和重要性，是有其合理性和前瞻性的，因此，本书在编写时，选择以价值量报表为主而非详细阐述实物量报表的编制。

第三节 基于价值量的森林资源资产负债表财务报告概念框架体系

一、编制目标

报表的编制目标是研究其他相关概念的基础和前提。1971 年，由 Robert Trueblood 领导的 AICPA“财务报表目标研究小组”，提出了会计目标的四个研究方向。即，为谁提供财务报表？他们需要什么信息？会计师能够提供多少所需要的信息？信息的提供需要一个什么样的结构？森林资源资产负债表是一项旨在为决策服务、反映受托责任的经济信息系统，根据系统论的原理，任何系统的运行都要服从于系统的目标。编制森林资源资产负债表，就是要摸清森林资源资产“家底”，全面反映经济活动的森林资源消耗，进行科学决策和生态环境考核的重要途径。因此，编制森林资源资产负债表至少要实现以下几个目标：首先，不仅要反映特定主体在某一时点森林资源存量，还要反映期初存量、期末存量、存量增减等变动信息，以此摸清特定主体管辖范围内森林资源的“家底”，利用这些历史、客观、可靠性较强的实物量信息来反映各级政府的受托责任完成情况；其次，依据实物量资料和森林资源资产负债表财务报告概念框架编制出来的价值量报表要反映特定主体对森林资源投入产出效益，核算其资产、负债、净资产作为上级政府或上级相关部门的评价考核和决策依据，服务于上级政府对下级政府在自然资源及生态环境领域管理绩效考核和监督等管理活动；

最后，森林资源资产负债表的编制要能够促进自然资源资产负债表的完善，从而规范领导干部森林资源资产离任审计工作，落实生态文明建设。

二、编制主体

我国自然资源归属全民所有，国家代表人民享有自然资源的所有权，各级政府在授权范围内行使辖区内自然资源的管理权。依据国家编制自然资源资产负债表和开展领导干部自然资源资产离任审计工作的规划，参与自然资源管理的各级政府，即中央、省（自治区、直辖市）、县（市、市辖区）、乡（民族乡、镇）四级政府应为自然资源资产负债表的编制主体。机构改革后，自然资源部门将代全民统一行使所有自然资源资产所有者职责，各级自然资源主管部门则相当于企业中的财务主管部门，履行自然资源资产负债表的具体编制工作，对各级政府负责。一些具体的自然资源行政管理部门，如林业和草原局、海洋局等部门对应各级自然资源主管部门，相当于企业中财务部门内各个具体核算科室，对自然资源主管部门负责。这样就形成自上而下的体系化的自然资源编制和管理机制。各级执行某一特定自然资源管理机构（林业和草原局等）对本级自然资源管理部门提供编制自然资源资产负债表的实物量或价值量数据或测算依据等基础资料。各级自然资源管理部门根据其自身掌握的数据、资料及相关标准，编制自然资源资产负债表并报送各级政府，各级政府将自然资源主管部门报送的自然资源资产负债表逐级上报并接受上级或其他相关部门的监督、管理、审计。

三、假设与原则

（一）森林资源资产负债表假设

1. 森林资源有价假设

森林资源不同于一般商品，其具有经济效益和生态效益双重属性。价值是凝结在商品中无差别的人类劳动，森林资源中的人工林部分，从造林、抚育、采伐等各环节均有人类抽象劳动参与，并作为商品在公开市场上开放交易，其价值通过人类劳动的参与体现出来。森林资源的天然林部分并无人类抽象劳动参与，也不在公开市场上交易，但其生态效益对人类社会有着巨大效用。西方效用价值论认为，价值起源于效用，效用和稀缺性是价值得以体现的充分条件。天然林的涵养水源、保育土壤等生态效益对于人类社会产生着巨大效用，随着人类活动的扩大，天然林逐渐稀缺，天然林等自然资源有价性逐步得到认可。因此，本书引用效用价值论和马克思主义政治经济学观点，认为森林资源不论是作为交易的林产品还是活立木，均具有价值，具体包括林地价值、林木经济价值及森林生态服务价值。各级森林资源资产负债表的编制主体可以依据报告概念框架对上述三种价值进行反映和核算。

2. 行政主体假设

森林资源资产负债表是作为各级政府及其自然资源主管部门森林资源受托管理责任的反映，各级政府及其自然资源主管部门对所编制的森林资源资产负债表负责并接受上级政府及相关管理机构的监督、管理和审计。行政主体假设为森林资源资产负债表的编制划定了空间范围，即属于该行政主体管辖，领导干部负有受托管理责任范围内的森林资源均应反映在该行政主体所编制的森林资源资产负债表中。

3. 报告分期假设

报告分期假设为行政主体编制森林资源资产负债表划定了时间界限，使行政主体在报告期间确定各要素的确认和计量。与森林资源实物量统计工作相协调，一般森林资源资产负债表报告期为一个自然年，有特殊需要而未到一个自然年时（如主要领导干部离任），则视实际情况缩短当年报告期。

4. 森林资源经济价值和生态价值的不确定性假设

2018 年 3 月，IASB 发布修订后的概念框架首次将“不确定性”纳入会计核算体系，认为只要“估计过程是清晰的，被确切描述和解释的，即使不确定性在一个较高水平，也能提供有用会计信息”。森林资源一个最显著的特点就是其是“活”的资产，不像企业中的厂房、设备等没有生命体征的固定资产，这些资产每时每刻都发生着变化，这给确认与计量提出了挑战。基于这个假设前提对林地资产、林木资产等报告要素进行确认与计量，只要森林资源资产负债表的“估计过程是清晰的，是被确切描述和解释的”，对各级政府考核评价等决策有用，这个报表信息就是如实客观的。

5. 基准价值假设

基准价格（价值）是按不同级别、不同地段和各类差异因素而换算出来的平均价格（价值）。森林资源的基准价值是政府或相关主管部门对各级林地或均质地域及其林木资源、生态系统等按不同类型分别评估的平均价格，是各种森林资源的平均价格。森林资源资产负债表中的计量基础是一个不可回避的问题，由于森林资源的特殊性和复杂性，决定了森林资产负债表上的价值类别要明确清晰，否则会造成编制、使用、复核、审计等方面的混乱。森林资产负债表采用的计量价值观念应是典型的基准价值（价格），即森林资源资产负债表中的林地价值、林木资产价值、生态价值都是通过一定的方法、方式、程序和规则根据基准价值测算出来的价值。基准价值假设解决了森林资源资产负债表的实物量向价值量转化的难题。当编制价值量报表时，各资产的价值是基于当地政府或部门颁布或认可的平均价格参照不同的调整系数将不同地域森林资源的实物量折算成价值量并反映到森林资源资产负债表中。

（二）森林资源资产负债表编制原则

首先，要保证森林基础数据的准确性。应以一个自然年为森林资源资产负债表编制周期，既要考虑摸清森林资源“家底”，又要考虑连续编制森林资源资产负债表的可操作性。因而，森林资源资产负债表的相关数据应基于各级自然资源管理部门及林业主管部门的森林档案数据，各级政府对其提供的森林档案数据的真实性和准确性负责。以森林档案为基础、外业调查为辅助，减少因编制森林资源资产负债表而给基层工作者增添过多的额外工作。

其次，要注重森林资源实物量与价值量的合理衔接。当前，各省区市基本完成森林资源实物量统计，森林资源资产负债表编制难点在于森林资源价值量的合理反映，有些试点地区的做法是利用历史成本累积法、重置成本法、市场价法等方法实现森林资源实物量和价值量的衔接工作。对森林资源价值量计算或折算方法不能太烦琐，如其价值测算过程可操作性差、计量成本高，则徒增行政主体编制森林资源资产负债表的难度和工作量，应当采取经过主管部门制定或认可的基准价值，简化森林资源价值量核算的过程。

最后，价值量森林资源资产负债表的编制要与领导干部自然资源资产离任（在任）审计工作有效衔接。目前，福建省、贵州省及河北省等地逐步开展领导干部森林资源资产离任审计的探索工作并相继出台了《国有林场场长森林资源离任审计办法（试行）》等指导性文件，设置林地保有量等约束性指标；采伐管理、有害生物防治等经营性指标；经营方案执行、管理制度建设执行情况等管理指标。但审计范围并没有涉及森林资源资产负债表，导致自然资源资产负债表的编制工作与领导干部自然资源资产离任审计工作相脱节。因此，编制森林资源资产负债表需要能够为领导干部森林资源资产离任审计所用，为其他自然资源资产负债的编制和领导干部自然资源资产离任审计工作模式提供参考借鉴。

四、森林资源资产负债表的编制基本内容与方法

而森林资源会计核算的内容与方法包括以下方面：

（1）资产核算：对森林资源中的有形资产和无形资产进行分类和记录，包括林木资产、林地资产等有形资产和生态系统服务、生物多样性等无形资产。资产核算需要确定资产的价值、权属和使用情况等信息。

（2）成本与收益核算：根据会计学的成本和收益原则，对森林资源的取得成本、培育成本、采伐成本等进行核算。同时，对森林资源的经济收益、生态收益和社会收益进行量化和记录。通过成本与收益核算，可以分析森林资源的经济效益和社会效益。

（3）报表编制：根据森林资源会计核算的要求，编制相应的会计报表，如资产负债表、利润表等。报表内容应全面反映森林资源的财务状况、

经营成果和现金流量等信息。

（4）信息披露：通过适当的渠道和方式，向利益相关者披露森林资源会计核算的相关信息，提高信息的透明度和可获得性。信息披露的内容包括但不限于森林资源的数量、质量、价值等信息。

五、森林资源资产负债表的基本要素

（一）森林资源资产

《国民账户体系》（SNA2008）主张，非育得森林或其他植物，只要机构单位能够对其行使有效的所有权，或政府代替全民行使所有权，即可确认在资产负债表中。在此基础上，联合国统计署等国际机构发布的《2012年环境经济核算体系：中心框架》（*System of Environmental - Economic Accounting* 2012：*Central Framework*）提出，森林资产账户与木材资源的资产账户相比，侧重点在于森林覆盖土地面积和林地面积的变化。综上所述，森林资源资产是各级政府及其所属部门由于过去的法定、授权或交易事项形成的，由各行政主体所有或控制、管理的，预期能为行政主体带来经济效益、生态效益或社会效益的林地及林木资源。

（二）森林资源负债

葛家澍（2006）认为负债本质上是一种义务或责任。就森林资源而言，森林资源负债是行政主体管理范围内，由于管理不善而导致人为或自然发生的事项形成的，预期会造成经济效益、生态效益或社会效益损失，并为补偿该损失而付出的现实义务。

（三）森林资源净资产

基于“资产 - 负债 = 净资产”的会计等式，森林资源净资产是指森林资源资产扣除森林资源负债后，编制主体（通常指各级政府）所享有的森林资源净权益。

六、报表要素的确认与计量

（一）森林资源资产的确认与计量

森林资源资产的确认是一个综合性的过程，它要求在明确管理责任的基础上，进行有效的实物量和价值量计量，并确保预期收益的可实现性。这一过程不仅涉及各级政府对辖区内森林资源的管理权行使，而且还包括对森林资源生态价值的认识和量化。

首先，管理责任的清晰界定是确认森林资源资产的前提。政府需要在授权范围内明确其对森林资源的管理权，确保森林管辖权的归属无误。这为森林资源资产的管理和保护提供了基础，也是推动可持续发展的关键步骤。

其次，可计量性是森林资源资产确认的核心。通过各试点地区的实践，实物量的计量已经取得了一定的进展。然而，为了全面评估森林资源的价值，还需要采用适当的技术手段进行价值量计量。这包括对活立木的生长状况等实物条件进行评估，以确保其经济价值和生态效益能够被准确地反映。

再次，预期收益的可实现性也是确认森林资源资产的重要因素。森林资源的价值量计量应基于一定的实物条件，以确保其很可能为行政主体带来经济效益和生态效益。这需要将实物量与价值量相结合，通过主管部门制定或认可的基准价值来反映森林资源资产的经济价值。

最后，编制森林资源资产负债表是对森林资源资产确认的综合体现。这不仅要求反映森林资源的实物储量及其变化情况，还需要反映报表编制主体管辖范围内森林资源所蕴含的经济价值和生态服务价值。在这个过程中，森林资源生态价值的反映尤为重要，因为它体现了区域内一定时期生态效益的量化结果。

总之，森林资源资产的确认是一个涵盖管理责任、计量和预期收益等多个方面的过程。它旨在全面评估森林资源的价值，支持生态文明建设的理念，并为后代和可持续发展保留丰富的生态资产。

（二）森林资源负债的确认与计量

森林资源负债的确认是一个与资产确认相辅相成的过程，它涉及对森林资源损失的识别和计量，特别是在因管理不善导致非自然损失的情况下。以下是森林资源负债确认的关键条件：

责任清晰：这是确认森林资源负债的基础。各级政府及其自然资源部门在行使森林资源管理权的同时，也承担着生态保护和修复的职责。当因管理不善导致的森林资源非自然损失发生时，如非法伐木、森林火灾、病虫害等，政府或管理部门需要承担相应的责任，形成森林资源负债。

可计量性：森林资源负债的确认要求非自然损失可以通过实物量、价值量或两者结合的方式进行计量。这包括对损失的林地面积、林木资源面积、蓄积量以及森林生态服务功能的损失进行量化评估。

非自然损失的现实性或可能性：确认森林资源负债需要有确凿的证据表明，由于管理不善导致的非自然损失已经发生或未来很可能发生。这种损失很可能导致行政主体的经济效益或生态效益受损。

在实践中，森林资源负债的确认需要在森林资源资产计量的基础上进行。通过对单位林地、林木资源和森林生态价值量的确认，结合行政主体实际林地面积损失、林木资源面积、蓄积损失和森林生态损失，采用森林资源资产价值量计量方法，以价值量反映森林资源负债。这样的计量不仅有助于准确评估森林资源的经济损失，还能促进政府和管理部门加强对森林资源的保护和管理，防止非自然损失的发生，从而维护森林资源的可持续利用和生态平衡。

（三）森林资源净资产的确认与计量

依据“资产－负债＝净资产”的会计等式，森林资源净资产体现为森林资源资产与森林资源负债的差额，其确认与计量取决于森林资源资产和森林资源负债的确认与计量。

七、报表列报

（一）设定报表内容

按照“资产－负债＝净资产”的会计等式，反映出行政主体（某级政府）包含林地资产、林木资源资产和森林资源生态服务价值在内的森林资源资产存量，体现人为或自然因素造成的森林资源过度损耗，同时，也反映一定时间范围内森林资源建设和维护成果。

因此，以上述森林资产统计账户（林地资产统计账户、林木资产统计账户、森林生态资产统计账户）、森林负债统计账户（林地负债统计账户、林木负债统计账户、森林负债资产统计账户）、森林净资产统计账户（林地净资产统计账户、林木净资产统计账户、森林生态净资产统计账户）的实物量统计数据为基础，以主管部门制定或认可的基准价值的价值量测算依据，将其经济价值反映在对应报表账户中。

（二）森林资源资产负债表——价值量表列报（简要样表见表6－1）

表6－1　　　　森林资源资产负债表

编制单位：　　　　　　　　年　　月　　日　　　　　　　　单位：

项目	期初余额	期末余额	项目	期初余额	期末余额
林地资产			**林地负债**		
有林地			林地征占用		
疏林地			林地临时他用损失		
灌木林地			应更未更采伐迹地		
未成林造林地			应更未更火烧迹地		
苗圃地			其他林地损失		
无立木林地					
非林地					

续表

项目	期初余额	期末余额	项目	期初余额	期末余额
林木资源资产			**林木资源负债**		
防护林			森林火灾损失		
特种用途林			森林病虫灾损失		
用材林			林木盗砍损失		
薪炭林			应更未更造林损失		
经济林			超额采伐		
其他林木			其他林木损失		
森林生态资产			**森林生态负债**		
涵养水源			区生态损失		
保育土壤			林木负债生态损失		
固碳释氧			其他森林生态损失		
积累营养物质			**森林资源负债合计**		
净化大气环境			**森林资源净资产**		
森林防护			林地净资产		
物种保育			林木资源净资产		
森林游憩			生态净资产		
			净资产合计		
森林资源资产总计			**森林资源负债及净资产总计**		

八、森林资源资产负债表的实际应用

（1）资源清查与监测：通过定期进行森林资源清查和监测，可以及时了解森林资源的动态变化，为制定相应的管理措施提供依据。例如，当发现某区域的树木生长过快或过慢时，可以及时调整采伐计划或采取其他干预措施。

（2）生态系统服务价值评估：如前所述，森林除了提供物质产品外，还具有众多的生态系统服务功能。通过核算这些服务的价值，可以更全面地认识森林资源的价值，并为生态补偿、生态税收等政策制定提供依据。例如，如果一片森林具有很高的水源涵养和土壤保持价值，那么在制订开发计划时就需要特别考虑其生态价值。

（3）政策制定与决策支持：基于森林资源核算的数据和结论，政府和企业可以制定更为科学和合理的政策。例如，根据森林的生长速度和采伐计划，可以制订合理的采伐限额；根据不同区域的森林资源特点，可以制订差异化的管理措施。

（4）教育和公众意识：通过向公众传播森林资源核算的知识和成果，可以提高公众对森林资源的认识和保护意识。这有助于形成全社会共同参与森林资源保护的良好氛围。

（5）国际合作与交流：在全球化的背景下，不同国家和地区之间的森林资源具有很强的相互影响性。通过国际合作与交流，可以分享彼此的经验和成果，共同应对全球性的环境问题。例如，一些国际组织和机构会定期发布全球或地区的森林资源核算报告，为各国制定相应的政策提供参考。

第七章

价值量森林资源资产负债表审计规范体系

森林资源是陆地生态系统最主要的自然资源之一，特别是在我国广大东部季风区，经济发达，人口总量约占全国总人口 95%，森林资源的经济效益和生态效益是自然资源价值的最重要体现之一。《中华人民共和国森林法》以森林资源的用途划分，将森林资源分为防护林、用材林、薪炭林、经济林和特种用途林五大类。实际管理工作中，将森林资源区域单位划分为商品区和生态区两大类，并以树种的年龄划分为幼龄林、中龄林、近熟林、成熟林和过熟林等实施精细化统计和管理。森林资源用途广泛，经济价值高，在三次产业中有着重要经济价值。随着工业化和城镇化的推进，森林资源面临着更为严峻的发展环境。环境与发展问题是我国经济社会亟待解决的重要难题。领导干部森林资源资产离任审计是针对领导干部任职期间对其辖区内森林资源资产管理和生态环境保护履行情况的监督和评价。作为评价领导干部森林资源资产管理和生态环境保护的重要政策工具，需要在领导干部森林资源资产离任审计中进一步凸显领导干部的绩效成果和责任履行情况，从而促进生态文明体制建设和完善。

第一节　价值量型森林资源资产负债表审计的主要特点

包括价值量森林资源资产负债表审计在内的自然资源离任（在任）审

计都属于政府审计范畴，但受森林资源资产自身特性影响，在进行价值量森林资源资产负债表审计时无法直接采用原政府审计中党政领导干部经济责任、国有企业财务等审计时所适用的审计规范体系。因此，基于价值量森林资源资产负债表的审计规范体系至少要体现以下几个方面的特点。

一、审计思路并不遵循传统的会计循环体系

政府审计、企业财务审计等审计工作中涉及的价值量报表基本上都是遵循传统会计循环体系产生的，即从设置账户开始，经过编制分录、过账、试算平衡、账项调整、结账、编制报表等一个依次完成的过程。而价值量森林资源资产负债表基于生态文明发展理念，加之受被审计单位所在地区的主体功能定位、森林资源资产禀赋等诸多因素影响，其编制不可能像传统财务会计报表体系那样经过一个完整会计循环过程产生。另外，价值量森林资源资产负债表的形成和编制工作涉及林学、生态学、经济学、法学、资产评估学、管理学等多学科专业知识，是一项跨学科的协同工作。这就导致价值量森林资源资产负债表的审计是一项技术性、专业性、政策性强而复杂的工作，进而使得审计思路不能照搬传统会计循环体系下的价值量报表审计思路，需要构建一套全新的审计规范体系来约束价值量森林资源资产负债表的审计思路。

二、审计内容突出“实物量与价值量”并重

编制价值量森林资源资产负债表的前提是要确认森林资源的实物量，按照“期初存量+本期增加量=本期减少量+期末存量”的基本会计原理核算森林资源的期初存量和期末存量，重点关注森林资源资产存量的数量变化，为转换成高质量的价值量信息打下坚实的基础。但森林资源分布在较为辽阔的林地上，既不能仓储，又难以封闭，各种自然灾害和盗伐等人为灾害难以控制。而且森林资源资产实物量的确定涉及国土、农业、林业、水利、发改委等多部门，专业性强，跨越领域广，加之森林资源资产信息

分散、管理水平不一致、标准不统一，数据量庞大。这些都给编制和审计价值量森林资源资产负债表提出了严峻的挑战。另外，森林资源是一项可以长期生长的“活”的生物性资源，在对森林资源资产的价值量进行计量和审计时都不能仅着眼于当下时刻，必要时还须作出适当的预测判断，特别是在对林地资产、林木资源资产、森林生态资产的价值量进行审查和评价工作中，应对时间跨度长而引起的森林资产货币值变动等因素也要给予适当考虑。这些都需要构建新的审计规范体系来规范“实物量”和“价值量”的审查和评价工作，以保证审计质量和效率。

三、审计技术和审计方法依赖计算机技术和大数据应用

随着信息技术的发展，国土、农业、林业、水利、发改委等部门在森林资源的管理中也多以电子数据的形式来保存各自的诸如各类台账和报表等业务数据，如果还依靠人工比对分析，不仅效率低下，还难以保证数据分析准确性。因为这些业务数据只有运用数据库软件，才能对各类台账数据、监测数据进行比对分析。价值量森林资源资产负债表审计只有创新审计技术方法，充分运用信息化技术手段和大数据应用，才能提高审计工作的能力、质量和效率。为配合价值量森林资源资产负债表的审计，应以 3S（遥感 RS、地理信息平台 GIS、全球定位系统 GPS）技术为基础，加大对森林资源资产管理和生态环境保护相关信息系统基础数据的采集和分析，搭建数据分析平台和建立基础数据库，通过对被审计区域森林资源数据的转换、分析、剥离、叠加等分析手段，才能挖掘出被审计区域森林资源分布状况、结构等与审计目标相关的信息。价值量森林资源资产负债审计工作对计算机技术和大数据应用的依赖，迫切要求审计规范体系中有相应的规范与指引。

四、审计证据变得更加多元化与多样化

由于森林资源的特殊性，在进行审计取证时要充分考虑被审计范围内森林资源所在地区的主体功能定位、森林资源资产禀赋特点等诸多方面。因

此，价值量森林资源资产负债表审计的特殊性决定了其审计证据的取证和搜集的多元化、多样化。对价值量森林资源资产负债表审计不仅要进行实物量上的细化统计，还要对其质量和价值量进行以价格为基础的货币计量和反映，这些都决定了审计取证的多元化。森林资源涉及林业、农业、水利、环保、发改委等多个部门，进行审计取证时，资料来源具有跨系统、跨专业、跨行业、跨层级性；审计证据的收集也是个复杂的多系统，涉及诸多不同的资源管理部门、不同专业领域及不同级别层次的系统工程。多元化的取证决定了多样化的证据，这种多样化具体表现为：党政及部门的文件类；制定的与森林资源资产、生态环保相关的规章制度、实施方案、考评办法；造林更新台账、临时林地审批台账、巡查台账、监管执法台账、信访台账等各种台账业务资料类；财务凭证与账簿类；影像图片类；林地利用现状图等保密数据。这些多元化、多样化的审计证据的适当性、充分性、有效性等问题在传统查账式审计规范体系中并没有涉及，需要配套的审计规范体系来规范和说明。

第二节　基于价值量森林资源资产负债表审计规范体系的主要内容

鉴于价值量森林资源资产负债表审计规范体系在审计思路、内容、方式方法和审计证据等方面的特殊性，有必要建立一套适合其特性的审计规范体系。

一、审计要素体系

（一）审计假设

森林资源是一种较为特殊的自然资源，是“活”资产，其价值在阳光、气候、土壤等多种条件作用下是不断变化的，更为重要的是在这一变化过程中其还能提供涵养水源、固碳释氧等生态服务价值。为此，需要根据森林资源资产的特性，对基于价值量森林资源资产负债表审计领域中存在的尚未确认或暂时无法论证的事物做出合乎逻辑的推理与判断，即审计假设，主要包括以下内容。

（1）审计环境可控假设。森林资源资产是具有生命体征的“活”资产，这些“活”资产给价值量森林资源资产负债表的编制带来挑战的同时也给基于价值量报表审计工作带来了实践方面的难题。这就要求进行森林资源价值量审计工作的环境要可控：森林资源的审计主体范围，森林资源生态服务价值核算范围、计量方法必须统一和前后一致；自然资源管理部门及各级政府提供的森林资源资产负债表可以公允地反映森林资产的资产、负债和净资产价值量；基于价值量森林资源资产负债表和实物量资料是可以验证的；提交验证的价值量报表和其他信息资料披露恰当充分。

（2）报告分期假设。价值量森林资源资产负债表原则上按会计年度进行编制，对应的森林资源审计工作也可根据森林资源报告年度进行审计工作，如果需要进行离任或特殊审计则可以根据实际情况缩小或扩大审计期间和范围，这就为自然资源连续审计提供了前提和基础。

（3）既定标准假设。价值量森林资源资产负债表是基于一整套的财务概念框架范围内规则编制的，而审计工作就是要确定价值量森林资源资产负债表的认定与其所依据的财务报告概念框架体系之间的吻合程度。要实现这一目标，价值量森林资源资产负债表审计也应有自己一套规范体系来约束这种评价与确认行为，两者关系可用图 7－1 表示。

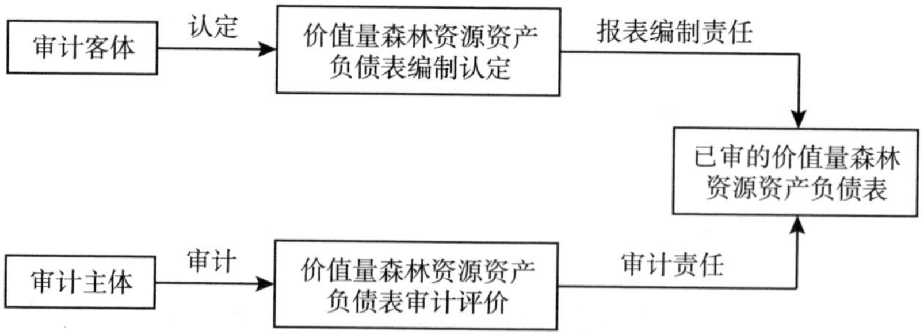

图 7－1　价值量森林资源资产负债表审计既定评价标准假设的关系

（二）审计主体

森林资源资产负债表审计属于政府审计范畴。因此，实施森林资源审计工作的主体首先应当具备非营利性质，要从维护社会公共利益出发，从客观、公正的角度实施审计工作；其次，对森林资源实施审计工作需要具备森林资源相关专业知识，熟悉林产品市场环境的专业人员；最后，森林资源资产负债表审计作为考核与评价领导干部的重要依据，需要具备客观性和权威性。综上所述，价值量森林资源资产负债表的审计主体应以国家审计机关为主导，自然资源部和林业相关部门的专业技术人员为辅助，保障审计工作的公正性、客观性和权威性。

（三）审计客体

包括森林资源在内的自然资源权属国家所有，各地领导干部实施经营管理。基于受托责任观，价值量森林资源资产负债表的审计客体为受托保护和发展地方森林资源的主要责任人，包括各级党政领导干部、各国有林场主要负责人、林业系统工作负责人、森林资源运营保护相关事业单位负责人以及其他主持森林资源运营与发展工作的党政领导干部。

（四）审计对象

实施价值量森林资源资产负债表审计时要注重森林资源经济效益和生态效益的双重属性，对其任职期间每一个会计年度的经济责任与森林资源运营保护责任进行客观、公正的考核与评价，进而确立森林资源审计的对象和内容。价值量报表审计要求审计人员将常规审计方法与相关专业知识有效结合运用，对价值量森林资源资产负债表所依据的实物量报表、各项管理与规章制度、法律法规等相关资料（计划、预算、决策方案或会议纪要、电子计算机的磁带、磁盘等信息载体）和凭证都要作为审计对象。对林地价值、林木资产价值、森林生态价值计量所采用的方法、方式、程序和规则也应作为审计对象。

（五）审计质量标准

审计人员在价值量森林资源资产负债表审计过程中运用职业判断对审计对象作出合理一致评价或结论时，也应执行一定的标准来保证审计信息质量，这些标准至少应包括相关性、完整性、可靠性、中立性、可理解性等方面。这些标准需要结合森林资源资产的特性，要有别于传统查账式的审计质量标准，否则就不可以保证价值量森林资源资产负债表审计质量和效率。

（六）审计内容

价值量森林资源资产负债表审计重视“实物量与价值量”并重，这就要求：首先，对森林资源资产负债表项目内容的真实性、准确性和完整性审计。按照“期初存量 + 本期增加量 = 本期减少量 + 期末存量”的基本会计原理核算森林资源的期初存量和期末存量，重点关注森林资源资产存量的数量变化，进而核查被审计单位森林资源资产负债表的编制过程是否规范，判断报表所反映的内容是否在所有重大方面公允地反映被审计单位森林资源资产管理和环境保护的实际效益，是否充分反映森林资源负债，报表项目内容及其金额是否符合谨慎性原则，有无虚增资产，隐藏负债等事项。其次，对报表所反映事项的合规性审计。以国家相关法律法规和制度规范要求，审计和评价领导干部对方针政策和决策部署的贯彻落实情况，遵守相关律法规情况，任务目标完成情况，森林资源资产管理和生态环境保护职责履行情况，林业生态资金及其他项目资金的收集、管理和使用情况，相关重大决策情况等内容。最后，对森林资源资产负债表的效益性审计。从森林资源资产负债表中资产、负债和净资产项目的变动评价被审计单位森林资源资产管理和生态环境保护效益，特别是林业建设项目所带来的经济收益、建设项目收益与林业生态保护效益等情况。

（七）审计依据和审计准则

审计作为一项独立的经济监督活动，其合法性是审计工作的主要目标之一。而合法性内容的审查必须是以审计依据为依托。因此，森林资源资产负债表的审计依据应包括但不限于以下内容：涉及森林资源管理与生态环境保护的法律法规与制度政策、国家或上级主管部门制定或发布的对被审计单位具有约束力的法律法规、相关会计准则、自然资源资产评价标准、森林资源经济价值与生态服务价值评估规范、各项技术经济程序和指标规定等。审计准则方面，在现有常规财务报表审计准则体系基础上，结合森林资源资产的特殊性制定一整套规范价值量森林资源资产负债表审计主体及其审计人员在执行审计业务、获得审计证据、形成审计结论、出具审计报告等审计活动中所必须遵守的专业标准体系，它是衡量和评价审计人员进行价值量森林资源资产负债表审计质量的基本判定标准。

二、审计实务体系

（一）职责分工与业务承接

结合当前自然资源主管部门、林业和草原局这两个涉林具体职能执行部门的职责，整个价值量森林资源资产审计职责体系应是各级自然资源管理部门对本级政府负责，提供编制包括价值量森林资源资产负债表在内的自然资源资产负债表，各级政府（主要党政领导干部）对该报表负主要职责；上级审计部门履行审计职责，依据相关规定和森林资源资产特有的审计规范体系进行自然资源审计工作。同级审计部门履行内部审计职能，对同级政府森林资源资产负债表进行审计，但由于其与同级政府有上下级行政管理关系，其进行的审计只能是基于同级政府的内部审计。在条件允许的前提下，各级政府可审计部门可以委托注册会计师进行外部审计。上级审计机关审计下级政府的森林资源资产负债表及同级审计机关审计同级政府的森林资源资产负债表都是法定业务，而外部注册会计师介入的审计则为委托业务。其关系如图 7－2 所示。

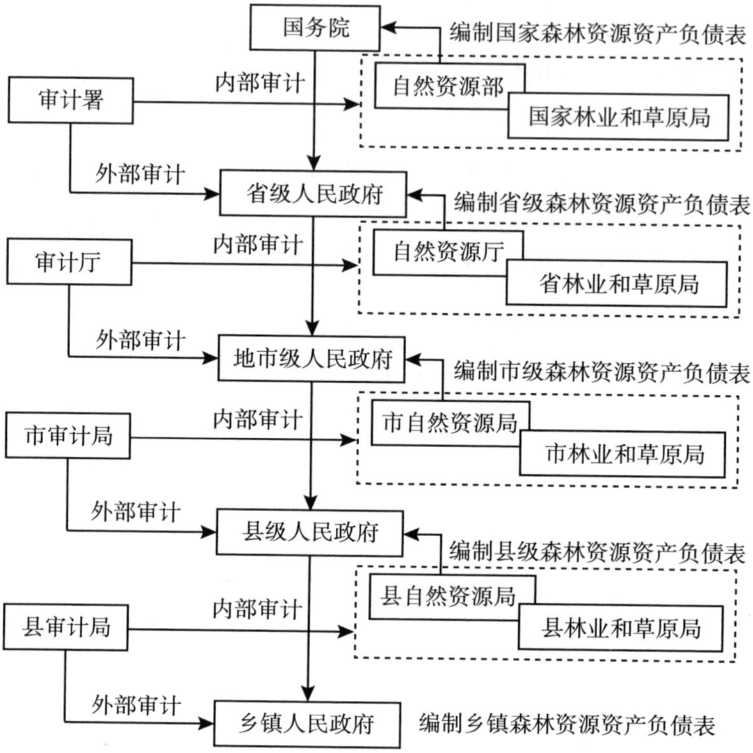

图7－2　价值量报表的审计职责分工与业务承接示意图

（二）审计范围

当前同一级别的自然资源管理部门与林业（草原）主管部门在管理范围上会存在一定程度上的重叠，在林业用地、林业面积等业务数据方面存在一定的差异，这些都是现实性的难题，加之森林资源的自然生长，均会导致森林资源资产负债表审计范围的模糊。在现有条件下，森林资源资产负债表审计范围以被审计单位下属自然资源管理部门所承担的森林资源管理职责为审计范围，行政区划内属于被审计单位但不参与实际管理的森林资源不列入审计范围。当然随着自然资源管理部门与林业部门机构改革后，自然资源部门统一行使自然资源所有者职责，大数据、信息技术的应用也为森林资源的管理提供了便利，价值量森林资源资产负债表审计范围有可能随着实际情况的变化而变化。

（三）审计目标

审计目标是受托人希望通过审计结果得到什么样的信息？《规定》指出："为了推动领导干部切实履行自然资源资产管理和生态环境保护责任而制定本规定"。价值量森林资源资产负债表审计同样是以提升领导干部"绿水青山就是金山银山"的生态意识、加快推进生态文明建设、解决自然资源资产管理和生态环境保护领域突出问题、促进包括森林资源在内的自然资源资产节约利用和生态环境安全等为总体目标。在这个总目标下，基于价值量森林资源资产负债表的审计具体目标主要有：（1）提升价值量森林资源资产负债表的可信度；（2）监督各级政府履行生态文明建设方面的职责，评价其生态保护的业绩；（3）为森林生态服务价值补偿机制的完善提供鉴证。

（四）审计方法

通过纸质媒介才能完成的传统查账式审计已不能完全适应当前价值量森林资源资产负债表审计工作，通过计算机技术和大数据运用来开展大数据审计是当今大势所趋，也是实现价值量森林资源资产负债表审计全覆盖、引领自然资源资产负债表发展的必由之路。价值量森林资源资产负债表审计除采用常规财务审计的审阅、核对、查询、观察、鉴定、分析性复核、抽样、实地调查、问卷调查等常规审计方法外，还要结合森林资源资产的特殊性，采用3S（遥感RS、地理信息系统GIS、全球定位系统GPS）技术和计算机技术等手段和方法，大力推进自然资源管理信息化建设，积极探索自然资源大数据审计模式，运用大数据、信息技术手段提高审计工作的科学性和准确性。对于生态服务价值量审计还要借助评估法、基准价值法等多种特殊审计方法和技术手段。

（五）审计证据

审计证据是审计人员在审计过程中通过采取相关审计程序与方法所获得的、用于证实或否认被审计单位森林资源资产负债表所反映的资产、负债和净资产的公允性，从而作出审计意见判断的基础材料。价值量森林资源资产负债表的审计证据具有明显的多元化、多样化的趋势：外业核查的森林资源实物、森林资源二类调查小班图（ARCGIS 数据）、森林资源生态服务系统提供的自然材料等；政府工作报告、相关会议纪要、发布的林业制度和政策、相关工作计划和工作总结；有效的规范性文件、林业建设项目的工程财务资料、森林资源年报数据、相关工作安排文件、财务数据、人事安排和绩效考核材料、下达的约束性目标责任资料等都是审计证据的重要载体。

（六）审计风险和重要性

从风险导向审计的角度分析，价值量森林资源资产负债表审计的重大错报风险主要来源于森林资源实物量转化为价值量计量的过程。一方面，由于森林资源的自然生长和人工抚育，森林资源实物量统计，特别是森林火灾、有害生物灾害等森林负债的实物量损失范围确定，在资产、负债的产生时间和审计时间相隔较远的条件下，难以进一步核实森林资产、负债的实物量变化情况。另一方面，森林资源价值量的转化，以《森林资源资产评估技术规范》（LYT—2407—2015）和《森林生态系统服务功能评估规范》（LYT—1721—2008）为主要价值量转化评估规范。森林资源分布广，难以实现全范围的评估，在抽样评估的技术条件下，由于固有风险的存在，所评估的价值量与实际价值量之间难免存在差距，且其价值量计量程序中存在的计算误差、人为调整等也是审计人员必须关注的重大错报风险。检查风险方面，在上述重大错报风险存在的情况下，审计人员所执行的审计程序是否能够有效地发现重大错报将决定了审计风险的大小。重要性水平与被审计单位的森林资源管理体量和审计目的直接相关，审计人员应以被审计单位编制的森林资源资产负债表资产总规模和上级下达的相关约束性指标来确定审计重要性水平。

（七）审计工作程序

价值量森林资源资产负债表的总体审计程序仍然要经历审计项目计划

和准备阶段、审计实施阶段、审计终结报告阶段等三个阶段。如前所述，其在审计思路上与常规财务报表审计思路有很大差别。例如，在了解被审计单位的基本情况阶段，价值量森林资源资产负债表审计更加关注被审计单位其辖区内森林资源区域的实物状况（森林资源资产总额、优势树种、土壤、地势等）、组织结构、领导干部职责分工及职责履行、以前年度审计等情况。

三、审计报告体系

（一）审计报告主要类型

价值量森林资源资产负债表审计报告是具有审计资格的审计主体出具的，反映审计客体森林资源价值量信息以及森林资源保护与管理情况的客观评价，是对领导干部生态文明建设履职情况进行评价和考核的重要参考依据。

从试点地区开展森林资源资产负债表审计工作的实际情况来看，当前试点地区开展大多数是离任审计和专项审计，出具的报告主要有离任审计报告和专项审计报告且这些报告的格式和内容并不规范统一。离任审计报告是领导干部森林资源资产离任审计而作出的审计报告，考核领导干部任职期间森林资源资产管理和生态环境保护情况。专项审计报告是针对领导干部开展大型林业建设项目、占用林地的其他大型经济建设项目实施审计所提出的报告，主要用于考核大型林业建设项目收益情况、衡量经济发展与森林生态保护效益、领导干部重大决策的合规性与合理性。这两种审计报告都不属于年度常规划性审计报告，无法实现对领导干部生态文明建设履职情况连续、全面的审计和监督。而价值量森林资源资产负债表是按年度连续编制的，正好可以弥补离任审计和专项审计的不足。在借鉴当前离任审计和专项审计已有经验基础上，对价值量森林资源资产负债表应按年度审计并出具年度审计报告，是考核领导干部自然年度内森林资源资产管理和森林生态环境保护效益，并以此作为领导干部年度绩效评价、人事安排和奖惩的重要依据。

（二）审计报告基本格式

年度审计报告格式应能够客观描述审计依据、审计主体与审计客体的责任、被审计单位及主要领导干部基本情况、审计内容、审计意见等内容。鉴于森林资源资产的特殊性和复杂性，在年度审计报告具体类型上并不区分标准审计报告和非标准审计报告。结合试点地区的工作经验，价值量森林资源资产负债表年度审计报告（年度审计）的参考格式如下：

森林资源资产负债表审计报告（样式）

××市人民政府：

根据《中华人民共和国审计法》和森林资源资产管理与生态环境保护的相关法律法律、制度政策要求，FJ省审计厅派出森林资源专题审计组，于2×20年×月×日至2×20年×月×日，就WYS市党政主要领导同志履行森林资源资产管理相关责任情况进行了审计调查。审计期间对WYS市价值量森林资源资产负债表进行了审计。根据审计结果，出具审计报告如下：

1. 被审计单位基本情况

（略）

2. 审计范围

以WYS市负有森林资源管理责任的辖区范围为本次审计范围，包括市属国有林场、自然生态保护区以及其他纳入森林年度报告核算数据的森林资源。省属国有林场等虽在辖区范围内，但不属于WYS市党政主要领导干部管辖的森林资源不包含在此次审计范围中。

3. 审计依据及审计证据

（1）国家相关法律、行政法规和行业标准或技术规范；

（2）各级林业主管部门下达的年度生产任务或阶段性工作目标；

（3）相关检查验收单位出具的检查结果、验收报告或考评意见等；

（4）资源部门公布的阶段性资源调查、监测数据；

（5）政府工作报告、会议纪要、以政府名义发布的林业政策和制度、林业工作计划、资源站基础数据、财务数据等其他相关资料。

4. 审计责任

WYS 市党政及相关单位对价值量森林资源资产负债表及其所提供资料的真实性、完整性负责，并做出书面承诺。森林资源专题审计小组的责任是依法独立实施审计并出具森林资源专项审计调查报告。在执行审计工作的过程中，运用职业判断，并保持职业怀疑。同时，也执行以下工作：

（1）识别和评估由于舞弊或错误导致的报表重大错报风险，设计和实施审计程序以应对这些风险，并获取充分、适当的审计证据，作为发表审计意见的基础。

（2）评价报表编制者报表编制理论基础、编制方法及相关披露的合理性。

（3）评价森林资源资产负债表报表的总体列报、结构和内容（包括披露），并评价报表是否公允反映相关森林资源信息。

5. 审计方法

审计过程中，结合价值量森林资源资产负债表的特殊性，主要采用了审阅、核对、查询、观察等方法。对于生态服务价值量的审计还借助了评估法、基准价值法等多种特殊的方法。

6. 审计内容

（1）资产审计。

依据 WYS 市森林资源资产负债表，WYS 市林地资产（有林地、疏林地、灌木林地）增加×万元，林木资源资产（防护林、特种用途林、用材林）增加×万元，森林生态资产（涵养水源、积累营养物质、固碳释氧）增加×万元。

（2）负债审计。

依据 WYS 市森林资源资产负债表，WYS 市林地负债（林地征占用、应更采伐迹地、应更火烧迹地）增加×万元，林木资源负债（森林火灾、有害生物灾害、盗砍损失）增加×万元，森林生态负债（伐区生态损失、林木资源负债生态损失）增加×万元。

（3）净资产审计。

依据 WYS 市森林资源资产负债表，WYS 市林地净资产增加×万元，林木资源净资产增加×万元，森林生态净资产增加×万元，森林净资产合计增加×万元。

7. 审计意见

通过对WYS市价值量森林资源资产负债表的审计，结合相关森林资源资产管理与生态环境保护的约束性要求，认为，WYS市价值量森林资源资产负债表在所有重大方面公允地反映了WYS市森林资源管理状况，符合相关约束性要求。

8. 其他需要说明的事项

（略）

FJ省审计厅森林资源专题审计组

2×21年×月×日

（三）审计报告的使用和评价

审计的作用体现在对审计结果的运用，以领导干部经济责任审计为借鉴，全国近1/3的省级审计机关对党政领导干部经济责任审计作出总体评价。因此，可通过价值量森林资源资产负债表的连续性审计，对领导干部实施审计结果综合等级评定。在设置审计评价指标和评价标准的基础上，以实际审计情况，按设定的标准进行评分，最终以评分结果对领导干部的履职情况进行综合等级评定，并纳入人事考核和责任奖惩中。在主要问题及责任认定方面，加强审计部门与自然资源管理部门、统计部门、组织部门、人事与监察部门的协调合作，落实领导干部森林资源管理职责，若审计部门发现领导干部存在违法违规行为，则应将责任单位和责任人移送到有权进行处理处罚的相关部门，使价值量森林资源资产负债表审计成为领导干部考核、任免、奖惩的重要依据。

下　篇

森林资源资产负债表编制研究：实务操作

第八章

我国森林资源发展质量评估

第一节　数据与方法

森林资源是维持陆地生态系统平衡、保障人类基本生存条件和实现社会经济持续发展的基础。对森林资源发展质量进行有效测度有利于营造良好的生态环境、提高人民的生活水平、改善人民的生活质量、提升人民的幸福感。为此，国内外学者利用物质指标和非物质指标从森林生态子系统、经济子系统、社会子系统、支撑子系统、培育森林资源、开发利用森林资源、维持和保护森林资源、科技兴林、森林资源状况、生态状况、经济效益、社会效益等层次对森林资源发展水平进行评价，发现中国区域间森林资源变化存在一定的趋同性。在森林资源发展水平指标测度上，学者常采用的方法有：模糊数学与层次分析法（AHP）、主成分分析和系统聚类分析、因子分析法、历史分析法等，但均未能从高质量的角度对森林资源发展进行评估，生态指标多，科技、文化指标较少，同时区域研究也有一定欠缺，无法从全局评价中国森林资源发展质量。此外，森林资源发展分布不均，可能存在时空差异，国内外学者虽然也对林地绿色利用效率、森林生态安全预警等进行时空差异研究，但针对森林资源发展质量多指标多区域的时空差异研究几乎一片空白。因此，通过构建森林资源质量评估体系，采用空间自相关分析深入挖掘中国森林资源时空变化规律，以期更全面有效推动中国森林资源向高质量蜕变提供理论依据。

一、中国森林资源发展质量评价指标体系构建

森林资源发展质量事关林业可持续发展，更与国家长远发展息息相关。森林资源效益、科技创新效益和人力资本效益是衡量森林资源质量的关键因素。其中，森林资源效益是提高森林生态质量的基础，随着高质量发展战略的提出，生态优先绿色发展的理念成为人们的共识，围绕森林资源发展质量的研究必不可少的就是评估森林资源的生态效益，即森林资源储备量、森林资源年增长水平等；科技创新效益是森林资源高质量可持续发展的重要动力源，以科技创新为主要驱动力，加强科技创新的成果转换能够有效激活森林资源的发展活力，进而推动森林资源高质量发展；人力资本效益则是提高森林资源质量的文化保障，加强林业人才培养有利于提高森林资源的养护和培育水平，从而有效保障森林物种多样性，带动森林资源储备量的提高，最终拉动森林资源质量的提升，所以人力资本效益也是评估森林资源质量的主要研究对象和内容。此外，森林资源效益和人力资本效益影响着科技创新效益，且科技创新效益又反作用于森林资源效益和人力资本效益，三者是相互制约、相互影响、必不可少的循环系统。

综上所述，遵循指标体系构建的科学性、实用性、动态性、层次性、定性与定量相结合原则，综合考虑和借鉴相关研究，以森林资源效益、科技创新效益、人力资本效益三项效益为一级指标构建中国森林资源发展质量评价指标体系（见表8－1）。其中，森林资源效益包括森林覆盖率、活立木总蓄积、森林蓄积等指标，且有研究表明湿地保护能够有效推动森林资源的保护与建设，因此将湿地面积作为森林资源效益的因素之一；科技创新效益从研发机构的投入和产出中选取指标，主要因为相对于高校、企业，研发机构的科研成果能够更高效地实现创新成果与动能转换，带来更大的社会创新效益；人力资本效益则从林业相关的文化、教育程度等角度考虑，包括乡村林场年末实有人数、林业工作站文化程度结构比例、林学专业SCI年发表数量等指标，由于名贵花卉资源的养护也能在一定程度上提高森林资源质量

发展，因此将花卉技术人员比例结构纳入人力资源效益评价体系。

表 8－1　　中国森林资源发展质量评价指标体系

一级指标	符号	二级指标	符号	指标类型
森林资源效益	y1	森林覆盖率（%）	X_{11}	+
		活立木总蓄积（万 m^3）	X_{12}	+
		森林蓄积（万 m^3）	X_{13}	+
		人工林蓄积（万 m^3）	X_{14}	+
		乔木林单位面积蓄积量（万 m^3）	X_{15}	+
		湿地面积（hm^2）	X_{16}	+
		造林面积增长率（%）	X_{17}	+
		人工造林增长率（%）	X_{18}	+
		自然保护区占土地面积（%）	X_{19}	中性
科技创新效益	y2	研究机构与开发机构 R&D 林业经费内部支出（万元）	X_{21}	中性
		研究机构与开发机构 R&D 林业课题数（项）	X_{22}	+
		研究机构与开发机构 R&D 投入人员（人年）	X_{23}	中性
		研究机构与开发机构发表科技论文（篇）	X_{24}	+
		研究机构与开发机构出版科技著作（种）	X_{25}	+
		研究机构与开发机构有效发明专利（件）	X_{26}	+
人力资本效益	y3	林学 SCI 发表数（篇）	X_{31}	+
		农业技术人员（人）	X_{32}	中性
		花卉专业技术人员所占比例（%）	X_{33}	中性
		林业工作站大专以上学历所占比例（%）	X_{34}	中性
		林业工作站高级专业技术人员所占比例（%）	X_{35}	中性
		乡村林场年末实有从业人员（人）	X_{36}	中性

二、数据来源

为充分评价中国森林资源空间差异特征，结合数据的可得性、指标口径一致性原则，选取中国（除香港、澳门、台湾外）31 个省区市为研究对象。鉴于中国全国森林采伐管理改革试点和第八次全国森林资源清查始于 2009 年，并参考 2009 年国家林业局以林办发〔2009〕23 号文正式印发的《全国林业信息化建设纲要（2008～2020 年）》和《全国林业信息化建设技术指南（2008～2020 年）》，选取 2009～2017 年为数据搜集区间。各指标数据均来自国家统计局社会科技和文化产业统计司、科学技术部战略规划司共同编制的《中国科技统计年鉴》（2010～2018 年）和国家林业局编制的《中国林业统计年鉴》（2010～2018 年）。

三、研究方法

（一）熵权分析法

熵权法是一种客观赋权方法，是一种可以用于多对象、多指标的综合评价方法。采用熵权法测算森林资源整体发展质量驱动力指数，及其分项指标森林资源效益、科技创新效益、人力资本效益的驱动力指数。假设 X_{nipq} 表示 n 年 i 省区市的二级指标值，参考张瑞琛（2020）的指标的无量纲化处理和熵值法计算二级指标的标准化值（X'_{nipq}）和权重（W_{pq}）；参考杨思蓥（2021）、刘舒文（2021）和周晓光（2013）测算森林资源发展质量及其分项效益的驱动力指数：

$$h_{ni} = \sum_{p}\sum_{q} W_{pq} X'_{nipq} \quad (8-1)$$

$$h_{nip} = \sum_{q} W'_{pq} X'_{nipq} \quad (8-2)$$

其中，h_{ni} 表示 n 年 i 省区市森林资源发展质量整体的综合得分，即森林资源发展质量总驱动力指数；h_{nip} 表示 n 年 i 省区市第 p 项效益的综合得分，即各分项效益对森林资源发展质量的驱动力指数；$n = 2009, 2010, \cdots, 2017$；$i = 1, 2, \cdots, 31$；$p = 1, 2, 3$；$q = 1, 2, \cdots, 9$。

若森林资源发展质量的驱动力指数越接近 1，则森林资源发展质量就越高；反之，若森林资源发展质量的驱动力指数越接近 0，则森林资源发展质量就越低。

（二）空间自相关分析法

莫兰指数可用于判别全局空间是否存在自相关，从而分析森林资源发展质量及其分项指标的全局空间自相关性情况。局部莫兰指数用于判别局部空间是否存在自相关，从而判断是否存在部分地区具有显著的局部空间聚集效应，以更有效地为提高区域森林资源高质量发展提出政策建议。为研究森林资源发展质量整个空间序列的空间集聚情况和某省区市 u 附近的空间集聚情况，借鉴刘树华（2011）和张瑞琛（2023），将空间权重矩阵进行标准化，再构建面板数据的空间自相关模型，即“莫兰指数 I”（Moran's I）模型和“局部莫兰指数 Iu”（local Moran's Iu）模型：

$$I = \frac{\sum_{u=1}\sum_{v=1} M_{uv}(h_u - \bar{h})(h_v - \bar{h})}{\sum_{u=1}(h_u - \bar{h})^2} \tag{8-3}$$

$$I_u = \frac{(h_u - \bar{h})}{S^2}\sum_{v=1} M_{uv}(h_v - \bar{h}) \tag{8-4}$$

$$S^2 = \frac{\sum_{u=1}(h_u - \bar{h})^2}{31} \tag{8-5}$$

其中，I 表示森林资源发展质量及其分项效益的全局莫兰指数；I_u表示森林资源发展质量及其分项效益的局部莫兰指数；h_u、h_v分别表示省区市 u、省区市 v 的驱动力指数；M_{uv}为空间权重矩阵，若省区市 u 与省区市 v 空间上邻接则 $M_{uv}=1$，若不邻接则 $M_{uv}=0$；S^2 为驱动力指数的样本方差；$u=1,2,\cdots,31$；$v=1,2,\cdots,31$。

为分析区域间森林资源发展质量及其分项指标的时空演化情况，采用 Stata 15 软件绘制相应的局部莫兰图，图中四个象限的意义：若处于第一象限，表示高—高集聚，即森林资源发展质量高的省区市，周边省区市的森林资源发展质量也很高；若处于第二象限，表示低—高集聚，即森林资源发展质量低的省区市，周边省区市的森林资源发展质量却很高；若处于第三象限，表示低—低集聚，即森林资源发展质量低的省区市，周边省区市的森林资源发展质量也很低；若处于第四象限，表示高—低集聚，即森林资源发展质量高的省区市，周边省区市的森林资源发展质量却很低。

第二节　结果与分析

一、中国省域森林资源质量处于中等水平

从横向角度来看，2017 年中国森林资源质量基本介于 0.34 ~ 0.55，其质量水平处于中等阶段，仍有较大的提升空间。具体分析如下：2017 年，中国森林资源质量排名靠前的省市有北京、黑龙江和福建，发展水平分别达到 0.55、0.52、0.52（见表 8 – 2），北京主要是科技和人力资源发达，黑龙江和福建主要是森林资源丰富，所以排名靠前；宁夏、海南、上海的森林资源质量较低，宁夏和上海主要是由于森林资源的相对匮乏而导致其发展质量排名靠后，海南虽然在森林资源上具有较强的优势，但在科技创新和人力资源方面并不占优，也因此导致森林资源质量水平靠后。

表 8 – 2　　　　中国省域森林资源发展质量指数

省区市	2009 年	2010 年	2011 年	2012 年	2013 年	2014 年	2015 年	2016 年	2017 年
北京	0. 45	0. 51	0. 53	0. 61	0. 53	0. 52	0. 51	0. 55	0. 55
天津	0. 28	0. 31	0. 34	0. 35	0. 35	0. 42	0. 34	0. 4	0. 36
河北	0. 41	0. 39	0. 41	0. 44	0. 39	0. 44	0. 4	0. 48	0. 41
山西	0. 3	0. 31	0. 36	0. 37	0. 35	0. 39	0. 34	0. 37	0. 37
内蒙古	0. 47	0. 46	0. 47	0. 52	0. 49	0. 5	0. 47	0. 5	0. 49
辽宁	0. 44	0. 46	0. 48	0. 48	0. 46	0. 49	0. 45	0. 46	0. 47
吉林	0. 43	0. 49	0. 47	0. 49	0. 51	0. 55	0. 48	0. 5	0. 48
黑龙江	0. 53	0. 53	0. 54	0. 59	0. 53	0. 54	0. 52	0. 54	0. 52

续表

省区市	2009 年	2010 年	2011 年	2012 年	2013 年	2014 年	2015 年	2016 年	2017 年
上海	0.39	0.39	0.4	0.46	0.39	0.43	0.44	0.41	0.36
江苏	0.36	0.41	0.42	0.45	0.45	0.48	0.44	0.46	0.45
浙江	0.45	0.42	0.49	0.49	0.47	0.49	0.48	0.48	0.46
安徽	0.44	0.42	0.44	0.46	0.52	0.46	0.42	0.41	0.41
福建	0.47	0.49	0.59	0.5	0.52	0.51	0.56	0.49	0.52
江西	0.39	0.42	0.45	0.46	0.42	0.48	0.44	0.48	0.45
山东	0.4	0.41	0.41	0.44	0.41	0.44	0.39	0.4	0.43
河南	0.38	0.38	0.34	0.37	0.39	0.43	0.37	0.38	0.39
湖北	0.36	0.39	0.42	0.45	0.43	0.45	0.4	0.45	0.45
湖南	0.37	0.4	0.43	0.46	0.38	0.44	0.4	0.43	0.41
广东	0.43	0.53	0.47	0.49	0.48	0.53	0.51	0.52	0.5
贵州	0.45	0.47	0.49	0.51	0.48	0.52	0.48	0.51	0.48
海南	0.3	0.32	0.35	0.41	0.35	0.36	0.37	0.36	0.34
重庆	0.42	0.46	0.42	0.43	0.41	0.44	0.42	0.44	0.43
四川	0.47	0.49	0.49	0.5	0.52	0.53	0.57	0.57	0.5
贵州	0.38	0.4	0.42	0.43	0.48	0.46	0.45	0.46	0.48
云南	0.46	0.47	0.49	0.51	0.5	0.51	0.5	0.5	0.46
西藏	0.48	0.48	0.49	0.53	0.47	0.52	0.48	0.52	0.5
陕西	0.37	0.37	0.39	0.44	0.42	0.45	0.39	0.44	0.43
甘肃	0.41	0.39	0.4	0.42	0.41	0.47	0.42	0.45	0.42
青海	0.36	0.35	0.37	0.37	0.37	0.4	0.39	0.42	0.46
宁夏	0.32	0.34	0.35	0.38	0.37	0.37	0.33	0.4	0.34
新疆	0.35	0.36	0.42	0.44	0.42	0.47	0.44	0.46	0.45

注：由于文章篇幅有限，故对于采用熵权法测算森林资源发展质量指数过程不做详细报告，资料备索。

从纵向角度来看，2009 ~ 2017 年，中国区域森林资源质量普遍呈上升趋势，仅部分城市的森林资源质量有小幅度下滑，其中森林资源质量进步较快的省区市主要包括北京、江苏、湖北、贵州、青海和新疆。北京、江苏森林资源质量提升的原因主要在于林业技术水平和人力资本效益水平的提升，尤其是北京的森林资源效益和科技创新效益分别从 2009 年的第 26、第 14 名提高到 2017 年的第 17 名和第 1 名，且北京的林业人力资本效益也常年维持第 1 名，充分彰显了北京市作为首批森林经济示范国有林场的主要城市之一在保障森林资源质量方面做出的卓越贡献。宁夏、海南等森林资源质量提升速度较为缓慢，主要原因在于这些省区市的森林覆盖率与森林蓄积量低，且科技投入力度不足。

2009 ~ 2017 年，大部分省区市的森林资源效益有所提高（见表 8 - 3），如北京、内蒙古等。据第七次全国森林资源清查结果可知，截至 2008 年，内蒙古的林业用地面积为 0.44 亿 hm^2，占土地总面积的 37.2%；且其森林面积 0.24 亿 hm^2，居全国第一位，可见内蒙古拥有丰富的森林资源。2003 年，北京市人民政府通过《〈北京市森林资源保护管理条例〉实施办法》，第二年其森林覆盖率较 2003 年高 2.33%，第十五年即 2017 年其森林覆盖率较 2003 年高出 16.91%，比 2003 年的 18.93% 的森林覆盖率翻了将近一倍，可见该条例施行以来森林资源效益逐年见好，说明政府相关政策对森林资源效益的提高是显著的，森林资源效益相对稀缺的省区市可以参考借鉴该条例并因地制宜制定相关政策。因此，2009 ~ 2017 年北京和内蒙古的森林资源效益提高得较为明显。

表 8 - 3　　中国省域森林资源各驱动指标发展质量指数

省区市	森林资源效益		科技创新效益		人力资本效益	
	2009	2017	2009	2017	2009	2017
北京	0.18	0.29	0.71	0.68	0.6	0.82
天津	0.16	0.19	0.34	0.36	0.42	0.62
河北	0.19	0.21	0.33	0.36	0.82	0.74

续表

省区市	森林资源效益		科技创新效益		人力资本效益	
	2009	2017	2009	2017	2009	2017
山西	0. 18	0. 22	0. 34	0. 35	0. 46	0. 59
内蒙古	0. 43	0. 47	0. 31	0. 34	0. 68	0. 64
辽宁	0. 32	0. 31	0. 4	0. 38	0. 68	0. 78
吉林	0. 4	0. 4	0. 37	0. 37	0. 52	0. 69
黑龙江	0. 61	0. 55	0. 35	0. 36	0. 6	0. 61
上海	0. 15	0. 13	0. 47	0. 33	0. 71	0. 72
江苏	0. 19	0. 27	0. 39	0. 38	0. 6	0. 79
浙江	0. 43	0. 28	0. 35	0. 39	0. 59	0. 78
安徽	0. 3	0. 26	0. 34	0. 37	0. 78	0. 66
福建	0. 42	0. 46	0. 33	0. 37	0. 68	0. 75
江西	0. 34	0. 35	0. 32	0. 35	0. 54	0. 7
山东	0. 22	0. 24	0. 39	0. 41	0. 69	0. 75
河南	0. 23	0. 28	0. 33	0. 37	0. 65	0. 59
湖北	0. 24	0. 33	0. 36	0. 4	0. 57	0. 67
湖南	0. 39	0. 34	0. 33	0. 36	0. 37	0. 55
广东	0. 41	0. 35	0. 39	0. 44	0. 52	0. 76
贵州	0. 38	0. 39	0. 32	0. 36	0. 68	0. 72
海南	0. 18	0. 18	0. 3	0. 34	0. 48	0. 59
重庆	0. 32	0. 26	0. 31	0. 36	0. 68	0. 75
四川	0. 47	0. 54	0. 39	0. 28	0. 56	0. 65
贵州	0. 28	0. 39	0. 31	0. 35	0. 62	0. 74
云南	0. 45	0. 47	0. 34	0. 38	0. 6	0. 53
西藏	0. 61	0. 57	0. 29	0. 32	0. 45	0. 57
陕西	0. 28	0. 28	0. 31	0. 31	0. 57	0. 76
甘肃	0. 23	0. 24	0. 34	0. 38	0. 75	0. 71

续表

省区市	森林资源效益		科技创新效益		人力资本效益	
	2009	2017	2009	2017	2009	2017
青海	0.3	0.38	0.29	0.33	0.54	0.7
宁夏	0.13	0.15	0.29	0.33	0.64	0.63
新疆	0.29	0.36	0.33	0.35	0.46	0.69

2009～2017年，仅北京、上海、江苏等发达地区的科技创新效益有明显优势。这些省域为中国的发达地区，不仅是资源、技术、人才的集中地，而且也拥有巨多的科研资金，因此在科技创新效益上具有明显的优势。虽然还有部分地区林业科技创新不足，但截至2019年，北京“双一流”高校就有31所，上海14所，江苏15所，且随着“5G”网络时代的到来，中国林业科技创新将全面发生革命性变化，“5G”网络将成为推动林业经济发展的强大动力，也将成为中国森林资源高质量发展新的助推器。

2009～2017年，中国林业人力资本逐渐向东南沿海一带转移，截至2017年，广西、广东、福建、浙江、上海、江苏、山东、江西等位于东南沿海的省域具有高人力资本储备；陕西、重庆等位于中部地区的省域也具有一定的林业人力资本储备，这与重庆作为直辖市、作为中国的第五大经济城市有关，陕西又与重庆相邻，且自身条件优越，不仅是西部经济中心、对外交往中心、丝路科创中心，更是中国的丝路文化高地、内陆开放高地和国家综合交通枢纽；但北部地区和西部地区的林业人力资本效益进步较缓，尤其是西部地区依然属于典型的投资拉动型经济，经济发展主要依靠投资带动，尤其是大项目的带动，消费对经济增长的拉动作用尚未充分发挥，内需结构失衡，相关政府部门仍需要加大重视力度。

综上所述，中国森林资源质量总体上处于中等水平，发展趋势处于低增长阶段。同时，科技创新作为中国森林资源发展质量的主要驱动力，但其效益水平较低，还必须将高质量可持续发展作为森林资源发展的主要目标；区域间森林资源、科技创新、人力资本存在较大差异，造成森林资源发展质量空间差异明显，因此空间结构失衡也需要重视与改善。

二、中国森林资源质量的空间异质性显著

中国森林资源质量发展水平在 2009～2017 年存在正的空间自相关性，但仅在 2011 年和 2015 年出现显著的全局空间自相关（见表 8－4），说明中国森林资源发展质量整体空间集聚不明显，这与中国森林资源分布不均有关，如各地森林覆盖率差异明显，南北方气温差异、纬度不同等因素所造成的结果。

表 8－4　　　　森林资源发展质量全局空间自相关

莫兰指数 I	2009	2010	2011	2012	2013	2014	2015	2016	2017
$I_{整体}$	－0.03	0.09	0.16*	0.05	0.07	0.09	0.20**	0.12	0.05
$I_{森林资源效益}$	0.26***	0.31***	0.23**	0.18**	0.26***	0.24**	0.27***	0.278***	0.29***
$I_{科技创新效益}$	0.01	0.01	0.02	0.01	0.03	0.02	0.02	0.03	0.03
$I_{人力资本效益}$	－0.02	0.04	0.04	0.06	0.08	0.13	0.13	－0.07	－0.04

注：$p<0.01$ 用 *** 表示，$p<0.05$ 用 ** 表示，$p<0.1$ 用 * 表示。

在分项指标中，2009～2017 年中国森林资源效益具有显著的全局空间自相关性，而科技创新与人力资本效益则呈现出普遍的空间异质性，说明中国区域间森林资源质量存在失衡现象，且科技创新效益与人力资本效益也存在一定的空间差异。科技发展离不开人才、财力、物力，而不同地区的财务水平存在很大差距，如中国的东部和西部。因此，加强对弱势省域的政策扶持，有助于中国森林资源全面高质量发展。

（一）南北地区森林资源质量差异显著

由于中国森林资源质量发展水平仅在 2015 年和 2017 年出现显著的局部空间自相关，因此选择 2015 年和 2017 年 31 省区市的森林资源发展质量指数进行局部空间自相关分析（见图 8－1），可知在 10% 的显著性水平下，2015 年有北京、黑龙江、福建、云南、山西、山东、河南、海南共 8 个省域具有

显著的局部空间相关性，而 2017 年只有 5 个省域具有局部空间相关性，云南、山西、山东已不再具有局部空间自相关性。说明整体森林资源效益有所提升，部分省域已不再依靠周边省域发展或受周边省域发展的影响。

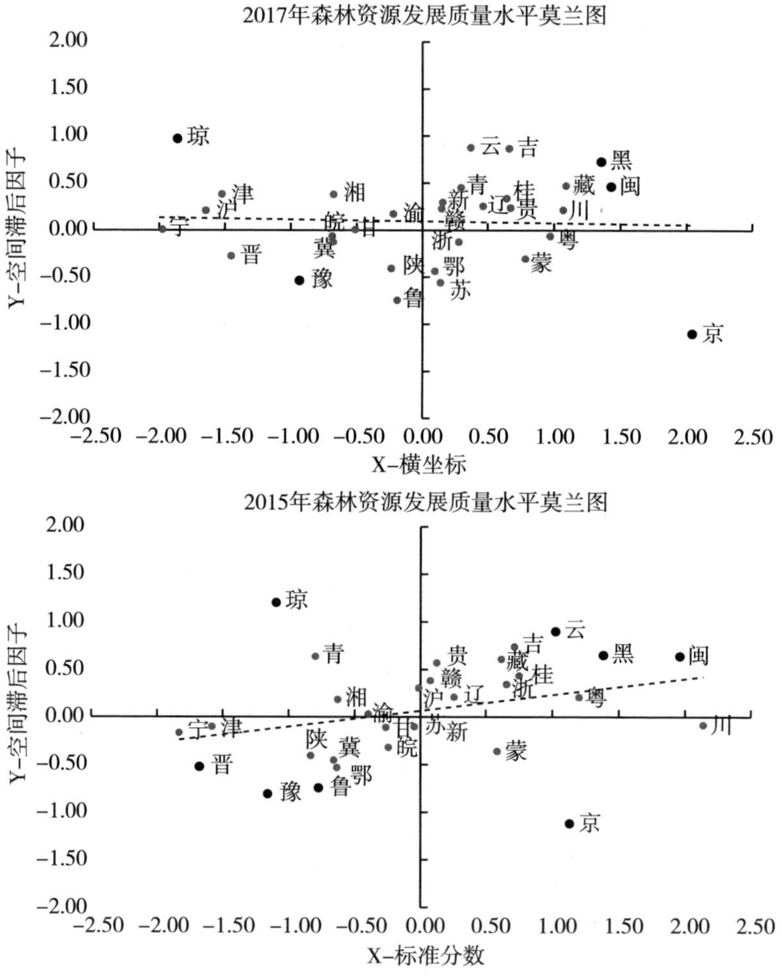

图 8－1　2015 年和 2017 年森林资源发展质量水平莫兰图

从横向角度分析，南部地区和北部地区都有相应的“热点区域”，但同时，在该地区也有部分省域空间差异程度较大，而中部地区在森林资源质量发展上并不理想，需要得到更多重视。具体而言，具有显著的高—高聚集模式的省域有福建和黑龙江，即这两个省域不仅自身具有较高的森林资源质量，同时周边省域同样也具有较高的森林资源质量。这主要是由于福建是中国南方重点林区之一，气候温和，雨量充沛，自然条件优越，森林资源丰富；黑龙江是中国最大的林业省域之一，且其闻名于世的大兴安岭历来享有“中国之肺”的美誉。因此，对于森林资源高质量发展，福建和黑龙江可能具有更大的优势。北京和海南的空间异质性较为突出，北京具有显著的高—低集聚效应，即拥有较高的森林资源质量，但周边省域区域的森林资源质量较低；而海南则是属于低—高集聚模式，即自身森林资源质量相对较低，但周边省域的森林资源质量相对较高。具有显著的空间异质性的省域在发展过程中往往具有一定的不确定性，即有可能受到周边环境的影响而导致森林资源质量朝着不同的方向演化。河南具有显著低—低集聚效应的省域，即森林资源质量水平的“冷点地区”，处于这一模式特征的区域周围城市森林资源质量低且自身森林资源质量也处于较低的水平，因此，在森林生态建设过程中，需要更加重视这一区域的森林资源管理。

从纵向角度分析，2015 年中国森林资源质量的“冷点地区”数量为 11，至 2017 年减少为 6 个，可见中国森林资源质量的“冷点地区”在逐渐减少，并逐渐向高—高集聚模式和高—低集聚模式转移，表明区域自身的森林资源质量在逐渐增高。此外，与 2015 年相比，2017 年中国具有显著的空间集聚效应的省域有所降低，虽然森林资源的增长结构在较多地区都具有显著的空间自相关性，但在综合考虑了林业科技驱动因素和林业人力资本效益因素后，省域森林资源质量发展水平并未随着时间推移而呈现出一定的空间相关性，可见各地区的森林资源发展质量仍是参差不齐的，有一定的资源储备，但质量水平较低。

（二）东西地区林业科技创新差异显著

在林业科技创新效益方面（见图 8 -2），2015 年与 2017 年只有江苏处于高—高集聚模式，四川、青海、西藏等西部地区则集中于低—低集聚模式，可见东西地区林业科技创新效益具有显著差异，林业科技创新水平相对落后，这主要与劳动者素质、企业结构、产业结构、投入结构和创新环境有关。此外，北京、广东等发达地区属于高—低集聚模式，说明这些地区虽然具有较高的林业科技创新效益，但其周围地区的林业科技驱动力相对较低，因此北京、广东等东部地区应充分发挥自身优势，带动更多地区协同发展，进而推动区域森林资源全面高质量发展。

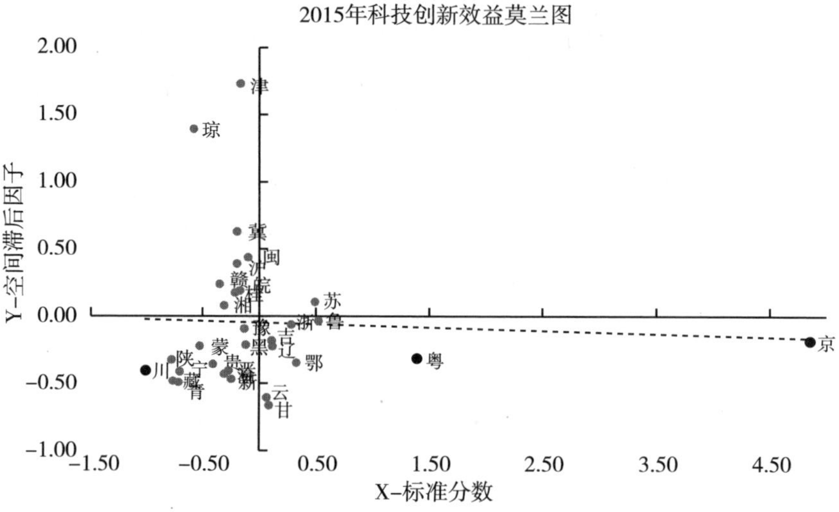

图 8－2　2015 年和 2017 年林业科技创新效益莫兰图

（三）西部地区人力资本效益逐渐好转

2015 年和 2017 年，江苏、浙江和福建等东部地区的林业人力资本效益具有显著的高—高集聚效应（见图 8－3）；2015 年，林业人力资本效益处于低—低集聚模式的地区有 12 个，如山西、内蒙古、黑龙江、河南、湖北、四川、云南、西藏、陕西、青海、宁夏、新疆；2017 年，具有显著的低—低集聚效应的地区只有西藏。可见，东部地区的林业人力资本效益仍具有较强的优势，而中西部地区受到经济发展水平的影响，在人才资源储备上往往不如东部地区强势，所以在林业人力资本效益方面，大多数西部地区的林业人力资本效益也呈现低水平模式。但是，随着时间的推移，可以发现不少原先处于低—低集聚模式的西部地区正逐渐开始向高—低集聚模式转移，如陕西、青海、新疆等地，这与中国长期重点支持西部地区人才引进有着密不可分的联系，如海外高层次人才引进计划、现代农业人才支撑计划、高校毕业生基层培养计划等人才工程，都有向西部地区倾斜的得力措施和具体办法。

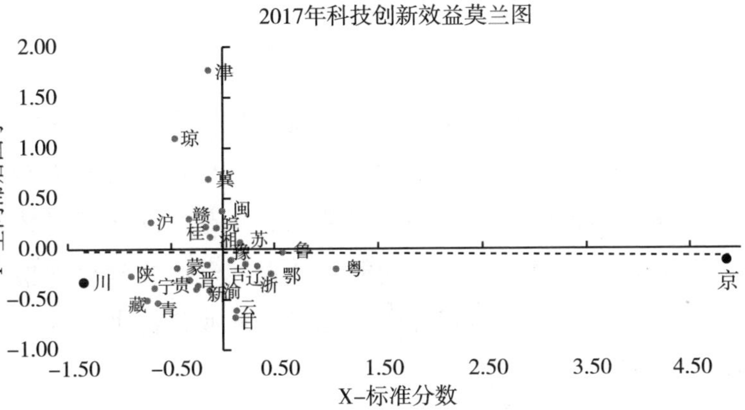

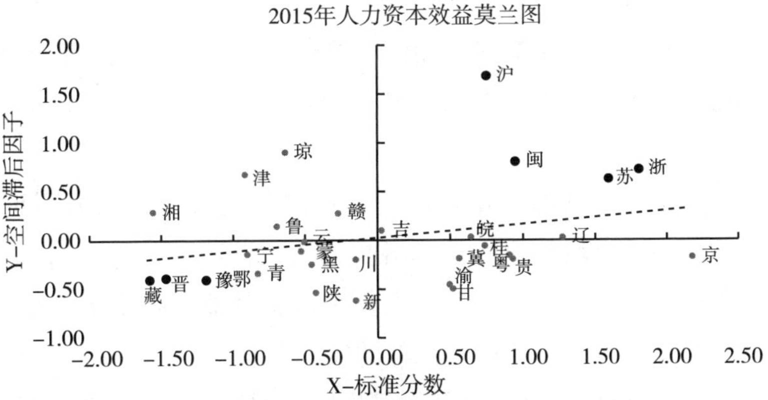

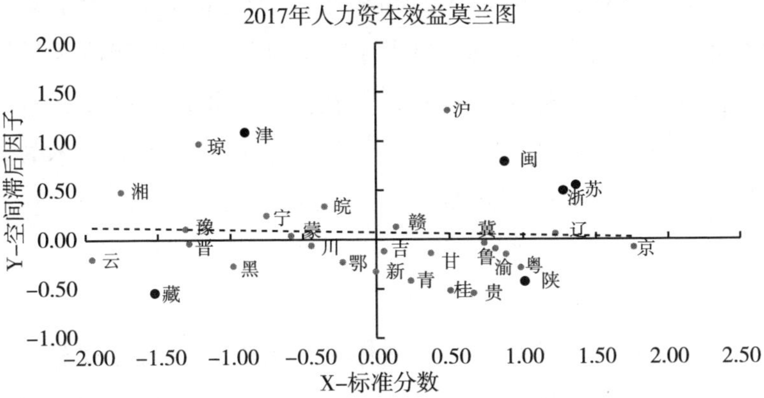

图 8-3　2015 年和 2017 年林业人力资本效益莫兰图

三、总结与建议

（一）总结

第一，空间上，中国省域森林资源质量基本处于中等水平，省域森林资源质量普遍介于0.34—0.55，南北地区的森林资源质量相对较高，而中部地区的森林资源质量较低。时间上，北京、江苏、湖北等多数省域的森林资源质量呈现逐年递增的态势。同时，从森林资源质量分项指标分析中发现，森林资源质量的高低与森林资源储备、林业科技水平和人力资本的高低存在明显关联。

第二，中国森林资源质量的空间异质性明显，仅黑龙江、福建等南北地区常年处于高—高集聚模式，而河南等中部地区的低—低集聚效应显著，并且能够处于显著高—高集聚的省域主要得益于天然的地理优势与丰富的资源储备。

第三，中国森林资源质量发展受区域间林业科技驱动力不足的限制。现阶段，中国多数省域林业的整体科技创新效益薄弱，科技创新水平高的区域主要集中于东部地区，中部及西部地区在林业科技水平上呈较强空间异质性，即相邻省域间林业科技互补的实现度较低。

第四，中国森林资源质量区域间林业人力资本效益呈现转好趋势。其中，高集聚效应的人力资本效益集中于东南地区，中西部地区虽然在2015年有多个省域处于低—低集聚模式，但在国家政策的支持下，林业高精尖人才开始不断在省域间扩张、流动，促使区域间林业人力资本效益得到良好的改善，人力资源差异不断缩小，人力资源水平也在不断提升。

（二）建议

第一，完善森林资源高质量发展体制，消除区域间森林资源质量发展不平衡效应。有关部门应积极重视森林资源储备不足的省域，对于森林资源发展动力不足的省域，更要加强对森林资源的管理，有关部门可以充分结合遥感技术、地统计技术等科学手段来提高区域间森林资源管理的监督力度，有针对性地就不同区域的森林资源质量问题实行相应的措施，以最终达到消除区域间高质量发展不平衡的问题。

第二，重视林业科技创新和人力资本对森林资源高质量发展的影响。提高森林资源高质量发展的关键路径就是提升林业科技创新水平和人力资本效益，科技和人才是驱动高质量发展的关键因素，因此，相关部门可以通过鼓励地区的林业科技创新、林业人才引进与培养等措施来提升区域间森林资源高质量发展。

第三，加强森林资源质量空间结构的审视，形成以“热点地区”带动“冷点地区”，“高质量地区”带动周边“低质量地区”的发展模式。现阶段森林资源质量普遍呈现出较弱的空间自相关性，说明中国现阶段还未充分挖掘空间协同互补效应，具有高—高集聚效应的省域应努力带动处于“冷点地区”的省域，分享森林资源管理经验以及相关的林业技术手段，形成以局部带动局部的发展模式，最终实现中国森林资源的全面高质量发展。

第九章

森林资源核算与生态系统服务价值的识别与计量

第一节　森林资源核算体系概述

在核算研究中，中国森林资源核算研究项目采纳了最新的相关国际标准，并紧密结合我国森林资源统计调查实际，探索建立了中国森林资源核算的理论框架和基本方法。在实践中，根据“内容全、质量高、便操作”的原则，先从经济性与公益性两方面对生态产品价值进行分类核算，从代际公平与可持续发展角度完善资源负债的内涵，并系统总结森林资源各项目的定价方法以突破核算难点；再结合中国省、市、县、乡四级行政体制，构建了相应的森林资源资产负债表编制方法。此外，要全面理解和评价森林资源的经济活动和环境影响，还需要进行森林生态系统服务价值评估。森林生态系统是陆地上最为复杂的生态系统，它不仅拥有丰富的资源，还具有巨大的环境调节功能和生态社会效益。例如，森林生态系统可以提供林产品、涵养水源、防洪效能、保持水土、保持养分、防止泥沙淤积、固定 CO_2、释放 O_2、吸收 SO_2、截留粉尘和净化大气等多种生态服务功能。因此，对森林生态系统服务功能进行科学准确的评估是编制森林资源资产负债表的重要环节。

这个体系的理论依据主要来自联合国统计委员会在 SNA 手册中建立的“环境和经济综合核算体系”（SEEA）。SEEA 是国民经济核算体系（SNA）

的卫星账户体系，旨在全面、系统地记录和分析经济活动对环境的影响，以及环境对经济活动的反馈。SEEA 的核心思想是将环境因素纳入经济活动中，以此来全面、准确地描述经济活动对环境的影响，以及环境对经济活动的反馈。这种思想体现在 SEEA 的两个主要组成部分：自然资源核算和经济资产与负债核算。

自然资源核算是对自然资源的存量和流量进行测量和评价的过程。它包括对自然资源的获取、使用和保护等方面的测量和评价。自然资源核算的目标是提供关于自然资源存量和流量的信息，以便更好地理解和管理自然资源。经济资产与负债核算是对经济活动中的资产和负债进行测量和评价的过程。它包括对经济活动中的资产和负债的存量和流量进行测量和评价。经济资产与负债核算的目标是提供关于经济活动中的资产和负债的信息，以便更好地理解和管理经济活动。

在实践中，环境经济核算理论和方法体系的应用主要体现在以下几个方面：①环境经济评估。通过对经济活动和环境影响的综合测量和评价，可以对经济活动的环境成本和效益进行评估，从而为政策制定提供科学依据。②环境经济决策。通过对经济活动和环境影响的综合测量和评价，可以为政策制定者提供关于环境保护和经济发展的决策信息，从而帮助他们做出更好的决策。③环境经济规划。通过对经济活动和环境影响的综合测量和评价，可以为经济规划提供科学依据，从而帮助规划者制定出更加环保、可持续的经济发展规划。④环境经济监测。通过对经济活动和环境影响的综合测量和评价，可以对经济活动的环境影响进行实时监测，从而及时发现并解决环境问题。

总的来说，环境经济核算理论和方法体系提供了一个全面、系统地理解和评价经济活动和环境影响的工具，对于推动可持续发展具有重要的理论和实践意义。

一、森林资源实物量统计与价值量核算

森林资源核算研究不仅关注森林资源的经济价值，还关注其生态价值。森林生态系统提供生态服务，包括涵养水源、保持水土、防止土壤侵蚀、

净化空气、调节气候、保护生物多样性等。这些生态服务的价值也是森林资源核算的重要组成部分。

为了全面理解和评价森林资源的经济活动和环境影响，森林资源核算研究需要采用多种方法和技术。首先，需要对森林资源进行清查和监测，获取关于森林面积、林木数量、种类、生长状况等方面的数据。其次，需要对这些数据进行整理和分析，计算出森林资源的经济价值和生态价值。最后，需要将这些价值纳入国民经济核算体系中，以反映森林资源对经济发展和环境保护的贡献。

在森林资源清查和监测方面，我国已经建立了一套完善的制度和技术体系。例如，国家林业和草原局定期组织全国范围内的森林资源清查工作，收集各地的森林资源数据。此外，还利用遥感技术对森林资源进行动态监测，获取实时的森林覆盖情况和林木生长状况等信息。

在数据整理和分析方面，我国也取得了显著的成果。例如，国家林业和草原局开发了一套基于 GIS 技术的森林资源管理系统，可以对收集到的数据进行整理、分析和展示。此外，还建立了一套完整的森林资源评估体系，包括林木蓄积量、林地生产力、森林碳储量等多个指标。在将森林资源价值纳入国民经济核算体系方面，我国也进行了一些尝试。例如，国家林业和草原局与国家统计局联合开展了林木资源资产负债表编制试点工作，探索将林木资源价值纳入国民经济核算体系的方法和技术。此外，还建立了一套完整的森林生态产品价值实现机制，包括生态补偿、生态旅游、生态公益林建设等多个方面。

总的来说，森林资源核算研究是一个全面、系统的过程，旨在全面理解和评价森林资源的经济活动和环境影响，为决策提供科学依据。通过开展森林资源核算研究，可以为建立我国环境经济核算体系、编制林木资源资产负债表和构建森林生态产品价值实现机制提供重要参考。

二、森林生态系统服务价值评估

森林生态系统服务价值评估是一个复杂的过程，其目的在于量化森林为人类提供的各种生态服务的价值。这个领域的发展与人类对生态系统功能不可替代性的认识逐步深入密切相关。在中国，为了统一森林生态系统服务评估的指标体系和方法，使评估结果具有可比性、可操作性和广泛的应用性，国家发布了《森林生态系统服务功能评估规范》（GB/T 38582—2020）。该标准规定了生态系统服务功能评估的总则、技术流程、指标体系和技术方法等要求。在具体的价值评估中，采用了包括旅行价值法和意愿调查法等多种方法。例如，旅行价值法是一种常用的直接市场评价方法，它通过问卷调查或实地访问的方式，获取人们对森林旅游的支付意愿，然后根据这些信息来估算森林旅游的经济价值。而意愿调查法则是通过问卷调查的方式来了解人们对某种森林服务的需要或者期望，然后根据这些信息来估算这种服务的价值。

总的来说，森林生态系统服务价值评估既包括直接市场评价方法，也包括间接非市场评价方法。这些方法各有优缺点，通常需要根据具体的研究目的和条件来选择合适的方法。在森林生态系统服务价值评估中，指标体系的建立是非常重要的一步。指标体系是指用于描述和度量森林生态系统服务价值的一组指标。这些指标通常包括生物多样性保护、固碳释氧、固土保肥、涵养水源、林产品生产、大气净化和林木营养物质积累等方面。

在建立指标体系时，需要考虑以下几个方面：

（1）指标的选择：选择哪些指标来衡量森林生态系统服务价值是一个重要的问题。一般来说，应该选择那些能够反映森林生态系统服务功能的关键指标。此外，还需要考虑指标的可测性和可操作性。指标的定义：每个指标都应该有一个明确的定义，以便进行准确的测量和比较。定义应该尽可能简洁明了，避免歧义。

（2）指标的权重：不同的指标对于森林生态系统服务价值的贡献是不同的。因此，需要确定每个指标的权重，以便进行综合评价。权重的确定可以通过专家咨询、层次分析法等方法来进行。

（3）指标的测量：确定了指标之后，需要进行实际的测量工作。测量方法可以采用现场观测、遥感技术、模型模拟等多种形式。

在建立了指标体系之后，就可以进行具体的评估工作了。评估工作通常包括以下几个方面：

（1）数据收集：收集与指标相关的数据。数据来源可以包括现场观测、遥感技术、文献资料等。

（2）数据处理：对收集到的数据进行处理，包括数据清洗、数据转换等。处理后的数据应该满足评估的要求。

（3）指标计算：根据指标的定义和测量结果，计算每个指标的值。计算方法可以采用统计方法、数学模型等。

（4）综合评价：根据指标的权重，对各个指标的值进行加权求和，得到最终的评估结果。综合评价方法可以采用加权平均法、层次分析法等。

总之，森林生态系统服务价值评估是一个复杂而重要的工作。通过建立合理的指标体系和采用科学的方法，可以有效地量化森林为人类提供的各种生态服务的价值，为森林资源的合理利用和管理提供科学依据。

三、森林资源资产对象

对森林资源资产评估对象的确认，应该考虑现实性、控制性、有效性、合法性四个方面：

（1）现实性。森林资源资产评估要求在评估时点，评估的森林资源资产必须是实际存在的，有的资产在之前确认为森林资源资产但在评估时已经不具备森林资源资产特有的条件，那么就不能将其作为森林资源资产评估的对象，如林地资产改变用途。

（2）控制性。资产必须是为特定的产权主体拥有或控制的，而作为森林资源资产，也必须是特定产权主体直接控制，拥有对其进行经营管理并获得预期效益的权利。在森林资源中，有一部分属于公益性资源，如在森林中生存的野生动植物、微生物等，并不被特定主体所控制、经营，就不能作为森林资源资产的评估对象，对这一部分公益性资源的价值计算目前属于评价而不是评估。当然，在特定主体对森林资源资产的经营管理不断加强后，这些野生动植物及生态资源也能被加以利用，那么这些目前不能作为评估对象的森林资源也会逐渐向评估对象进行转变。

（3）有效性。资产是能够给产权主体带来未来经济流入的，对于森林资源资产而言，也必须能够为特定主体带来预期效益，而现阶段森林资源中有部分受到管理的困难、技术的落后，还不能够产生效益，如森林资源中的生物多样性资源，就不具备效用，不能作为森林资源资产评估对象。

（4）合法性。森林资源资产的产权证明必须是合法的，产权主体合法拥有、控制的森林资源资产，才被社会承认，可作为资产评估对象。

现实性、控制性、有效性、合法性是确认森林资源资产不可或缺的四个条件，只有当森林资源同时具备了这四个方面的内容，才能将其确认为森林资源资产评估对象。

森林资源资产相比一般资产具有不可分割性、可再生性、经营长周期性、构成复杂性、效益多样性等特点，因此根据其特殊性，在对森林资源资产进行资产评估时也同样具备一些特点。

（一）森林资源资产评估应考虑林木和林地资产的不可分割性

森林资源资产由林木、林地、动植物、微生物以及森林生态环境资产组成，其中，林木和林地资产是森林资源资产的主体，也是其价值的一大部分，其他森林资源资产如动植物、微生物是依附林地林木而生的，生态环境也是由林木林地衍生出来的，林木长于林地而林地又因有林木才称为林地，两者的价值必须通过彼此来进行测算计量的，因此在对森林资源资产进行评估时就要充分考虑林木和林地的不可分割性。

（二）森林资源资产评估应考虑其可再生性的影响

科学地对森林资源资产进行经营管理，利用其可再生性能实现对森林资源资产的可持续发展，永续利用，在对其进行资产评估时就要考虑到森林资源的自然生长、更新换代所带来的影响：①森林资源在一定条件下可以实现永续利用，因此，在评估时首先应考虑产权主体自身的经营期长短，不同的经营期适用不同的评估模型；②对于能够实现对森林资源资产进行永续利用的林业企业，一般以一个经营周期也就是轮伐期为标准，通过经营森林资源实现的年收益来对其价值量进行评定估算；③森林资源的再生性使能够人为对其进行培育、管理、保护和再生产，在对森林资源资产进行评估时就要充分考虑到对于这一方面费用的投入。

（三）森林资源资产评估应考虑其经营的长周期性

产权主体对森林资源资产的经营周期从几年到上百年不等。在这样漫长的经营周期下，产权主体就要充分考虑森林资源的多样性、多功能性，对其进行科学分类合理经营，以发挥其更大的经济、生态效益。而经营的长周期性也会对森林资源资产评估带来几个方面的影响：

（1）市场价格受到供需关系的影响较大，而对于经营长周期性的森林资产来说，供给对于价格的影响弹性较小且效应滞后，反之需求弹性较大且效应极快。当森林资源市场需求价格下降而培育成本上升时，市场需求价格就会在短时间内起到主导作用，因此，评估主体在对森林资源资产进行价值评估时就要侧重考虑现行市场价格因素。

（2）用收益法对资产进行评估时，需要预测未来对于资产的投入产出情况，但由于森林资源资产经营的长周期性，很难对远期的投入产出产品价格进行合理预测，因此，在对森林资源资产进行评估时，一般选择对投入产出的产品数量进行预测，再乘以现行的产品市场价格作为预测值。

（3）在一般资产评估中，对于投资收益率的确定是以无风险报酬率加上包含通过膨胀因素的风险报酬率进行确定，但因为对森林资源资产评估时采用的是现行产品市场价格乘以投入产出产品预测数量，没有考虑物价变动因素带来的影响，因此，对于投资收益率的计算也应该不考虑物价变动因素，计算一般为投资收益率等于无风险报酬加剔除通货膨胀率的风险报酬率。

（4）因为森林资源资产的多样性，其产生的效益也是多样的，在对其进行资产评估时，就要充分考虑产权主体对于森林资源资产经营的主要目的以及潜在效益。

（四）森林资源资产的复杂性造成了特殊的评估管理和程序

与一般的资产评估程序不同，森林资源资产构成十分复杂且地域差别大，其物种多样，既包括实物资产也包括无形资产。在考虑林木、林地价值外，同样也需要考虑到其所处的地域条件，如气候是否适宜、土壤是否肥沃、交通是否便利等，都对森林资源资产价值起到很大的作用，再加上森林资源资产面积巨大、实物量繁杂，对于彻底清查并不现实。因此，对于森林资源资产的评估一般是采取先调查现有的森林资源档案资料，再采取抽样核查的方式确认森林资源资产实物量，对于价值量的确定还需要在调查了解到更多的影响因素后进行计算、调整。

四、森林资源资产评估的假设和原则

（一）森林资源资产评估假设

因为事物的变化是无限的，而不可能完全掌握对于事物的认知，所以在掌握了某一事物的一些数据资料后，要想真正了解这一事物的全部特征或事实还必须对其作出符合逻辑的设想。假设就是在掌握有限事实的基础上，经过符合逻辑的假定设想来推断对特定事物的认知。当然，假设并不是胡乱猜测，而是依据科学的方法、知识，通过演绎推理、类比推理等逻辑方法，在符合客观事实的情况下进行的假定说明。当然，假设不管有多严谨也都带有主观因素的影响，可能有悖于事物的客观属性，但只要对事物所作出的假设符合逻辑、符合科学，那么它就有助于更好地了解事物的本质。无论是资产评估还是其他学科，要想构建完备的理论知识体系，就必须建立一系列的假设基础，在资产评估学中，交易假设、公开市场假设、持续使用假设以及清算假设是四大基本假设，当然，要对森林资源资产进行评估也离不开这四大假设。

1. 交易假设

在资产评估中，交易假设是最重要也是最基本的前提，交易假设的内容是评估主体假设所有的评估资产都已经处于交易阶段中，而根据待评估资产的性质、特点及现行市场条件等因素，对其价值进行评定估算。对一项资产进行资产评估实际上是在该资产被交易之前开展的一项工作，最终计算出该资产在模拟市场下的价值量，因此为了正确评估该资产价值并给委托人提供参考，将评估资产假设处于模拟市场的交易中就变得十分重要。

不考虑森林资源资产的外部环境而对其进行资产评估得出的预测价值是不准确的，交易假设将森林资源资产置于现行市场交易之中，限定了森林资源资产的外部环境没有脱离现行市场条件，以便给其得以进行价值量的确认创造了条件。

2. 公开市场假设

公开市场假设是假定被评估资产存在于一个完备的市场中进行交易，而所谓公开市场，就是在这个市场上存在地位完全平等的买卖双方，在进行交易前，双方买卖完全自由且有足够的时间和渠道获取充足、真实市场信息，这一假设撇去了在现有市场中存在的因各种因素而使交易受限的条件，从而使对被评估资产的计算能够客观公正。当然，现实的市场可能未必能达到公开市场这么完善，但公开市场假设也是以此为前提而对评估资产能够进行公开、公平、公正买卖的假设。

在公开市场假设中，是假定存在一个充分竞争、信息公开的市场，而被评估资产也是在这样一个市场中所实现的交换价值，在另一方面这一交换价值实际上也是体现了在现有条件下被评估资产所能达到的社会认同。但在资产评估中所假设的市场也是有范围的，不同市场之间同样存在差异，如地区性市场和国内市场甚至到国际市场，将资产置于不同市场中进行交易所受到的价格影响指标肯定存在各种差异，而在资产评估中对其进行市场假设时，也应该考虑假设的公开市场范围，根据所要评估的价值属性，可以假设它是地区性市场，同样也可以假设它是国家性、国际性市场，同样，对于在不同市场中资产所体现的社会认同也是因范围不同而存在差异的。

公开市场假设的内涵在于说明被评估资产的交换价值是受到市场调控并依附于市场行情，在充分竞争、信息公开的市场环境下，资产所决定的价值并不受个别交易案例的影响，而由市场行情进行制约。在资产评估学中，公开市场假设是最重要也是最基本的假设，其他的假设都是在公开市场假设基础上再提出的假设，因此，对一般能够在公开市场上进行交易，且具备完善市场信息的资产，通常都使用公开市场假设对其进行价值量评估。

3. 持续使用假设

要想让资产实现效用就必须考虑其的存续状态，而持续使用假设就是将正在使用或正在被利用的资产模拟进入市场，且在进入市场后还能够维持在使用状态下的一种假设。持续使用假设分为两步：第一步，先假设所评估客体在资产评估时点还处于使用状态，这类资产包括现在正在使用的资产以及处于备用的资产；第二步，推断这类现在正处于使用状态的评估客体进入市场中，完成交换条件后，依旧还可以作为资产被继续使用。资产评估学中，持续使用假设将资产的存续状态分为三种情况：①在用续用，指正处于使用状态或利用状态的被评估资产面临市场条件和市场环境时，通过交换使其在产权或业务上发生转变，但其正处在的使用状态并没有被改变而将持续被使用下去；②转用续用，指的是处于使用状态或利用状态的被评估资产面临市场条件和市场环境时，通过交换使其在产权或业务上发生转变，同时该资产为实现效益的现时用途同样发生改变，而作为一个新的资产发挥新的用途而被继续使用下去；③移地续用，指的是处于使用状态或利用状态的被评估资产面临市场条件和市场环境时，通过交换使其在产权或业务上发生转变，而在交易发生后，该资产的空间位置实现了改变，而处于另一个空间位置上继续发挥作用。

在持续使用假设中，假定的是被评估资产在一定市场条件下使用状态能够持续下去的假设，因此其适用范围往往会受到限制。在很多情况下，对特定资产进行评估考虑的只是在市场条件下对于买卖双方都能够接受的公平交换价值，而没有去充分考虑该资产的用途。

持续使用假设同样是资产评估学中的一个基本假设，对于森林资源资产评估来说更是如此，在我国，森林资源资产市场缺乏数据信息，价值量难以准确估计，在对森林资源资产进行评估时通常就是将其假定在正在使用且能够持续使用的状态下进行的。

4. 清算假设

当一项资产面临清算或需要快速变现而被迫出售时，可能并不能够实现在现有市场下的交换价值。而清算假设就是对这一资产的市场条件进行限制，假定被评估资产处于这一非公开市场条件下，且需要快速变现而被迫出售。对于清算假设的成立，首先需要被评估资产确实面临被清算的风险，再通过其相应的清算程序、数据、价格来推断该资产在处于清算条件下的清算价值。由于清算假设的条件比较苛刻，对于森林资源资产中所适用的范围也是十分有限的，而在清算假设中，被评估资产不可能处于一个完备的公开市场中进行公平交易，而处在因需要快速变现而被迫交易的条件下，对于清算价格的评估值往往低于在公开市场假设及持续使用假设下对资产价值的预测。

（二）森林资源资产评估原则

为保证对森林资源资产评估程序的规范性及评估价值的准确性，就需要设定相关的评估原则来规范在评估活动开始时所需要参照的行为准则以及评估标准。森林资源资产评估原则就是对拥有森林资源资产的产权主体、评估主体以及其他与该项资产相关的各主体间进行约束、协调，使资产评估工作得以顺利进行，得出科学客观的资产评估价值。

森林资源资产评估原则分为工作原则和技术原则两大类。

1. 工作原则

资产评估人员开展评估工作时须遵照五项工作原则，分别是：公平性原则、科学性原则、客观性原则、独立性原则和可行性原则。

（1）公平性原则。为了使森林资源资产的真实价值能够客观体现，资产评估人员在对其开展评估工作时就必须遵照客观事实数据，对于森林资源资产交换价值进行公平公正评估，对事实给予充分尊重。

（2）科学性原则。要求评估人员对森林资源资产进行价值确认时需要根据该资产的实际情况运用科学合理的评估方法、方案，以保证评估价值的准确性。其中，对于评估方法的选择尤为重要，它将森林资源资产的评估目的与其价值类型进行匹配，森林资源资产根据其评估途径、目的不同，分为重置成本价、现行市价、收益现值以及清算价值。因此，在对森林资源资产进行评估时就要充分了解委托人员对于该项资产的评估目的，以此来选择合适的评估方法，最终达到预期价值类型。

（3）客观性原则。要求资产评估人员在进行资产评估过程中必须贯彻落实客观、公正的态度，在依据资产实际情况的情况下，也应尽可能多地对森林资源资产展开调查以获得更多影响因素，进行统计分析，结合资产评估真实目的，做出准确判断，运用科学评估方法，对资产价值进行综合评估。

（4）独立性原则。其旨在剔除外部主观因素对资产评估价值造成影响，要求资产评估人员在评估时必须完全站在第三方立场，不因资产评估委托方所付劳务费而听取其评估期望并对评估价值进行主观修正，在资产评估学中，对于这种先定评估价值后去评估的方式是坚决抵制的，无论是资产评估人员还是资产评估机构，都必须遵照独立性原则，在与对评估资产有关任意一方存在利益关系的机构、人员都不允许参与该资产的评估，以免在评估业务中因外部因素做出错误决策。

（5）可行性原则。由于森林资源资产的特殊性，对其进行评估需要更加专业、特殊的评估管理程序，同时森林资源数量庞大、实物量构成复杂，在选择评估方式时也要考虑其成本与可行性，尽量选取简便、快捷且容易让其他人员普遍接受理解的评估方法，确保森林资源资产评估结果的合理与可行性。

2. 技术原则

技术原则是资产评估人员在进行评估工作时必须遵照的业务准则与技术法规，是保证其在评估工作中能够做出科学判断得到准确结论的技术保证。技术原则又分为预期收益原则、供求原则、贡献原则、替代原则、评估时点原则。

（1）预期收益原则。作为森林资源资产必须能够给产权主体带来未来经济流入，换言之，也就是其能够为产权主体创造价值，因此森林资源资产的产权主体在未来的预期收益通常能够作为对该资产进行价值评估的重要标准。

（2）供求原则。森林资源资产价值受市场供需关系影响，资产评估人员要对森林资源所处市场状况不定期开展调查，了解供需关系，当供给减少时，评估值应相应增加，而当需求减少时，评估值也会相应下降，遵循供需理论。

（3）贡献原则。森林资源资产的构成十分复杂，贡献原则就是将其各构成要素进行分别评估，并综合评定整个森林资源资产的价值量，这一原则是以预期收益原则为基础，在此条件下的应用原则。

（4）替代原则。在我国森林资源资产市场条件下，对于构成、特征、质量、使用价值相似的森林资源资产而言，它们的市场价值也是相似的，在一定程度上可以做到相互替代来得出相应市场评估值，因此评估人员要具备相应的资产评估专业知识，在进行评估时能够正确判断并灵活运用替代原则，在确保资产评估价值合理的情况下简化评估程序。

（5）评估时点原则。货币存在时间价值，而随着时间、科技的发展，森林资源资产价值也受到市场调控不断发生变化，同一个森林资源资产在两个不同时点下可能相应的市场价值会差别很大。因此，在进行资产评估时，评估人员必须确定评估基准日并以此为标准对森林资源资产进行评估。

五、森林资源资产评估方法

（一）市场法

根据所评估林木的数据来源以及林木市场用途可将对森林资源资产的市场法评估分为市场价倒算法和现行市价法。

1. 市场价倒算法

对于林分已经成熟，可以对其主伐并加以利用的林木资源，可将主伐后生产的木材销售总收入，扣除其生产、经营、主伐成本以及木材生产阶段的利润、相关税费，如果主伐时一次性支付林地使用费，也将其扣除，最后算出的剩余价值就是该森林资源资产的价值。

$$E_n = m_n - Z_u \tag{9-1}$$

$$Z_u = f \times (W - C - F - B - D) \tag{9-2}$$

其中：

E_n——林木资源资产价值量；

m_n——林龄为 n 年的林分实际单位面积蓄积量；

Z_u ——主伐时林木每立方米蓄积纯收益；

f ——出材率；

W ——木材平均销售价格；

C ——木材生产成本；

F ——木材生产、经营合理利润；

B ——相关税费；

D ——主伐时一次性支付的林地使用费。

2. 现行市价法

根据替代原则，在我国森林资源资产市场条件下，两种构成、特征、质量、使用价值相似的森林资源资产，其市场交换价值也是相似的，现行市价法就是在市场中找到与被评估森林资源资产在这些方面都相似的且已经发生交易的同类森林资源资产，以其单位蓄积交易价格作为参数，再根据不同的因素对其进行调整，如地理环境因素调整、物价指数调整、林分生长指标调整等，最后得出合理公允的林木资源资产价值。

$$E_n = K \times K_b \times G \times M \tag{9-3}$$

其中：

E_n ——林木资源资产价值量；

K ——林分质量调整系数；

K_b ——物价指数调整系数；

G ——参照物单位蓄积的交易价格（元/立方米）；

M ——被评估林木资产的蓄积量。

（二）收益法

因为森林资源资产的经营长周期性，我们在利用收益法对其做价值评估前，就需要对该森林资源的优势树种做充分调查、研究，确定合理的林木资源经营周期与核算周期，确定经营、核算周期后，再对林木资源所能获得的未来净收益利用折现的方法计算出净收益折现值，将此作为该森林资源资产的评估价值。森林资源资产评估收益法又分为收益净现值法、收获现值法、年金资本化法以及地租资本化法。

1. 收益净现值法

首先确定所要评估的林木资源经营周期，再计算出在未来经营周期内产权主体每年能够利用该资源资产所得到的净收益价值，参照林地资源当地营林投资收益现状计算出合理的折现率，对年净收益进行折现并且累加，最后得到的结果就是该林木资源资产价值量。

$$E_n = \sum_{i=n}^{u} \frac{(A_i - C_i)}{(1+p)^{i-n+1}} \tag{9-4}$$

其中：

E_n ——林木资源资产价值量；

A_i ——林木资源第 i 年的总收入；

C_i ——第 i 年的生产经营总成本支出；

u ——经营、核算周期；

p ——根据当地营林平均投资收益具体状况确定的折现率；

n ——林分年龄。

2. 收获现值法

对于还未到林分主伐的林木资源，先通过各指标预测计算出该资源在林分主伐时所能得到的净收益（净收益已扣除在林分主伐时的木材生产、经营成本、相关税费以及经营利润），根据当地营林平均投资收益状况具体确定的折现率对其进行折现，之后再扣除该林地资源从评估时点到主伐时点之间所要产生的年管理、经营费用成本现值，将计算出的剩余价值作为该林木资源资产价值量。

$$E_n = \frac{M_u \times Z_u}{(1+p)^{u-n}} - \frac{V}{P} \times \left[1 - \frac{1}{(1+p)^{u-n}}\right] \tag{9-5}$$

其中：

E_n ——林木资源资产价值量；

M_u ——利用林分蓄积生长预测模型预估 u 年主伐时的蓄积量；

Z_u ——主伐时林木单位蓄积纯收益；

D_a、D_b ——标准林分第 a、b 年的间伐纯收入；

C_i ——第 i 年的营林生产成本；

u ——主伐年龄；

n ——林分年龄；

p ——根据当地营林平均投资收益具体状况确定的折现率。

3. 年金资本化法

有充分证据表明被评估森林资源资产能够健康稳定生长并在未来经营、核算周期内都能获得较为稳定的年净收益（扣除地租），便可根据年平均净收益按照当地营林平均投资收益具体状况确定的折现率进行折现算出资产价值量。

$$E_n = A/p \tag{9-6}$$

其中：

E_n ——林木资源资产价值量；

A ——年平均纯收益（扣除地租）；

p ——根据当地营林平均投资收益具体状况确定的折现率。

4. 地租资本化法

地租资本化法是将林地的纯收益按一定的还原利率资本化，在一定的折现率下，将林地未来纯收益折为现值，从而计算出林地资源资产价值。

$$B_n = \frac{A}{p} \times \left[1 - \frac{1}{(1+p)^n}\right] \tag{9-7}$$

其中：

B_n ——林地资源资产价值量；

A ——林地年均纯收益；

p ——投资收益率；

n ——林地使用权使用年限。

（三）成本法

成本法是根据不同树种生长的环境，以及所投入的人力物力所产生的成本费用为核算基础，将被评估林木资产在生产经营中所产生的费用累计相加，计算出林木资产的价值。成本法一般包括重置成本法和历史成本调整法。

1. 重置成本法

重置成本法是按照被评估森林资源资产构成种类及生长环境，再考虑到经营期内产权主体所投入的各项成本费用支出作为评估依据，将该资产在生产、经营周期内所产生的各项成本进行累加，并扣除各项耗费或其他影响因素进行调整，最后计算出该林木资源资产价值量。

$$E_n = K \times \sum_{i=1}^{n} C_i (1 + p)^{n-i+1} \tag{9-8}$$

其中：

E_n ——林木资源资产价值量；

K ——林分质量调整系数；

C_i ——根据各年人工费、物料费、地租等投入计算出的第 i 年生产成本；

n ——林分年龄；

p ——根据当地营林平均投资收益具体状况确定的折现率。

2. 历史成本调整法

在我国，对于一些森工企业可能对森林资源资产的管理、经营模式较为完善，已经具备比较完整的会计核算体系，其数据来源真实可靠。针对这类有完整成本资料的森工企业，在对其森林资源资产进行评估时就可以从其林区起初投入开始的历史成本作为基础，综合考虑在评估时点阶段各物价指数、林分质量指数进行调整，最后计算出林木资源资产价值量。

$$E_n = K \times \sum_{i=1}^{n} C_i \frac{B}{B_i} (1 + p)^{n-i+1} \tag{9-9}$$

其中：

E_n ——林木资源资产价值量；

K ——林分质量调整系数；

C_i ——第 i 年投入的实际成本；

B ——评估时的物价指数；

B_i ——投入时的物价指数。

第二节　林木资产与负债的识别与计量

森林资源范围庞大、构成复杂，给产权主体经营管理造成了很大难度，而为了方便其对森林资源进行科学经营、利用，便可根据森林资源的各特征进行分类，将其划分为特征相似，与相邻区域森林有显著区别的若干小片森林，将这一小片森林称为林分。而为了能够正确划分林分，就需要考虑到森林资源的各项特征，称其为林分调查因子，通过这些因子有利于将大片森林客观划分为各小片林分并有针对性地对其进行分类管理、经营，以达到更大的经济效益和生态效益。林分调查因子包括林分起源、树种组成、林分年龄、平均胸径、平均高、林分密度、林分蓄积量、材种出材量与出材率等因子。

一、林木资产与负债评估方式

（一）林分起源

林分起源将林分分为天然林和人工林。天然林是从种子落地发芽，经历风吹雨淋直到长成林木，都是在大自然作用下天然形成的森林；人工林是通过人力因素对森林生长施加影响促使其更快生长、发挥效益，如人工播种造林、插条造林、人工降雨、施肥等所形成的森林。

由种子落地生根发芽长成的林分都是实体林；当林分遭到人工砍伐或自然灾害而被破坏后，部分树种可能从根株上进行萌发，最终形成的林分被称为萌生林。在遭遇破坏后还能从根株萌发成林分的大多数为山杨、白桦等阔叶类树种，少数为杉木等针叶类树种。不同起源的林分其生长过程也不尽相同，如实体林一般生命力旺盛，生长较快，而萌生林则在经历破坏后早期生长迅速但后期衰老同样迅速，且生产出来的木材质量差，采伐年龄小。

在现阶段对林分起源的确定一般为工作人员参照现有的林地资料，再进一步到森林现场进行考察。工作人员在实地考察中可关注一些林分特征：一般来说，天然林在分布上没有规律，每株之间也没有规则的间距，同样林木年龄差别大，分布不均；而对于人工种植培育的人工林来说，一般树种分布均匀整齐，且间距适当，树龄基本相同，有明显的规律性。

（二）树种组成

树种组成因子就是林分的树种组成结构。根据树种组成可将林分分为纯林和混交林，纯林林分由单一树种组成，而混交林由两个或两个以上树种组成。在混交林林分中，蓄积量比重最大的树种称为优势树种，而最适合经营目的的树种称为主要树种。

（三）林分年龄

树木年龄就是从种子落地萌发至今生长的年份，而林分年龄就是在构成林分的所有林木的平均树木年龄。依照林分年龄的概念，可以将林分分为两类，分别是同龄林与异龄林。对于组成的林木大部分年龄基本相近的林分，称为同龄林，反之，组成的林木大部分林分年龄参差不齐、差别较大的林分称为异龄林。一般来说，人工林以及经过人工砍伐或重大自然灾害而重新生长的萌发林更可能是同龄林，而天然林为自然生长，更无规律可循，大多为异龄林。因为树木生长经营周期长，给对树木年龄的测量造成了很大阻碍，对于林分年龄的计量，一般设置一个龄级为单位，以一定分为的林分年龄作为一个龄级单位，如果一个林分内的林木资源年龄基本处于这个龄级内，那么称为同龄林；相反，若一个林分内林木资源年龄差异较大，不在一个龄级范围内，那么称为异龄林。而因为设置了龄级单位，对同龄林又区分为绝对同龄林和相对同龄林，在绝对同龄林中，所组成的林木年龄完全相同；而在相对同龄林中，组成的林木年龄虽有细微差别但还处在同一龄级单位内。因此，在绝对同龄林中，组成林分的所有林木年龄，都是林分年龄，在相对同龄林中，一般取所组成林木的平均年龄作为林分年龄，而在异龄林中，一般统计主要林木部分选取其平均年龄作为该林分年龄。

现在对于树木年龄的测算方法最准确的就是观测林木根茎部位年轮数，有些树种轮生枝较为明显，可以采取查数轮生枝轮的方法进行检测树木年龄，这类树种包括红松、油松、马尾松等；而对于很多地区林木砍伐困难，可以采取生长钻锥取胸高部位木芯的方法，观测木芯年轮数，再根据林木种类推断其从种子萌发到长到胸高的年份，两者相加得出该树木年龄。

（四）平均胸径

单株树木的粗度由树木断面积 g 表示，而整个林分的粗度指标就用林分内所有林木的平均断面积（$\bar{g}$）表示，因为单株树木断面积 g 与树木胸径 d 的关系为 $\bar{g}=\frac{\pi}{4}d^2$，胸径越大面积越大，因此也可以用树木胸径 d 来更直观地表示树木粗度，而林分的粗度指标也常以林分平均胸径 D_g 表示。在实务中，林分平均胸径 D_g 并不是林分中所有林木胸径的算术平均数，而是其平方平均数，计算过程如下：

$$D_g=\sqrt{\frac{4}{\pi}\bar{g}}=\sqrt{\frac{4}{\pi}\frac{1}{N}G}=\sqrt{\frac{4}{\pi}\frac{1}{N}\sum_{i=1}^{N}\frac{\pi}{4}d_i^2}=\sqrt{\frac{1}{N}\sum_{i=1}^{N}d_i^2} \tag{9-10}$$

如果林分中林木是按径阶记录的，则：

$$D_g=\sqrt{\frac{1}{N}\sum_{i=1}^{N}n_id_i^2} \tag{9-11}$$

其中：

d_i ——第 i 径阶组中值；

n_i ——第 i 径阶株数；

k ——径阶个数。

对于一个林分来说，很难做到测量林分中所有树木的胸径，一般采用估算的方法，通过目测一片区域趋于一般大小的树木 3—5 株，通过专业测量工具进行测量并取其平均值作为该林分直径。部分存在伴生树种的混交林就适用于这种测量估算方法。

（五）平均高

将林分中林木资源生长状况进行量化，便可使用林木高度指标，同样地，林木高度指标也决定了该林分的立地质量。平均高为该林分林木的高度平均值，根据测量目标的不同，可将平均高分为林分平均高和优势木平均高两种。

1. 林分平均高

一般而言，随着树木的生长，树高和胸径都会随之增长，两者之间可以构成一个同向增长的函数关系，而在此函数上，找到林分平均直径（D_g）所对应的平均高度，就是该林分林木资源平均高（H_D）。

对于一个林分来说，很难做到测量林分中所有树木的胸径，一般采用估算的方法，通过目测一片区域趋于林分平均胸径的树木3—5株，测量其树高并计算出算术平均数作为林分平均高（H_D）。

2. 优势木平均高

在实践中，对于混交林林分有时会测量其优势木平均高来衡量该林分的生长情况，优势木平均高是其优势树种及亚优势树种高度的算术平均数，常以 $\bar{h}_i$ 表示。

对于人工林，林分平均高受人工培育的影响较大，如采取下层抚育措施后，该林分平均高就会显著增加，但立地质量却没有改变，我们将这种现象称为“非增长性增长”，在这种情况下，林分平均高就不能准确地体现该林分的生长、立地质量，这时就要用到优势木平均高来衡量。

（六）林分密度

林分密度就是林分中所有林木资源对该林分占地面积的利用程度，林木过密、过疏都不利于林分生长质量和木材产出数量，因此，适宜的疏密度对于林木生长至关重要。在对森林资源进行科学管理时，人为干预地进行播种、培育使其生长在一个最适宜的疏密度，才能使该森林资源产出最大效益。因为树种不同，根茎大小、吸收水分、养分的速度、枝叶的茂密程度等都存在差异，对于林分密度的要求也不相同。因此，对于林分密度的科学计算与合理经营显得尤为重要。

在我国，有株数密度、每公顷断面积、疏密度、郁密度四种林分密度指标。

1. 株数密度

在我国，因为测定方法简便，株数密度往往是在实践（造林、营林、调查）中运用最多的林分密度指标，所谓株数密度，就是林分内单位面积的林木数，用单位（N/hm^2）表示。因为单位面积的土壤营养程度、空间大小、所接受的阳光照射量、水源等都是固定的，因此，在单位面积中林木的数量，就可以直观体现出该林分资源每株林木所利用的资源多少。通常在造林时的初始株数密度就确定了该林分的林分密度，但用株数密度来表示林分密度也存在不足，因为林木所占用的资源随着林龄、林木断面积的增长，也会随之增长，而株数密度就不能直观地体现这一因素。

2. 每公顷断面积

每公顷断面积就是在一公顷范围内的所有林木胸高断面积之和，单位用 G（m^2/hm^2）表示。与株数密度相比，每公顷断面积不仅考虑到了单位面积内林木株数量，同时将林木大小也考虑在内，能更直观地反映出单位面积内所有林木对空间、资源的占用情况，同时，林木的断面积测算简单易行，且其与林分蓄积量密切相关，因此在我国每公顷断面积也是较多营林企业常用的方法。在实践中，随着林木资源的生长发育，其断面积不断增长而林木株数不一定以同速率下降，所以每公顷断面积比之株数密度能够更科学地反映林分密度指标，在林分年龄、立地条件和经营措施既定的情况下，对于测量同龄林或具有稳定龄级分布的异龄林的生长、收获情况，通常采用每公顷断面积作为林分密度。

3. 疏密度

疏密度指标（P）是林分每公顷断面积（或林分每公顷蓄积量）与相同立地条件下标准林分每公顷断面积（或林分每公顷蓄积量）之比：

$$P = \frac{G_{现}}{G_{标}} \text{ 或 } P = \frac{M_{现}}{M_{标}} \tag{9-12}$$

其中：

$G_{现}$——现实林分每公顷断面积；

$M_{现}$——现实林分每公顷蓄积量；

$G_{标}$——标准林分每公顷断面积；

$M_{标}$——标准林分每公顷蓄积量。

在一定立地条件、一定林分年龄下，林分中的树种最大限度地利用了林分所占空间、资源，这个林分就称为标准林分。因此，标准林分的每公顷林分断面积（或每公顷林分蓄积量）比之其他同一条件下的林分是最大的。假设相同条件下标准林分的疏密度为 1.0，那么非标准林分的疏密度都小于 1.0。根据标准林分每公顷总断面积或标准林分每公顷总蓄积量与林分平均高关系表就可以直接计算出所评估的林分疏密度。

（1）确定调查林分的平均高。

（2）根据林分优势树种选用标准表，并由表上查出对应调查林分平均高的每公顷胸高断面积（或蓄积）。

（3）用式（9－12）计算林分的疏密度（P）。

4. 郁密度

在实务中，因为林分面积大、林木多，通常采取抽取样本点进行测定的方法，具体是在林分中设置 10 个样本点，站在每个样本点上抬头仰视树冠，统计出被树冠完全覆盖的样本点，除以 10（设置的总样本点数），就是郁密度指标。

（七）林分蓄积量

为衡量在一定条件下特定林分的生产能力及营林措施水平，就引入林分蓄积量这一概念。林分蓄积量由林分中全部林木的断面积、树高、形数三个因素组成，所谓林分蓄积（记作 M）就是林分中所有树木的材积，常用单位（m^3/hm^2）表示。

因为林分是由多株林木所组成的，不仅受林木直径、树高、形数、株数的影响，同时关于林分中林木的树种、树龄、立地条件、培育方法等都会直接影响林分蓄积量，因此，它与单株林木的材积不同，基本概

念为 $M = f_{1.3}GH_D$。

在林分调查中，对于林分蓄积量的测定是调查的重点之一，通常包括实测法和目测法两类测定方法。实测法包括对全部林分进行实际测量以及对局部林分进行测量，而目测法是凭借专业的林分调查经验，对林分进行测量。实务中局部实测法是既现实又科学的常用测定方法。

（八）材种出材量和出材率等级

1. 材种出材量

林分蓄积量体现的是在一定条件下特定林分的生产能力及营林措施水平，但其测量依据是林分中所有树木的材积，但生产能力及营林措施水平并不只是依靠材积的大小来体现，因为各林木木材缺陷、病腐程度不同，同样会影响林分的木材经济价值，因此，在实践中，还会调查林分材种出材量。

测定林分蓄积量可以检测林分资源的数量，而测定林分材种出材量检测的是林分资源的质量。

2. 出材率等级

在实际工作中，对林分质量进行调查并不直接测定其材种出材量而是计算确定出其林分经济材出材率等级。林分经济材出材率等级是以经济材材积除以林分蓄积量的商为基础进行确定，在实务中，林分工作人员更多的是根据林分经济材株数除以林分总林木株数来确定出材率等级。根据我国规定的标准，商品用材树是用材部分长度占全树高 40% 以上的林木；半商品用材树是用材长度在 2m（针叶树）或 1m（阔叶树）以上但不足树干长度 40% 的林木，其实物量一半计入商品用材林，一半计入薪材树；薪材树是用材部分不足 2m（针叶树）或 1m（阔叶树）的林木。

二、林木资产评估实务

（一）资产评估师声明

（1）本资产评估报告依据财政部发布的资产评估基本准则和中国资产

评估协会发布的资产评估执业准则和职业道德准则编制。

（2）委托人或者其他资产评估报告使用人应当按照法律、行政法规规定和本资产评估报告载明的使用范围使用资产评估报告；委托人或者其他资产评估报告使用人违反前述规定使用资产评估报告的，本资产评估机构及资产评估师不承担责任。

本资产评估报告仅供委托人、资产评估委托合同中约定的其他资产评估报告使用人和法律、行政法规规定的资产评估报告使用人使用；除此之外，其他任何机构和个人不能成为资产评估报告的使用人。

本资产评估机构及资产评估师提示资产评估报告使用人应当正确理解评估结论，评估结论不等同于评估对象可实现价格，评估结论不应当被认为是对评估对象可实现价格的保证。

（3）本资产评估机构及资产评估师遵守法律、行政法规和资产评估准则，坚持独立、客观和公正的原则，并对所出具的资产评估报告依法承担责任。

（4）评估对象涉及的资产、负债清单由委托人、被评估单位申报并经其采用签名、盖章或法律允许的其他方式确认；委托人和其他相关当事人依法对其提供资料的真实性、完整性、合法性负责。

（5）本资产评估机构及资产评估师与资产评估报告中的评估对象没有现存或者预期的利益关系；与相关当事人没有现存或者预期的利益关系，对相关当事人不存在偏见。

（6）资产评估师已经对资产评估报告中的评估对象及其所涉及资产进行现场调查；已经对评估对象及其所涉及资产的法律权属状况给予必要的关注，对评估对象及其所涉及资产的法律权属资料进行了查验，对已经发现的问题进行了如实披露，并且已提请委托人及其他相关当事人完善产权以满足出具资产评估报告的要求。

（7）本资产评估机构出具的资产评估报告中的分析、判断和结果受资产评估报告中假设和限制条件的限制，资产评估报告使用人应当充分考虑资产评估报告中载明的假设、限制条件、特别事项说明及其对评估结论的影响。

（二）资产评估报告范例

SX县林业建设投资公司森林资源资产评估报告

SX县林业建设投资公司：

福建GX资产评估土地房地产估价有限公司接受贵单位的委托，根据有关法律、法规和资产评估准则，分别采用木材市场价倒算法和收获现值法，按照必要的评估程序，对SX县林业建设投资公司拟转让部分森林资源资产事宜所涉及的森林资源资产在二〇一八年四月十七日的市场价值进行了评估。现将资产评估情况及评估结果报告如下。

（一）委托人与被评估单位和资产评估委托合同约定的其他资产评估报告使用人概况

1. 本次评估项目委托人和评估单位均为SX县林业建设投资公司：

单位法人证书号：1350724 ******

经费来源：自收自支

注册地址：福建省SX县

法定代表人：张三

举办单位：福建省SX县林业局

单位类型：生产性的事业单位

业务范围：森林资源培育，木材生产和销售，森林管护及多种经营

单位住所：福建省SX县工农中路109号

成立日期：1986年10月

该公司是经SX县人民政府批准成立的事业单位，隶属SX县林业局。公司以森林资源为主要经营对象，下设XD、WT、JX、SY、HD、CP、ZD、HQ、ZD 9个工区。经营区分布全县9个乡（镇）101个行政村，经营区海拔高度一般在300—500米，相对高度差较小，坡度多在20°—35°，属亚热带地区气候，年平均温度17.5℃，年平均降水量1 780mm，气候温和，雨量充沛，植物生长期较长，林地相对集中，交通条件便利，山场采伐运输生产条件较好。

2. 资产评估委托合同约定的其他资产评估报告使用人：委托人主管部门。

（二）评估目的

委托人拟将委估森林资源资产林木采伐销售时，对外招标包产包销，委托福建 GX 资产评估土地房地产估价有限公司进行评估，为委托人拟转让的森林资源资产提供评估基准日的市场价值参考依据。

（三）评估对象和评估范围

评估对象为森林资源资产。

评估范围为委托人申报的小班 GIS 面积 2 351 亩、有林面积 2 331 亩的森林资源资产。

1. 法律权属状况。

评估对象权属状况见下表：

序号	二类			林权证号	山权	林权	林权证面积（亩）	评估小班GIS面积（亩）	评估有林面积（亩）	备注
	林班	大班	小班							
1	27	1	010（1）	S 林证字〔2010〕第 08717 号	XD 乡 XD 村	林业建设投资公司	180	160	160	
2	27	1	020（1）	S 林证字〔2010〕第 08717 号	XD 乡 XD 村	林业建设投资公司	329	242	242	
	27	1	100（1）							
3	26	6	010（1）	S 林证字〔2010〕第 08715 号	XD 乡 XD 村	林业建设投资公司	34	27	27	
	26	6	012（1）							
4	26	6	070（1）	S 林证字〔2010〕第 08715 号	XD 乡 XD 村	林业建设投资公司	247	233	233	部分未在林权证范围内
	26	6	090（1）							

续表

序号	二类			林权证号	山权	林权	林权证面积（亩）	评估小班GIS面积（亩）	评估有林面积（亩）	备注
	林班	大班	小班							
5	28	2	031（1）	S政林证字〔2011〕第00049号	XD乡DY村	林业建设投资公司	162	124	110	
	28	2	030（1）							
6	57	8	030（1）	S政林证字〔2011〕第00251号	XD乡HX村	林业建设投资公司	124	115	115	
7	56	1	020（1）	S政林证字〔2011〕第00238号	WT镇JK村	林业建设投资公司	546	342	342	
	56	1	031（1）							
	56	1	040（1）							
8	56	2	010（1）	S政林证字〔2011〕第00238号、S政林证字〔2011〕第00240号	WT镇JK村	林业建设投资公司		196	196	
9	58	4	010（1）	S政林证字〔2011〕第00155号	WT镇XX村	林业建设投资公司	181	157	157	
10	64	7	011（1）	S政林证字〔2011〕第00219号	WT镇PD村	林业建设投资公司	37	34	34	
	64	7	012（1）							
11	64	8	020（1）	S政林证字〔2011〕第00231号	WT镇XD村	林业建设投资公司	151	141	141	未在林权证范围内
	64	8	030（1）							

续表

序号	二类			林权证号	山权	林权	林权证面积（亩）	评估小班GIS面积（亩）	评估有林面积（亩）	备注
	林班	大班	小班							
12	64	8	040（1）	S政林证字〔2011〕第00232号、S政林证字〔2011〕第00224号	WT镇PD村	林业建设投资公司	228	217	217	
	64	8	060（1）							
13	32	1	050（1）	S政林证字〔2011〕第00163号	ZD乡LW村	林业建设投资公司	349	336	262	
14	32	2	21						68	
15	33	1	10	S政林证字〔2012〕第00164号	ZD乡LW村	林业建设投资公司	27	27	27	
合计							2 595	2 351	2 331	

列入本次评估范围的评估对象林地使用期均为一代林分。

2. 经济状况。

委估对象为用材林森林资源资产，该类资产经营周期很长，投资回报期长，但随着我国社会经济的健康发展，其所产产品需求呈不断增长的趋势，行业生产能力不存在过剩问题，不存在经济性贬值。

3. 物理状况。

本次评估对象分别为人工用材林近熟林、成熟林、过熟林，小班GIS面积共2 351亩、有林面积2 331亩，蓄积16 992立方米，委估林地分别位于XD、WT、ZD工区，部分立地条件较好、林分质量较好、经营管理集约度较高、林相较好、生产经营条件一般；部分立地条件较差、林分质量较差、经营管理集约度一般、林相较差、生产经营条件一般。

列入本次评估范围的林分面积以小班GIS面积为准，小班四至以被评估小班位置示意图为准，林分内毛竹未纳入本次评估范围。详见《SX县林业建设投资公司森林资源资产评估小班一览表》和《SX县林业建设投资公司被评估小班位置示意图》。

（四）价值类型

依据《资产评估价值类型指导意见》，资产评估价值类型包括市场价值和市场价值以外的价值类型。市场价值是指自愿买方和自愿卖方在各自理性行事且未受任何强迫的情况下，评估对象在评估基准日进行正常公平交易的价值估计数额。市场价值以外的价值类型包括投资价值、在用价值、清算价值、残余价值等。

本次评估目的是为SX县林业建设投资公司拟转让的森林资源资产提供评估基准日价值参考。根据估价对象特点及委托人的估价目的，本次资产评估业务对评估的市场条件及其评估对象的使用条件没有特别的限制和要求，本次评估业务及其结果是针对整体市场，故将本报告估价对象价值类型定义为市场价值。

（五）评估基准日

评估基准日为2018年4月17日。

选取上述日期为评估基准日的理由是：评估基准日的确定是由评估机构根据经济行为的性质与委托人协商确立的，并尽可能与评估目的的实现日接近。

本次评估中所采用的价格标准是评估基准日的有效价格标准。

（六）评估依据

我们在本次资产评估工作中所遵循的国家、地方政府和有关部门的法律法规，以及在评估中参考的文件资料主要有：

1. 行为依据。

委托人与我公司签订的《资产评估委托合同》。

2. 法律法规依据。

（1）十二届全国人民代表大会常务委员会第二十一次会议于2016年7月2日通过，自2016年12月日起施行的《中华人民共和国资产评估法》；

（2）2009年8月27日修订并施行的《中华人民共和国森林法》；

（3）十届全国人大五次会议于2007年3月16日通过并于2007年10月1日起施行的《中华人民共和国物权法》；

（4）财政部与国家林业局财企〔2006〕529号《森林资源资产评估管理暂行规定》；

（5）《森林资源资产评估技术规范》（LY/T 2407—2015）；

（6）福建省人大闽常〔2005〕20号《福建省森林资源流转条例》；

（7）闽财企〔2007〕35号《福建省森林资源资产评估管理暂行办法》；

（8）国务院国有资产监督管理委员会国资委产权〔2006〕274号《关于加强企业国有资产评估管理工作问题的通知》；

（9）其他相关法律、法规、通知文件等。

3. 准则依据。

（1）《资产评估基本准则》（财政部财资〔2017〕43号）；

（2）《资产评估职业道德准则》（中评协〔2017〕30号）；

（3）《资产评估执业准则——资产评估程序》（中评协〔2017〕31号）；

（4）《资产评估执业准则——资产评估报告》（中评协〔2017〕32号）；

（5）《资产评估执业准则——资产评估委托合同》（中评协〔2017〕33号）；

（6）《资产评估执业准则——资产评估档案》（中评协〔2017〕34号）；

（7）《资产评估执业准则——森林资源资产》（中评协〔2017〕41号）；

（8）《企业国有资产评估报告指南》（中评协〔2017〕42号）；

（9）《资产评估机构业务质量控制指南》（中评协〔2017〕46号）；

（10）《资产评估价值类型指导意见》（中评协〔2017〕47号）；

（11）《资产评估对象法律权属指导意见》（中评协〔2017〕47号）。

4. 产权依据。

委托人提供的有关拟评估资产明细表及产权证明文件、工程技术、财务会计、森林经营等方面的资料。

5. 取价依据。

（1）SX县林业税费政策与相关规定；

（2）SX县近年来营林生产、林木采伐、木材销售等生产经营资料；

（3）委托人提供的森林资源资产清单、经营管理等资料；

（4）福建GX资产评估土地房地产估价有限公司价格信息资料库；

（5）评估人员收集的其他与价值评估相关资料。

6. 参考资料及其他。

（1）林业测树经营数表模型；

(2) 评估人员现场勘察、市场调研及询证的相关资料；

(3) 国家有关部门颁布的统计资料和技术标准资料，以及评估机构收集的其他有关资料。

(七) 评估方法

按《森林资源资产评估技术规范》(LY/T 2407—2015)、《资产评估执业准则——森林资源资产》和福建省人民政府及林业部门的相关规定，分别用材林的不同树种、龄组采用不同的评估方法，本次评估对象分别为人工用材林近熟林、成熟林、过熟林，人工用材林成熟林、过熟林采用木材市场价倒算法评估，人工用材林近熟林采用收获现值法评估，详细内容见资产评估说明。

1. 木材市场价倒算法。

人工用材林成熟林、过熟林采用木材市场价倒算法评估，技术思路是：林分成熟，已可主伐利用，将林分主伐时的木材销售总收入，扣除木材生产经营成本、税费、木材生产段的合理利润及林地使用费后，将其剩余值作为森林资源资产评估值。

2. 收获现值法。

人工用材林近熟林采用收获现值法评估，技术思路是：预测林分主伐时所得到的纯收入（已扣除木材生产成本、税费、合理的经营利润及林地使用费），将其折为现值，再扣除从现在到主伐之间的年管护费用现值合计，其剩余值作为森林资源资产的评估值。

详细内容见资产评估说明。

(八) 评估程序实施过程和情况

评估时间从 2018 年 4 月 17 日至 2018 年 5 月 7 日，经过接受委托、资产清查、评定估算、评估汇总、提交报告等过程。具体步骤如下：

1. 接受委托。

我们在接受委托后，向委托人了解有关情况，明确评估目的、评估对象和范围，与委托人签署业务约定书，共同确定评估基准日。

2. 组建评估项目组和制定评估方案。

根据委估森林资源资产的分布情况、特点并结合项目的整体时间要求，我公司成立评估项目组。为了保证质量，统一评估方法和技术参数，我们针对本项目实际情况和资产分布的特点，在对委估森林资源资产进行前期调研后制定了本项目资产评估工作方案。

3. 资产清查和资料收集分析。

在委托人和被评估单位如实申报资产并对待评估资产进行全面自查的基础上，评估人员对其所提供的森林资源资产清单进行核查、询证、统计分析，验证委托评估的森林资源资产的真实性和准确性，编制森林资源资产实物量统计表。

收集当地有关的林业生产技术经济指标、成本核算资料、有关产品价格和税费、林业生产投资收益率、林分生长模型以及各种测树经营数表等资料，并就森林资源经营管理、技术经济指标等与评估相关的事项进行市场调研和询证。

4. 评定估算和评估汇总。

评估人员依据针对本项目特点制定的评估方案，结合实际情况确定各类资产的作价原则、评估方法和技术参数，进行评定估算工作，编制资产评估明细表，形成评估结果。

5. 编制和提交评估报告。

在上述工作的基础上，起草资产评估报告书初稿。我公司内部对评估报告初稿和工作底稿进行审核后，与委托人就评估报告有关内容进行了必要沟通。在全面考虑有关意见后，对评估结论进行必要的调整、修改和完善，然后重新按我公司内部资产评估报告审核制度和程序对报告进行了认真审核后，由福建GX资产评估土地房地产估价有限公司出具正式评估报告向委托人提交。

（九）评估假设

本次评估是基于以下一系列假设基础之上的：

1. 公开市场假设：公开市场是指充分发达与完善的市场条件，一个有自愿的买者和卖者的竞争性市场，在这个市场上，买者和卖者的地位是平等的，彼此都有获取足够市场信息的机会和时间，委估对象在市场上有足够的展示时间，当事人双方应各自精明，谨慎从事，交易行为都是在自愿的、理智的，而非强制或不受限制的条件下进行；

2. 本次评估测算各项参数取值均按基准日取值，因此未考虑通货膨胀因素；

3. 影响企业经营的国家现行的有关法律、法规及企业所属行业的基本政策无重大变化，宏观经济形势不会出现重大变化；企业所处地区的政治、经济和社会环境无重大变化；

4. 国家现行的银行利率、汇率、税收政策等无重大改变；

5. 无其他不可预测和不可抗力因素造成的重大不利影响；

6. 本次评估测算价值为一次性支付价值总额，以正常管护和持续经营为前提条件，为评估范围内现有林分主伐皆伐收益现值，不包含采伐后林地使用权价值，并假设于评估基准日（或达主伐年龄时）能如期采伐，未考虑延迟采伐对评估价值的影响，没有考虑采伐限额指标等政策对资源采伐的影响，评估价值未包含列入评估范围的小班内毛竹的价值；

7. 本次评估所涉及的木材价格、生产成本、出材率、山场作业条件、经营成本等，均按SX县林业建设投资公司现有林分生长及经营管理的平均水平结合被评估小班的具体情况确定；

8. 评估中小班各树种的蓄积量按树种组成系数确定，分别树种计算评估值并相加作为小班的森林资源资产评估值。

（十）评估结论

SX县林业建设投资公司申报的拟用于转让的森林资源资产在满足本报告假设前提和限制条件下于评估基准日的市场价值为人民币大写柒佰柒拾肆万陆仟玖佰元整（￥774.69万元）。具体评估值详见《SX县林业建设投资公司森林资源资产清查评估明细表》。

福建GX资产评估土地房地产估价有限公司

资产评估师：

法定代表人：

二〇一八年五月七日

第三节　林地资产与负债的识别与计量

根据我国《森林资源规划设计调查主要技术规定》（2003 年），土地类型分为林地和非林地两大地类。其中，林地划分为 8 个地类，即，有林地、疏林地、灌木林地、未成林造林地、苗圃地、无立木林地、宜林地、辅助生产林地。

一、划分标准

（一）林地

1. 有林地

连续面积大于 0.067hm^2、郁闭度 0.20 以上、附着有森林植被的林地，包括乔木林、红树林和竹林。

（1）乔木林：由乔木（含因人工栽培而矮化的）树种组成的片林或林带。其中，乔木林带行数应在 2 行以上且行距≤4m 或林冠冠幅水平投影宽度在 10m 以上；当林带的缺损长度超过林带宽度 3 倍时，应视为两条林带；两平行林带的带距≤8m 时按片林调查。

乔木林分为纯林和混交林：

①纯林：一个树种（组）蓄积量（未达起测径级时按株数计算）占总蓄积量（株数）的 65% 以上的乔木林地。

②混交林：任何一个树种（组）蓄积量（未达起测径级时按株数计算）占总蓄积量（株数）不到 65% 的乔木林地。

（2）红树林：生长在热带和亚热带海岸潮间带或海潮能够达到的河流入海口，附着有红树科植物和其他在形态上和生态上具有相似群落特性科属植物的林地。

（3）竹林：附着有胸径 2cm 以上的竹类植物的林地。

2. 疏林地

附着有乔木树种，连续面积大于0.067hm^2、郁闭度在0.10—0.19的林地。

3. 灌木林地

附着有灌木树种或因生境恶劣矮化成灌木型的乔木树种以及胸径小于2cm的小杂竹丛，以经营灌木林为目的或起防护作用，连续面积大于0.067hm^2、覆盖度在30%以上的林地。其中，灌木林带行数应在2行以上且行距≤2m；当林带的缺损长度超过林带宽度3倍时，应视为两条林带；两平行灌木林带的带距≤4m时按片状灌木林调查。

（1）国家特别规定灌木林：按照国家林业局关于参加森林覆盖率计算灌木林的有关规定执行。

（2）其他灌木林：不属于国家特别规定的灌木林地。

4. 未成林造林地

（1）人工造林未成林地：人工造林（包括植苗、穴播或条播、分殖造林）和飞播造林（包括模拟飞播）后不到成林年限，造林成效符合下列条件之一，分布均匀，尚未郁闭但有成林希望的林地：

①人工造林当年造林成活率85%以上或保存率80%（年均等降水量线400mm以下地区当年造林成活率为70%或保存率为65%）以上；

②飞播造林后成苗调查苗木3 000株/hm^{2}以上或飞播治沙成苗2 500株/hm^{2}以上，且分布均匀。

（2）封育未成林地：采取封山育林或人工促进天然更新后，不超过成林年限，天然更新等级中等以上，尚未郁闭但有成林希望的林地。

5. 苗圃地

固定的林木、花卉育苗用地，不包括母树林、种子园、采穗圃、种质基地等种子、种条生产用地以及种子加工、储藏等设施用地。

6. 无立木林地

（1）采伐迹地：采伐后保留木达不到疏林地标准、尚未人工更新或天然更新达不到中等等级的地。

（2）火烧迹地：火灾后活立木达不到疏林地标准、尚未人工更新或天然更新达不到中等等级的地。

（3）其他无立木林地。

①造林更新后，成林年限前达不到未成林造林地标准的林地；

②造林更新到成林年限后，未达到有林地、灌木林地或疏林地标准的林地；

③已经整地但还未造林的林地；

④不符合上述林地区划条件，但有林地权属证明，因自然保护、科学研究等需要保留的土地。

7. 宜林地

经县级以上人民政府规划为林地的土地。

（1）宜林荒山荒地：未达到上述有林地、疏林地、灌木林地、未成林造林地标准，规划为林地的荒山、荒（海）滩、荒沟、荒地等。

（2）宜林沙荒地：未达到上述有林地、疏林地、灌木林地、未成林造林地标准，造林可以成活，规划为林地的固定或流动沙地（丘）、有明显沙化趋势的土地等。

（3）其他宜林地：经县级以上人民政府规划用于发展林地的其他土地。

8. 辅助生产林地

直接为林业生产服务的工程设施与配套设施用地和其他有林地权属证明的土地，包括：

（1）培育、生产种子、苗木的设施用地；

（2）贮存种子、苗木、木材和其他生产资料的设施用地；

（3）集材道、运材道；

（4）林业科研、试验、示范基地；

（5）野生动植物保护、护林、森林病虫害防治、森林防火、木材检疫设施用地；

（6）供水、供热、供气、通讯等基础设施用地；

（7）其他有林地权属证明的土地。

（二）非林地

非林地指林地以外的农地、水域、未利用地及其他用地。

二、林地资产评估概述

林地是林业生产的基础，林地资产是森林资源资产的主要构成之一。

林地资产是可以单独经营的商品。在我国，林地资产是所有权禁止买卖，而经营权可有偿转让的特殊商品。

（一）林地资产的特点

1. 有限性

林地是不可再生的资源，其资源在一个地区、一个国家乃至地球上总是有限的，可作为资产的林地更为有限。

2. 差异性

林地的差异性极大，除了其本身内在的生产潜力差异外（即立地质量等级），它还存在地利等级，即生产运输成本上的差异。

3. 固定性

林地资产也与所有的土地资产一样，它的位置是固定不可移动。因而附属于该位置的温度、湿度、光照、降雨等均有一定的状态，它们构成了土地的自然地理位置，也影响土地的生产潜力。

4. 易变性

林地范围的界定是人们根据土地的植被、用途参照有关政策和法规界定的，因而是人为规定的。随着林地上植被的变化，林地很容易变为其他地产。林地的地利等级、立地质量等级的提高，经济效益上升，一些非资产的林地转化为林地资产。因此，在林地资产的评估中，首先就必须界定林地资产的范围。

5. 依附性

林地资产是基础性资产，它的资产是通过在其上生长的植被来确定的，因此林地资产的评估脱离不了林地上的林木。

（二）林地地租

地租主要由绝对地租和级差地租两部分构成。

1. 级差地租

级差地租是指经营较优土地所获得的，并归土地所有者占有的那一部分超额利润。

级差地租Ⅰ是林地立地质量的差异以及由于地理位置的差异形成所获得的超额利润级差地租Ⅰ。

级差地租Ⅱ是林地使用期内，由于经营者增加投入，实行集约经营，使林地的生产力或地利等级提高而产生的超额利润，即为级差地租Ⅱ。

2. 绝对地租

绝对地租是指土地所有者凭借对土地的所有权，无论土地质量如何，都能获得的最低租金。即使是最劣等的土地，只要被使用，土地所有者也能收取这一租金。其产生原因在于土地私有权的垄断，导致无论土地条件如何，使用者都必须支付租金才能获得土地使用权。

（三）林地使用权

狭义的林地使用权是指依法对林地的实际使用。

广义的林地使用权是含有林地占有权、狭义的林地使用权、部分收益权和不完全处分权的集合。

通常所说的林地使用权也是指广义的林地使用权，它是指林地使用者通过国家（林地所有者）有偿取得林地后依法进行使用或依法对其使用权进行出让、出租、转让、抵押、投资的权利，是林地使用权的法律体现形式。

林地使用权是我国林地使用制度在法律上的表现。林地使用权的设定必须依法成立，任何人无论以何种方式取得林地使用权都必须得到法律认可，否则为非法占用他人林地。由于林地使用权是以他人林地为客体的权利，因此，林地使用权人一般须向林地使用权出让人支付林地使用权价格。

（四）林地资产评估的性质

林地资产评估实质上是对林地使用权价格的评估，林地使用权是林地使用者依法对林地进行使用或依法对其使用权进行出让、出租、转让、抵押、投资的权利。根据有关法律规定，我国的林地部分归集体所有，其余的归国家所有，使用者并无土地所有权。

林地资产评估的目的是估计特定区域内的林地在某个时间的使用权的价格，为林地使用权的出让、转让、出租、抵押、投资、合股经营、拍卖提供依据。“林地，包括郁闭度零点二以上的乔木林地及竹林地、灌木林地、疏林地、采伐迹地、火烧迹地、未成林造林地、苗圃地和县以上人民政府规划的宜林地”。在林地中具有资产属性的均为林地资产。由于林地资产的依附性，对林地资产的评估（林地使用权的评估），实质上是根据经营林地上植被产生的超额的利润，作为林地的收益，以此为基础进行林地资产评估在一些无立木的林地上如采伐迹地、火烧迹地、国家规划的宜林地，则必须为其选择最适用的植被、平均的经营水平，来进行评估。由于林地的依附性和林木资产的多效益性，林地资产产生的直接经济效益是较低的，尤其是防护林和用材林的林地使用权价格十分低下，是各类土地使用权中价格最低的一种。按福建现行的生产水平和有关技术经济指标，其年地租为50—150元/(公顷·年)，十分低下，而在福建南部的经济林经营中，年地租一般为150—1 200元/(公顷·年)，两者的差异较大。

（五）影响林地价值的因子

林地是通过生产木材和其他林产品来实现它的价值。因此，在估计这种价值时必须对这些森林的收获进行长期的测定，即对林地未来的收益（林地本身的贡献）进行预测。在预测中有许多因素对其结果发生影响，它们分别是：

1. 林学质量

林学质量通常也称为立地质量，一般受下列因子所决定：

①土层厚度；

②腐殖质层厚度；

③土壤质地；

④海拔高度；

⑤坡位；

⑥坡向；

⑦坡形；

⑧地势。

由于影响林学质量的因素较多，且这些因素多有交叉的配置，因此在调查中经常简单地把立地质量分为四个立地条件类型：Ⅰ肥沃类型；Ⅱ较肥沃类型；Ⅲ中等肥沃类型；Ⅳ瘠薄类型。

2. 经济质量

经济质量主要是指林地的经济位置，它通常以影响木材生产成本的因素作为主要指标，如以近期内道路是否能达到小班的可及度。

即可及小班——道路已达到该小班内或小班附近，小班内采伐的木材，不要修建道路即可运出；

将可及小班——近期内道路可延伸至小班或小班附近，小班安排采伐仅需修建少量的道路（木材生产成本可承受得了的投资）即可运出；

不可及小班——期内道路无法延伸到小班附近，采伐木无法运出。

从木材生产成本费用的开支分析中可知，在各项木材生产成本中集材成本和运输成本的开支变幅极大。因此，在森林资产的评估中，评定林地的经济质量必须根据木材运输的成本来划分地利等级。区位等级也是反映土地经济质量的一种重要指标，它是按土地所在县（市）经济发展水平和交通运输条件进行分级，并确定各个等级的地域系数，以该系数来修正林地的价格。该方法来自城镇国有土地的评估，简单易行，因此，广东省国有资产管理办公室和林业厅共同制订的《广东森林资源资产评估程序与方法》中将其引入林地评估，用区位等级来代替地利等级，编制了立地系数表和地域系数表，并确定其标准地价为 3 021 元/hm^2（见表 9－1 和表 9－2）。

表 9－1　　立地系数表（基准年 20 年）

等级	每公顷出材量	立地系数
好	$60m^3$	1.4
中	$42.3m^3$	1.0
差	$33.8m^3$	0.8

表 9－2　　地域系数表

区位等级	1	2	3	4	5	6	7	8	9	10
地域系数	6.0	5.5	5.0	4.0	3.0	2.4	1.9	1.5	1.2	1.0

3. 森林经营的方式及强度

从经营方式看，经营不同的林种如经营用材林或经济林，其经营的目的不同，经营的经济效益也有很大的差别。

从经营树种看，经营不同的树种，经济价值相差较大。

从经营强度看，集约经营与粗放经营经济效益有很大的差别。

4. 林产品的市场价格

林地资产价值与林产品的价格息息相关，它经常以林地上林产品的产值扣除了成本、税费后的纯收益为基础进行测算的。林产品的市场价格提高，对应的林地资产的价格也高。

5. 生产周期及利率

（1）是确定森林经营的时间期限。

轮伐期的确定通常是以林木的工艺成熟龄或经济成熟龄作为确定的主要依据，是根据当地需材材种的要求以及经营单位的经济和经营类型的龄级结构来综合考虑确定的。择伐周期在理论上是以林木的生长率、择伐的强度，通过公式计算的。

（2）是确定评估中所要采用的利率。

在森林资产的评估中，采用的利率是较低的。因为评估中各计算公式所采用的成本支出，或者经营收入，均以现在的价格进行计算，其采用的利率必须从现行的商业利率中扣除通货膨胀率，仅由纯利率和经营的风险率两部分构成。由于经济利率是较稳定的，因此所采用利率的变化主要由经营项目的风险率决定。

6. 有林地与无林地的差别

在有林地上，本周期内的经营树种、经营方式和强度均已确定。在本周期内的土地收益必须根据现有状态确定，只有在下一轮伐期后才能改变其经营的种类与方式。而无林地从评估时就必须为其确定较适合的经营树种、经营方式和强度。此外，对有林地的更新，其成本一般要低于无林地的造林。这些因子都使有林地的价值产生差别。

7. 评估时间与交易案例时间的差异

在森林资产的评估中使用现行市价法时，经常无法寻找到近期的交易案例，这样使用的案例的交易时间与评估时间有较长的时间间隔，不同的时期市场的物价水平不同，也许是涨了（通货膨胀）、也许是跌了（通货紧缩），这样相同的林地，在不同时期其价值是有所不同的，利用不同时期的交易案例，必须根据市场的物价水平进行调整。

8. 作林地使用，还是改变林地的用途

林地由于其上生长着的林木对改善人类的生存环境有着巨大的作用，其生态、社会的效益较大，而经济的收益相对较低。因此，在林地评估时，是否改变林地的用途对林地的价格影响极大。改变用途的林地一般增值较大，必须用改变后用途来计算其收益，评估其价值。

9. 林地交易的迫切性

林地交易是否迫切，林地的出售是否有竞买者，这对林地的价格有一定的影响。在通常情况下，林地出售的竞买者很少，而林地所有者对林地的出售也不迫切。如果有较多的竞买者，林地价格就可能升高，而如果林地所有者对交易要求迫切，则林地价格就可能下降。

三、评估方法

（一）林地资产评估的基本方法

现行市价法：适用于各类林地资产；

林地期望价法：适用于用材林地、薪炭林地、经济林地、竹林地、疏林地、未成林造林地、灌木林地、采伐迹地、火烧迹地和国家规划的宜林地等林地资产评估；

年金资本化法：林地年租金相对稳定的林地资产可采用；

林地费用价法：评估有限期转让的林地资产可采用有限期林地费用价

法评估，适用于苗圃地等林地资产评估；

比例系数法：适用于异龄林林地评估。

1. 现行市价法

现行市价法是以相同或类似资产的现行市价作为比较基础，估算被评估资产评估价值的方法。其计算公式为：

$$E_n = K \times K_b \times G \times M \tag{9-13}$$

其中：

E_n ——资产评估值；

K ——质量调整系数；

K_b ——物价指数调整系数；

G ——林地单位面积交易价格；

M ——林地资产评估总面积。

在实际应用中其质量系数常由立地质量系数与地利等级系数构成。

立地质量修正系数：

$$K_1 = \frac{\text{评估对象立地等级的标准林分在主伐时的蓄积量}}{\text{参照林地立地等级的标准林分在主伐时的蓄积量}} \tag{9-14}$$

地利等级修正系数：

$$K_2 = \frac{\text{现实林分主伐时的立木价}}{\text{参照林分主伐时的立木价}} \tag{9-15}$$

物价指数调整系数常用两个评估基准日时的木材销售价格比值替代。

$$K_3 = \frac{\text{评估基准日的木材销售价格}}{\text{交易案例评估基准日的木材销售价格}} \tag{9-16}$$

其他因子的修正值 K_4 只能按其实际情况进行评分，将综合的评分值确定一个修订值的量化指标。

$$B_u = K_1 \times K_2 \times K_3 \times K_4 \times G \times S \tag{9-17}$$

2. 林地期望价法

林地期望价法以实行永续皆伐为前提，从无林地造林开始计算，将无穷多个轮伐期的纯收益全部折为现值累加求和，作为林地的评估值。其计算公式为：

$$B_u = \frac{A_u + D_a(1+P)^{u-a} + D_b(1+P)^{u-b} + \cdots - \sum C_i(1+P)^{u-i+1}}{(1+P)^u - 1} - \frac{V}{P} \qquad (9-18)$$

其中：

B_u——林地资产评估值；

C_i——第 i 年投入的营林生产直接费用（包括整地、栽植、抚育等费用）；

A_u——现实林分第 u 年主伐时的纯收入（指木材销售收入扣除采运成本、销售费用、管理费用、财务费用、有关税费、木材经营的合理利润后的部分）；

D_a、D_b——现实林分第 a、b 年的间伐纯收入；

U——经营周期；

V——年均营林生产间接费用（包括森林保护费、营林设施费、良种实验费、调查设计费、基层生产单位管理费、场部管理费用和财务费用）；

P——利率。

林地期望价公式与收获现值法公式的区别。

收获现值法公式：

$$E_n = K \times \frac{A_u + D_a(1+P)^{u-a} + D_b(1+P)^{u-b} + \cdots}{(1+P)^{u-n}} - \sum_{i=n}^{u} \frac{C_i}{(1+P)^{i-n+1}} \qquad (9-19)$$

请注意两者分母的不同：注意 C_i的不同，式（9－18）中 C_i为无林地造林至郁闭的造林成本，式（9－19）中的 C_i则等同于式（9－18）中的 V 为每年的管护成本。

其他计算过程和注意点与中龄林资产评估基本类似（此处略）。

3. 年金资本化法

年金资本化法是将被评估的林木资产每年的稳定收益作为资本投资的收益，按适当的投资收益率估算林木资产评估价值的方法。其计算公式为：

$$B_u = A/P \qquad (9-20)$$

其中：

B_u——资产评估值；

A——年平均纯收益；

P——投资收益率。

当林地使用权有期限转让时，按以下公式计算林地使用权价格：

$$B_n = B_u \times [(1+P)^{n-1}]/(1+P)^n$$
$$= A \times [(1+P)^{n-1}]/[P \times (1+P)^n] \tag{9-21}$$

其中：

B_n——林地使用权有期限转让价格；

B_u——林地评估值（使用权无期限转让评估值）；

P——利率；

n——林地使用权转让年数。

4. 林地费用价法

林地费用价法是以取得林地所需的费用和把林地维持到现在状态所需的费用来估算林地评估值的方法。其计算公式为：

$$B_u = A(1+P)^n + \sum_{i=1}^{n} M_i(1+P)^{n-i+1} \tag{9-22}$$

其中：

B_u——林地资产评估值；

A——林地购置费；

M_i——林地购置后，第 i 年林地改良费；

n——林地购置年数；

P——利率。

5. 比例系数法

设某片 $10hm^2$ 的阔叶异龄林承包期已满，在新的承包合同签订前要求对其林地资产价格进行评估，并在这一基础上确定新的地租租金。

（1）收益现值计算。

据调查该片异龄林的择伐周期为 10 年，每次择伐每公顷可出材 $45m^3$，每立方米纯收入 250 元，每年分摊的管护费为 45 元/hm^2，利率为 6%，择伐强度为 30%。

（2）比例系数确定。

据福建省现行政策，林价中的山价（地租）部分所占份额为10%—30%，平均为20%。

（3）计算地价与地租。

$$B_n = \frac{A_n}{(1+p)^n - 1} - \frac{E}{P} = \frac{250 \times 45}{1.06^{10} - 1} - \frac{45}{0.06} = 13\ 475;$$

地价：$B_u = B_n \times K = 13\ 475 \times 0.20 = 2\ 695$ 元/hm²；

地租：$F = B_u \times p = 2\ 695 \times 0.06 = 162$ 元/hm²。

（二）经济林林地资产评估

经济林林地资产评估由于其上的经营方式不同于用材林，评估的方法也不同于用材林。经济林评估的方法主要有林地期望价法、年金资本化法、现行市价法。

1. 林地期望价法

经济林是将经济林在无穷多个经济寿命期的纯收益（扣除了正常成本利润）全部折为现值作为林地的价格。在计算时先把各年的收入和支出（含成本利润）折算为经济寿命期末的后价，然后根据无穷递缩等比级数的求和公式将其求和。

其公式为：

$$B_u = \frac{\sum_{i=1}^{u} A_i (1+p)^{u-i+1} - \sum_{i=1}^{u} C_i (1+p)^{u-i+1}}{(1+p)^u - 1} \tag{9-23}$$

其中：

A_i——各年销售收入；

C_i——各年的经营成本（含税、费及合理利润）；

u——经济寿命期；

B_u——林地期望价。

该公式必须预测各年度的收益和经营成本，计算较困难，为了便于计算，可假设造林的成本相同，盛产期收入相同，盛产前期的销售收入相近，每年的经营成本大体相同。这样该公式可简化为：

$$B_u = \frac{A_n \times [(1+p)^n - 1] \times (1+p)^{u-n} \times p^{-1} + A_m \times [(1+p)^m - 1] \times p^{-1} - C \times (1+p)^u}{(1+p)^u - 1} - \frac{V}{P} \qquad (9-24)$$

2. 年金资本化法

林地地价的年金资本化法是以林地每年的平均纯收入（地租）作为投资的收益额（利息），以当地该行业的平均投资收益率作为利率，来求算其本金—地价的方法。

其计算公式为：

$$B_u = \frac{A}{P} \qquad (9-25)$$

其中，A 为年平均地租，P 为投资收益率。

3. 现行市价法

现行市价法是以在市场上已成交的类似的林地价格作为参照物，然后确定待评估资产的价格的方法。在所有林种的林地资产评估中现行市价法的公式都相同，但在经济林林地资产的评估中比用材林更为复杂。其考虑的因子除了立地质量和地利等级外，还应考虑其上经济林树种、品种、年龄和经营年限。

（三）竹林林地资产评估

竹林林地资产评估是使用收益比例系数法、年金资本化法和现行市价法进行。

1. 收益比例系数法

竹林是异龄林，其立竹的重置成本测算困难，无法准确划分哪些是林地产生的价值，哪些是立竹产生的价值。因此竹林的林地资产评估和立竹的资产评估一样经常借助比例系数法。其比例系数通常选用当地用材林经营中地租收入占经营总收益的百分比。直接用这一比例系数乘以竹林的总价值，就得到竹林林地资产的价值。

2. 年金资本化法

竹林林地资产的年金资本化法仅在竹林的经营者已明确每年交纳稳定

的地租时采用。

3. 现行市价法

各林种林地的现行市价计算的公式都相同，但在竹林林地价测算时必须注意参照的成交案例与待评估资产在年龄结构、均匀度、整齐度、立竹度、经营级、生长级的差异。根据这些差异综合确定其调整系数的K值，用K值对参照的成交案例的评估结果进行修正。通过对三个以上案例的测算，最后综合确定其评估结果。

（四）其他地类林地资产评估

其他地类的林地资产是指有林地以外的各地类的林业用地资产。它主要包括疏林地、苗圃地、未成林造林地和无林地。灌木林地大多数不具备资产条件，一般不对它进行评估。

1. 疏林地林地资产评估

疏林地是指郁闭度在0.1—0.2的林业用地。疏林地林地评估的方法可以按照用材林的林地资产评估方法，或按无林地的评估方法进行。

按用材林的林地资产评估时，关键是要根据当地的自然条件、经济条件选择最适合的树种，根据培育目的确定一个最适合的森林经营类型，按该类型的森林经营设计，假设在该林永续地进行经营，来评估林地的价格。

按无林地进行评估时，首先要确定适合的林种、树种、经营类型，然后按相应的评估方法进行评估。具体参阅无林地的林地资产评估。

2. 苗圃地资产评估

苗圃地是林业用地中最小的地类，固定苗圃地通常是农用地，而且是水肥条件较好的农用地改造而成，在经营的过程中为了减轻病虫害的发生，经常需要与农作物（水稻）进行轮作。因此，在苗圃地的评估中借用农用地的评估方法，并借用相似的农用地的经济指标。

（1）现行市价法。

现行市价法也称市场成交价比较法，它是以具有相同或类似条件的林地的现行市场的成交价作为比较基础，估算林地评估的方法。在苗圃地的评估中，其计算公式与一般林地资产评估所用的公式相同：

$$B_u = K \cdot K_b \cdot G \cdot S \qquad (9-26)$$

其中：

B_u——林地资产评估值；

K_u——苗圃地立地质量综合调整系数；

K_b——物价指数调整系数；

G——参照案例的交易价格；

S——待评估苗圃地的面积。

（2）收益现值法。

$$B_u = \frac{A}{P} \qquad (9-27)$$

其中，R 为苗圃地上种植粮食的年纯收入（已扣除劳动工资、生产成本及税金费等费用）。

该法计算简单，资料来源容易，是最简单的评估方法。但在使用该法时要注意：

①年纯收入 R 值的计算；

②如果苗圃地种的是经济林木或绿化苗，其收益值明显高过种粮食的收益值时，可将其地价适当调高；

③如果年地租是明确，而且基本合理的，其承租的合同期又较长，则可直接取 R = 地租，进行测算。

（3）林地费用价法。

在苗圃地的评估中，取得林地所需的费用是指征占用苗圃地时所支付的成本；把林地维持到现在状态所需费用是指将原购置的土地改为苗圃地时的土地改良费，包括修路、平整、修建排灌设施的费用。

公式为：

$$B_u = A(1+p)^n + K\sum_{i=1}^{n} M_i(1+p)^{n-i+1} \qquad (9-28)$$

其中：

A——林地购置费；

M_i——苗圃地购置后第 i 年投入的林地改良费；

n——购置的年限；

p——利率；

K——设施的成新率。

该法一般用于新建的苗圃，其土地购置的成本明确，年设施投入也明确，苗圃生产尚未正常使用。

在使用该法时必须注意：

①林地的购置费 A，在有条件时应尽可能采用重置成本。如无法进行重置，而采用历史成本时，其测算用的利率必须包括通货膨胀率。

②如果林地购置后一直在经营，则当 A 是重置成本时，不再加算利息；当 A 是历史成本时，其 P 含有通货膨胀率（即按通货膨胀将其购置成本重置）。

$$B_u = A(1+p)^n + K\sum_{i=1}^{n} M_i(1+p)^{n-i+1} \tag{9-29}$$

③如果林地购置后一直在进行改良而未正式生产，当 A 是重置成本价时，P 是不含通货膨胀的低利率；当 A 是历史成本时，则 P 可采用市场利率。

④K 为苗圃设施的成新率，它等于 1 减去折旧率。在评估时必须确定苗圃中各项设施的使用寿命，计算其折旧率，或直接计算其成新率。

3. 未成林造林地林地资产评估

未成林造林地是指人工造林后 3～5 年，飞机播种 5～7 年、造林保存株数大于或等于 80%，尚未郁闭，但有成林希望的林地。

未成林造林地上的林木通常按用材林幼林的评估方法进行评估，而其林地资产也是按用材同龄林林地评估的方法进行评估。

4. 无林地林地资产评估

无林地包括采伐迹地、火烧迹地、宜林的荒山荒地、沙荒地等。评估时，首先要对无林地资产范围进行界定；其次，在界定为资产的无林地上要确定营造什么林种、什么树种，确定其经营水平和各项技术措施；再次，进行经营的财政分析，预测其收获量，分析各项投入和收入；最后，确定其林地的价格。无林地的定价通常可用收益现值法、市场价法、清算价格法来确定。

（1）收益现值法。

无林地的收益现值法在选定了林种和树种后，一般用材林按同龄林林地资产评估方法进行，其他林种按相应各林种的评估方法进行。

（2）市场价法。

应考虑二级地类的差异，如是采伐迹地还是荒山荒地。在同样的立地质量和地利等级时，迹地的价格要高于荒山的价格。至于其他各因素的修正，无林地林地资产的市场价评估与其他林地相同。

（3）清算价格法。

在确定清算价格时必须考虑：

①该无林地的立地质量；

②该无林地的地利等级；

③当地最适合的经营方式及获利水平；

④买主数量的多少及其经济实力。

在对上述因素进行详细分析后，还必须根据使用权转让的形式来决定其价格，如将荒山拆零进行“拍卖”，其底价一般定价较低，以避免失去买主，其实际的拍卖价通常是大大高出底价。如是整体转让，则应以当地当时的市场价为基础进行适当的折扣，其价格一般保持中等偏低水平，以防资产严重流失。

5. 转为它用的林地资产评估

改变用途的林地资产评估，必须根据改变后的土地利用状态进行，而不能按原林地评估的方法和技术经济指标来测算。这类林地评估的方法主要有市场价比较法和剩余价值法。

（1）市场价比较法。

改变用途的林地市场价比较法的参照物不是附近的林地，而是附近改变用途的相类似土地。

（2）剩余价值法。

剩余价值法又称为倒算法。其基本思路是在确定了土地的利用方式的基础上，预测土地未来的总收益，扣除开发总成本以及一定的投资利润、税收，其余额为土地使用权价格，即地价，计算公式为：

$$B = A - M - N - L \quad (9-30)$$

其中：

A——土地开发的总收益；

M——土地开发的总成本；

N——投资的合理利润；

L——各种税、金、费支出。

第四节　森林生态系统服务资产与负债的识别与计量

2020 年国家林业局发布《森林生态系统服务功能评估规范》的国家标准（GB/T 38582—2020），将森林资源的生态服务价值划分为保育土壤、涵养水源、积累营养物质、森林防护等九个部分，九个部分的生态服务价值在维持生态系统稳定、服务人类社会的同时，也产生巨大的经济效益。值得注意的是，由于此前众多学者和单位在测算森林资源生态效益的相关数据时以 2008 年发布的行业标准《森林生态系统服务功能评估规范》（LY/T 1721—2008）为规范指引，因此，为保证口径相互一致与数据的可对比性，本书除了此节外，在讨论森林资源的生态服务价值、测算森林资源生态效益时仍主要参考 2008 年发布的行业标准《森林生态系统服务功能评估规范》（LY/T 1721—2008）。

一、森林生态服务功能及其价值量评估

（一）保育土壤

保育土壤是指在凋落层和活地被物的作用下，降水被层层截留，减弱雨水对地表土的冲刷。保育土壤功能主要体现在固土和保肥两个方面，森林通过其庞大的根系网络与土壤盘结在一起，较少地表径流和降水对土壤

的冲刷，同时，其根系通过改变土壤通透性，在养分循环过程中增加了土壤的有机质，提高土壤肥力。固土和保肥对于人类经济生活具有重大影响，以农业种植业为例，农作物的种植需要适宜的土壤，高质量的土壤能为农业带来巨大的经济效益，因而，森林资源的保育土壤功效具有巨大经济价值，其价值量评估如下：

固土：

$$U_{固土} = \frac{AC_{土}(X_2 - X_1)}{\rho} \quad (9-31)$$

其中，$U_{固土}$指林分年固土价值（元/a），A 指林分面积（hm^2），$C_{土}$ 指挖掘和运输单位体积土方所需费用（元/m^3），X_2 指无林地土壤侵蚀模数（$t \cdot hm^2 \cdot a^{-1}$），$X_1$ 指林地土壤侵蚀模数（$t \cdot hm^2 \cdot a^{-1}$），ρ 指林地土壤容重（$t \cdot m^{-3}$）。

保肥：

$$U_{肥} = A(X_2 - X_1)\left(\frac{NC_1}{R_1} + \frac{PC_1}{R_2} + \frac{KC_2}{R_3} + MC_3\right) \quad (9-32)$$

其中，$U_{肥}$ 表示林分年保肥价值（元/a），X_2 为无林地土壤侵蚀模数（$t \cdot hm^2 \cdot a^{-1}$），$X_1$ 为林地土壤侵蚀模数（$t \cdot hm^2 \cdot a^{-1}$），N、P、K 分别表示林分土壤平均氮、磷、钾含量（%），C_1、C_2、C_3 分别表示磷酸二铵化肥、氯化钾化肥和有机质的价格（元/t），R_1、R_2、R_3 分别表示磷酸二铵化肥含氮量、磷酸二铵化肥含磷量和氯化钾化肥含钾量（%），M 为林分土壤有机质含量。

（二）林木养护固持

林木养护固持主要涉及了浇水排水、选择适当的树种以及完善林木采伐管理政策等方面。首先，浇水排水是林木养护的重要环节。浇水应根据不同植物生物学特性、树龄、季节、土壤干湿程度确定，每次浇水要浇足浇透。使用水车浇水时，水压不能太大，不能直冲沟土，而是要充足均匀。此外，当气候特别干旱时，除浇足水外，还应增加叶面喷水保湿，减少蒸腾。其次，在选择树种方面，应优先考虑根系发达，固持土壤、抗蚀防崩能力强的树种。例如，红树林和柽柳林都是很好的海岸防护林选择，它们抗污染能力强，根系发达，自我更新能力强。最后，完善林木采伐管理政策也是保证林木养护固持的重要措施。例如，发挥人工商品林自主经营，规模经营的人工商品林可单独编制森林采伐限额，统一纳入年采伐限额管理。这样既能保障森林抚育、退化林修复、林分更新改造等采伐需求，又能促进森林质量提升和灾害防控。

固氮：$U_{氮} = G_{氮} \times C_1$ (9-33)

固磷：$U_{磷} = G_{磷} \times C_1$ (9-34)

固钾：$U_{钾} = G_{钾} \times C_2$ (9-35)

其中，$U_{氮}$ 为评估林分氮固持价值，$U_{磷}$ 为评估林分磷固持价值，$U_{钾}$ 为评估林分钾固持价值（单位：元 · a^{-1}）；$G_{氮}$ 为评估林分年氮固持量，$G_{磷}$ 为评估林分年磷固持量，$G_{钾}$ 为评估林分年钾固持量（单位：t · a^{-1}）；C_1 为磷酸二铵化肥价格（单位：元 · t^{-1}），C_2 为氮化钾化肥价格（单位：元 · t^{-1}）。

（三）涵养水源

涵养水源是指森林植被及地表土对降水进行吸收和存储，从而转为地下水和地表径流的功能，包括调节水量和净化水质两个方面。在丰水期，森林资源通过在降水时对水分的吸收渗透，减少流向大海、咸水湖的水量，增加了地表可利用水的蓄积量，以供生活用水和生产用水；在枯水期，森林资源所涵养的水源逐步放水，增加地表径流流量，缓解旱情，延长丰水期。若森林资源在涵养水源方面不发挥原有的效用，以调节地表径流量为功能的水库为例，利用影子工程法，修建和维护水库需要花费大量的财力物力，因此，森林资源涵养水源的生态服务价值对于人类社会而言，同样具备巨大的经济价值，其价值量评估如下：

调节水量：

$U_{调} = 10C_{库}A(P - E - C)$ (9-36)

其中，$U_{调}$ 指林分年调节水量价值（元/a），$C_{库}$ 指水库建设单位库容投资（元/m^3），A 指林分面积（hm^2），P 指降水量（mm），E 指林分蒸发量（mm），C 指地表径流量（mm/a）。

净化水质：

$$U_{水质} = 10KA(P - E - C) \tag{9-37}$$

其中，$U_{水质}$表示林分年净化水质价值（元/a），K 为水净化费用（元/t），A 为林分面积（hm^2），P 为降水量（mm），E 为林分蒸发量（mm），C 为地表径流量（mm/a）。

（四）固碳释氧

森林资源通过光合作用与大气实现二氧化碳和氧气的交换，减少大气中二氧化碳，增加氧气含量，维持碳氧平衡。2015 年 12 月 12 日，巴黎气候大会上通过《巴黎协定》，以应对随着二氧化碳排放量增加的全球温室效应，要求各缔约方控制温室气体排放量。控制碳排放与发展经济似乎是一对矛盾体，在国际协议和各国法律的约束下，碳排放成为经济生活中不可忽视的一方面，碳排放交易作为经济生活中的新事物随即出现。森林是二氧化碳重要的源和库，其吸收大气中二氧化碳的功用能大量减少大气中的二氧化碳含量，能在碳排放量的约束下，为国家或企业争取更大的碳排放空间，为大力发展经济提供保障。同时，氧气作为人类赖以生存的基础物质，具有多重使用价值，也是工业活动中不可或缺的一部分，森林资源的释氧功用有着巨大的经济效益，其固碳和释氧的价值量评估如下：

固碳：

$$U_{碳} = AC_{碳}(1.63R_{碳}B_{年} + F_{土壤碳}) \tag{9-38}$$

其中，$U_{碳}$ 指林分年固碳价值（元/a），A 指林分面积（hm^2），$C_{碳}$ 指固碳价格（元/t），$R_{碳}$ 指 CO_2 中的碳含量，为 27.27%，$B_{年}$ 指林分净生产力（$t \cdot hm^2 \cdot a^{-1}$），$F_{土壤碳}$指单位面积林分土壤年固碳量（$t \cdot hm^2 \cdot a^{-1}$）。

释氧：

$$U_{氧} = 1.19C_{氧}AB_{年} \tag{9-39}$$

其中，$U_{氧}$ 为林分年释氧价值（元/a），$C_{氧}$ 为氧气价格（元/t），A 为林分面积（hm^2），$B_{年}$ 为林分净生产力（$t \cdot hm^2 \cdot a^{-1}$）。

（五）净化大气环境

净化大气环境指森林植被对二氧化硫、粉尘、氟化物等污染物进行吸收、过滤和分解，减少粉尘和有害气体对人体健康的损害。同时，森林资源能够提供负离子等物质的功能，空气负离子对人体具有重要的保健作用，可促进新陈代谢，调节神经中枢，对高血压、肺气肿等疾病具有一定的治疗作用。不论是吸收污染物，还是提供空气负离子，森林资源的净化大气环境功能可替代部分污染防治手段和医疗手段，具有显著的经济价值。

提供负离子：

$$U_{负离子} = \frac{5.256 \times 10^{15} \times AHK_{负离子}(Q_{负离子} - 600)}{L} \qquad (9-40)$$

其中，$U_{负离子}$ 指林分年提供负离子价值（元/a），A 指林分面积（hm^2），H 指林分高度（h），$K_{负离子}$ 指负离子生产费用（元/个），$Q_{负离子}$ 指林分负离子浓度（个/cm^3），L 指负离子寿命（分钟）。

吸收污染物：

$$U = KQA \qquad (9-41)$$

其中，U 为林分年吸收二氧化硫、氯化物、氮氧化物的价值（元/a），K 为二氧化硫、氯化物、氮氧化物的治理费用（元/kg），Q 为单位面积林分年吸收二氧化硫、氯化物、氮氧化物量（$kg \cdot hm^2 \cdot a^{-1}$），A 为林分面积（$hm^2$）。

（六）森林防护

森林防护是指防风固沙林、护岸林、护路林等防护林降低风沙、干旱、洪水、台风等自然灾害危害的功能。森林资源在林带作用下，能够在台风等大风天气起到降低风速、改变风向的作用，减少大风对自然环境和社会环境的破坏；在洪水等恶劣天气时期，森林资源通过根系吸水，起到生物排水的作用；在干旱时期，起到提高林区湿度，减少蒸发量等调节局部气候的作用。极端气候给人类社会和自然社会带来巨大破坏，森林资源的防护作用能够减少极端气候所引起的直接和间接经济损失，其价值量评估为：

森林防护：

$$U_{防护} = K_{防护} \times G_{防护} \tag{9-42}$$

其中：$U_{防护}$为评估林分防风固沙价值（元·a^{-1}）；$K_{防护}$为固沙成本（元·t^{-1}）；$G_{防护}$的评估林分防风固沙物质量（t·a^{-1}）。

农田防护：

$$U_{防护} = Ka \times Va \times ma \times A_{农} \tag{9-43}$$

其中，$U_{防护}$为评估林分农田防护功能的价值（元·a^{-1}）；Ka 为平均 1hm^2农田防护林能够实现农田防护面积 19hm^2；Va 为农作物牧草的价格（元·kg^{-1}）；ma 为农作物、牧草平均增产量（kg·hm^2·a^{-1}）；$A_{农}$ 为农田防护林面积（hm^2）。

（七）生物多样性

森林生态系统为生物物种的繁衍与栖息提供生存场所，保障生物多样性。生物多样性是人类赖以生存和发展的基础，社会生活和自然生活的方方面面均与生物多样性密切相关。经济生活中的诸多原料、燃料取之于自然，依赖于自然，生物多样性为人类带来巨大的经济收益。维持物种多样性是维持生态系统稳定、维护人类赖以生存和发展的环境的重要保障，也是经济生活中不可或缺的一部分，其价值量评估为：

物种保育：

$$U_{生物} = S_{生} A \tag{9-44}$$

其中，$U_{生物}$表示林分年物种保育价值（元·a^{-1}），$S_{生}$ 表示单位面积年物种损失的机会成本（元·hm^2·a^{-1}），A 表示林分面积（hm^2）。

（八）林木产品供给

林木产品供给分为木材产品与非木材产品，两者的评估方法有所不同。

对于木材产品的评估，主要考虑的因素包括森林资源面积、人工林面积、植树造林和重新造林的面积以及木材产品的采伐量等。具体来说，可以通过市场价值法、生产成本法、替代成本法、收益现值法和生态价值法等方法进行评估。例如，我国已经成为最具影响力的世界林产品生产、贸易和消费第一大国，2018 年，我国木材加工及木材制品制造业产值达 1.3 万亿元，占林业总产值的 17%。

对于非木材产品的评估，主要涉及木本粮食、木本油料以及森林药材等的开发利用。非木质林产品的经济价值提升和市场竞争力增强，可以激发消费升级需求，从而增强林农的经济收入，促进乡村振兴和共同富裕战略目标的实现。同时，非木材林产品的采集量也是评估中需要考虑的重要因素。

总的来说，无论是木材产品还是非木材产品，其价值评估都需要综合考虑多种因素，包括资源的可持续性、市场需求、生产成本等。

木材产品：

$$U_{木材产品} = \sum_{i=1}^{n} A_i \times S_i \times U_i \tag{9-45}$$

其中，$U_{木材产品}$为区域内年木材产品价值（元·a^{-1}）；A_i为第 i 种木材产品面积（hm^2）；S_i 为第 i 种木材产品单位面积蓄积量（$m^3 \cdot hm^2 \cdot a^{-1}$）；$U_i$ 为第 i 种木材产品市场价格（元·m^3）。

非木材产品：

$$U_{非木材产品} = \sum_{j=1}^{n} A_j \times S_j \times U_j \tag{9-46}$$

其中，$U_{非木材产品}$中区域内年非木材产品价值（元·a^{-1}）；A_j 为第 j 种非木材产品种植面积（hm^2）；S_j 为第 j 种非木材产品单位面积产量（$kg \cdot hm^2 \cdot a^{-1}$）；$U_j$ 为第 j 种非木材产品市场价格（元·kg^{-1}）。

（九）森林康养

森林康养是指森林植被吸收大气、土壤中的氮、磷、钾等营养物质，降低地表径流的营养盐含量，防止下游水体富营养化。所谓水体富营养化是指水中的氮、磷等营养盐含量过多而引起的水污染现象，导致单一物种疯狂生长，破坏生态系统物质与能量流动。水体富营养化的治理具有投入成本大、周期长的显著特征，需要花费巨大的财力物力，利用森林资源的积累营养物质功能，是防治水体富营养化的重要生物性措施，其所积累的营养物质通过化学循环释放到周围环境中，增加土壤肥力，具有双重效用，其价值量评估为：

森林康养：

$$U_r = 0.8U_k \tag{9-47}$$

其中：U_r 为区域内年森林康养价值（元 · a^{-1}）；U_k 为各行政区林业旅游与休闲产业及森林康复疗养产业的价值，包括旅游收入，直接带动的其他产业的产值（元 · a^{-1}）；k 为行政区个数；0.8 为森林公园接待游客量和创造的旅游产值约计全网森林旅游总规模的 80%。

二、森林生态系统服务功能评估规范体系及运用评价

尽管 2008 年发布的行业标准《森林生态系统服务功能评估规范》（LY/T 1721—2008）已经在 2020 年正式升级为国家标准（GB/T 38582—2020），但此前众多学者和单位在测算森林资源生态效益的相关数据时以 2008 年发布的行业标准《森林生态系统服务功能评估规范》（LY/T 1721—2008）为规范指引，为保证口径相互一致与数据的可对比性，本书以 2008 年发布的行业标准《森林生态系统服务功能评估规范》（LY/T 1721—2008）进行分析。研究发现，以政府为森林资源资产负债表作为编制主体，要在森林资源资产负债表中反映生态价值，现行生态服务价值计量方法存在以下几点难题，使该方法难以广泛采用。

（一）缺少相关统计基础工作，统计工作量大

如前所述，现行生态服务计量方法具体计量森林资源各方面的生态价值需要详细的测算指标，除“林分面积”“年降水量”“年旅游总收入”等少数指标已有统计基础工作外，其余如林分年蒸散量、林地土壤有机质含量等指标均需要详细测算，指标种类多、测算过程复杂且需要专业的技术手段，同时，森林资源资产负债表的编制需要连续年份的数据，意味着林业部门和统计部门需要持续完成该方法下的一系列指标，其统计工作量之

大，使各级林业部门和统计部门难以开展相关统计工作。

（二）技术难度大、统计成本高

以现行生态服务计量方法进行详细的生态数据统计需要测算“林地土壤容重”“林地土壤含氮、磷、钾量”“林木含氮、磷、钾量”“林分吸收二氧化硫量、氮氧化物量”等内容，具体测算需要较为专业的技术手段，部分还需要在实验室中开展，具体统计时需要付出较高的成本，加上数据需要连续年份进行，意味着各级林业部门和统计部门需要将此部分的测算支出纳入常规的经费预算，其统计成本之高，使各级林业部门和统计部门难以负担。

（三）详细统计只适用于小范围，难以在全地区广泛开展

现行生态服务价值计量方法测算森林资源的生态价值需要该地域“林分年蒸散量”“林地土壤容重”“林地土壤含氮、磷、钾量”“植被和土壤固碳量”等具体的测算数据，其详细的生态价值统计只适用于小范围开展。而小范围的统计数据由于土壤类型、林种、区域植被覆盖率和空气质量等因素的不同而差异显著，小范围的详细统计难以代表全地区的详细情况。全范围统计的工作量之大、成本之高使其统计测算工作不现实，政府财政难以负担，以现有的统计基础工作则难以实现。

三、森林生态服务价值计量方法创新——评估系数调整法

（一）基本公式与计算方法

系数调整法的思路来源于“基准地价”，所谓基准地价是指城镇按不同的土地级别、地段评估和测算商业、住宅、工业用地的土地使用价格，并由人民政府公布的国有土地使用权的平均价格。系数调整法的运行思路总体相似，是通过分析不同地理位置森林资源的自然因素和人文因素差异，以设置“影响因素”的方法计算不同地区森林资源生态服务价值的

调整系数，从而得到目标地区森林资源生态服务价值的一种计算方法。其基本公式如下：

$$P_1 = If \times P_0 \tag{9-48}$$

其中，P_1为评估地价格；If 为计算得出的影响因素；P_0 为基准地价格。

由于森林资源生态服务效益的复杂性，在森林资源资产负债表中反映森林资源的生态服务价值应当确保不同区域的可比性和公平性，所设置的影响因素及其数额应由省级职能主管部门制定或认可。

（二）可行性分析

本书综合众多学者的研究发现，森林资源生态服务价值与森林资源实物量、森林资源有形资产价值之间存在某种联系。一部分学者注重研究“森林资源单位面积的生态服务价值”，早在 1997 年，Costanza 提出每公顷森林资源每年所提供的服务价值为 969 美元。薛沛沛（2013）的研究指出，武宁县的森林生态服务功能的单位面积价值量为 6.68 万元/hm^2，而江山市和邵武市则分别为 5.44 万元/hm^2 和 7.17 万元/hm^2，福建省和浙江省的单位面积森林资源生态服务功能平均价值为 5.20 万元/hm^2 和 5.05 万元/hm^2；牛香等（2013）在对吉林省的森林资源实施生态服务价值评估时得出，森林面积与生态效益有直接影响，每增加 1 个标准单位，森林生态效益就会直接提高 0.372 个标准单位；冯继广等（2016）基于全国 101 个案例点，对森林资源的生态服务价值进行统计，最后得出全国层面森林资源生态服务功能单位面积总价值为 6.11 万元/hm^2。与此同时，也有一部分学者基于森林资源价值货币化的视角，注重研究森林资源有形资产与森林生态服务价值之间的联系：李英（2013）对伊春林区实施森林资源生态服务价值进行研究，最后得出伊春林区生态服务价值是森林有形资产的 16 倍；2015 年，内蒙古自治区对翁牛特旗高家梁、桥头和亿合公等 3 个林场进行了林地和林木价值评估，并同时对 3 个林场的生态服务价值实施计量，最后得出，此 3 个林场的森林资源生态服务价值是林木和林木价值的 3.3 倍。当前大多数学者和相关政府部门都认可森林资源生态服务价值与森林有形资产价值之间存在倍数关系，并就森林资源每单位生态价值含量与森林有形资产价值之间的倍数关系进行了广泛的探讨，但这个倍数至今仍未有一个肯定性的标准，究其原因，无非由于各地影响因素的不同而造成的计量差异。

综上所述，由于各地影响因素的不同，森林资源实物量、森林资源有形资产价值与森林资源生态服务价值之间的联系各有不同。由于森林资源有形资产价值需要额外的测算过程，为最大限度地简化森林资源生态服务价值的计量过程，本书主张建立森林资源实物量与森林资源生态服务价值之间的联系，设置影响因子系数，综合调整因影响因子的不同而产生的区域森林资源生态服务价值差异，使森林资源生态服务价值的计量更加便捷快速。

（三）经济效益分析

详细开展自然资源生态服务价值评估最大的弊端在于其成本高昂，从实地调研情况看，福建省武夷山市开展山区样本的生态系统服务价值核算，招标选择某环境规划院承担此次核算，招标金额为人民币 500 万元，最终测得 2015 年福建省武夷山市生态系统服务总价值为 2 324. 4 亿元。福建省连江县开展自然资源资产负债表试编和海域资源生态系统服务功能价值测算，招标选择某中大环保科技创新工程中心有限公司承担相关工作，招标金额为 250 万元，最终测得连江全县海域资源生态系统服务功能价值为 1. 9 万亿元。其余如贵州省、常州市、深圳市等开展森林生态系统服务功能价值核算的招标金额在 200 万—500 万元不等。纵观各地实施生态系统服务功能价值评估的成本均以百万元计，编制自然资源资产负债表和开展生态系统服务价值评估，其实际意义主要为敦促领导干部在发展经济的同时注重对生态环境的管理与保护，促进生态文明机制的建立和完善，本质上是一项政策工具，所测算出的生态服务价值更多的是评估价值，难以转化为实际经济价值。出于编制自然资源资产负债表的实际需求，但不计成本地开展自然资源生态服务价值评估与测算工作有违“成本效益”原则。因此，以森林资源为例，在利用现有统计测算数据的基础上，通过影响因素指标的计算，在总体误差相对可接受的范围内，减少生态服务价值测算的成本，减少各级财政压力，提高森林资源生态服务价值评估的可操作性。

（四）技术路线

以《中华人民共和国林业行业标准——森林生态系统服务功能评估规范》（LY/T 1721—2008）所设定的森林资源生态系统服务功能分析：①涵养水源，森林对降水的截留、储存，表现为调节水量和净化水质，其影响因素主要有降水量、树种、土壤类型。②保育土壤，减少水滴对土壤的冲击和侵蚀，影响因素主要为土壤类型。③固碳释氧，森林植被的固碳、释氧功能，影响因素主要为树种、区域空气污染水平、经济发展水平。④积累营养物质，即吸收氮、磷、钾等营养物质，影响因素主要为土壤类型。⑤净化大气环境，森林生态系统对空气污染物的吸收，影响因素主要为区域污染水平和经济发展水平。⑥森林防护，表现为森林资源对降低自然危害的防护功能，其主要影响因素为地理位置、区域主要自然灾害类型。⑦物种保育，为生物物种提供生存与繁衍，以 Shannon - Wiener 指数计算物种保育价值。⑧森林游憩，现实直接反应为森林旅游收入。

为确保数据的误差尽可能缩减，最大限度地利用现有的测量数据，以某地利用《中华人民共和国林业行业标准——森林生态系统服务功能评估规范》测算出的森林资源各方面生态服务价值为基准，得出该区域每单位森林资源实物量所蕴含的生态服务价值，以各生态服务价值可能产生差异的影响因素设置调整系数，计算被评估区域每单位森林资源实物量所蕴含的生态服务价值。

（五）实际应用、检验及讨论

1. N 省 WYS 市森林资源生态价值系数法测定

WYS 市地处中亚热带地区，总面积 2 798 平方千米，主要土壤类型为赤红壤。2016 年降水量 2 452. 7mm，拥有建溪、崇阳溪、南浦溪、麻溪等 4 条主要河流，河流面积 25. 933 平方千米。2016 年全年地区生产总值（GDP）150. 33 亿元，年旅游总收入 192. 63 亿元。其主要自然灾害类型为暴雨、台风。全市拥有林业用地 356. 23 万亩，占全市土地总面积 84. 72%，森林面积 338. 36 万亩，其中生态公益林面积 155. 77 万亩，森林蓄积量

1 937 万立方米，年出材量 10 万立方米，森林覆盖率 80.47%，1997 年获全国造林绿化百佳县（市）称号。

以贵州省为基准，测定 WYS 市森林资源生态服务价值。贵州省地处中国西南内陆地区腹地，总面积 17.62 万平方千米，主要土壤类型为黄壤和黄红壤。2016 年全省年平均降水量 1 175.3mm，主要河流有南盘江、北盘江、红水河、都柳江、打狗河等，流域面积 60 420 平方千米。2016 年全年地区生产总值 11 776.73 亿元，第三产业增加值 5 261.01 亿元。其主要自然灾害为干旱、洪涝以及地质灾害，2016 年因自然灾害造成直接经济损失为 173.73 亿元。森林蓄积量 42 500 万立方米，森林覆盖率 52%。二氧化硫总排放量 64.71 万吨、烟（粉）尘排放总量 28.68 万吨。

从贵州省林业厅、省统计局联合发布的数据看，2016 年度贵州省森林生态服务功能总价值 7 484.48 亿元，从森林资源实物量与其各方面生态服务价值的关系看，涵养水源价值为 504.22 元/立方米、净化大气环境价值为 491.43 元/立方米、生物多样性保护价值为 336.80 元/立方米、固碳释氧价值为 275.28 元/立方米、保育土壤价值为 108.23 元/立方米、积累营养物质价值为 32.33 元/立方米，森林游憩价值为 54.18 亿元/立方米。

（1）涵养水源方面，与贵州省相比，WYS 市全年降水量为贵州省平均降水量的两倍，从涵养水源的角度看，位于 WYS 市的森林资源此方面价值更为显著，因此，以降水量的比例设定 WYS 市与贵州省每单位森林资源涵养水源调整系数为 2 452.7/1 175.3 = 2.09，即 WYS 市森林资源涵养水源价值为 504.22 × 2.09 = 1 053.82 元/立方米。

（2）保育土壤方面，贵州省地貌多为高原山地，地势西高东低，自中部向北、东、南三面倾斜，《贵州省水土保持公告》（2011 ~ 2015）数据显示，贵州省 2015 年水土流失面积为 48 791.87 平方千米①，同年份福建省水土流失面积为 10 562.97 平方千米，暂不考虑区域面积、其他植被作用等因素，在保育土壤方面，WYS 市森林资源保育土壤价值系数为 48 791.87/10 562.97 = 4.62，即 WYS 市森林资源保育土壤价值为 108.23 ×

① 因 2016 年数据未更新，故引用 2015 年水土流失数据。

4.62 = 500.02 元/立方米。

（3）固碳释氧价值方面，如净化大气环境分析，贵州省的空气污染水平更高，且未达到森林资源吸收阈值，此部分的调整系数与净化大气环境相同。即 WYS 市森林资源固碳释氧价值为 275.28 × 0.46 = 126.63 元/立方米。

（4）积累营养物质方面，体现为林木吸收氮、磷、钾等营养物质的含量，除具体测算外，其余简化手段难以准确测算此方面生态服务价值。本书认为，基于成本效益原则，对于难以计量的生态服务价值可采取“先设立，后填空”的方式，等技术成熟后再进行详细计量。

（5）净化大气环境方面，福建省 2016 年度二氧化硫、烟（粉）尘等污染物排放总量为 42.72，为贵州省的 45.74%，从学者对森林资源吸收空气污染物的阈值研究分析，贵州省空气污染物排放水平尚未达到森林资源吸收阈值。因此，从净化大气环境的角度分析，WYS 市森林资源净化大气环境的调整系数为 42.72/93.39 = 0.46，即 WYS 市森林资源净化大气环境价值为 491.43 × 0.46 = 226.06 元/立方米。

（6）森林防护体现为农田防护林、防风固沙林对增加农作物、牧草等产量的价值，此部分价值对于编制森林资源资产负债表的政策意图意义不显著，本书不主张将其纳入森林资源资产负债表核算。

（7）生物多样性保护方面，目前公认以 Shannon - Wiener 指数计算物种保育价值，尚未有其他可供替代方法。

（8）森林游憩方面，以最直观的森林公园旅游收入体现森林游憩价值，无须设置调整系数。

2. 误差检验

环保部环境规划院通过对 WYS 市生态系统服务价值的核算得出，2016 年 WYS 市生态系统服务总价值为 2 324.4 亿元，其中森林资源生态系统服务价值最高，其生态服务价值总额为 2 167.3 亿元。从各方面生态服务价值看，详细计算核算 WYS 市森林资源生态服务价值与系数法核算之间的差异结果如表 9 - 3 所示。

表 9－3　系数法与指标详细测算误差检验

项目	涵养水源	保育土壤	固碳释氧	积累营养物质	净化大气环境	森林防护	生物多样性保护	森林游憩	总值
单位价值（元/立方米）	1 053.82	500.02	126.63	/	226.06	/	/	/	/
系数法测算价值（亿元）	240.88	114.30	28.95	23.68	51.67	/	940.60	731.80	2 131.88
详细指标方法测算价值（亿元）	264.11	97.87	43.6	23.68	65.64	/	940.60	731.80	2 167.30
差额（亿元）	－23.22	16.43	－14.65	0	－13.97	/	0	0	－35.42

综上所述，本书主张将《中华人民共和国林业行业标准——森林生态系统服务功能评估规范》中的涵养水源、保育土壤、固碳释氧、积累营养物质、净化大气环境、生物多样性保护、森林游憩等 7 个方面的价值纳入森林资源资产负债表核算，并在涵养水源、保育土壤、固碳释氧、净化大气环境等生态服务价值计量时使用系数调整法，单个测试结果显示，系数调整法的总体误差在 1.63% 的水平，从编制森林资源资产负债表的意图上看，此误差总体可接受。

3. 偏差性讨论

如前所述，森林资源生态服务价值的各个方面的影响因素各有不同，基于现行指标测算方法的高昂成本，本书出于成本效益原则，提出系数调整法，但其使用前提是编制森林资源资产负债表，并在森林资源资产负债表中反映部分森林资源生态服务价值。简易的办法难免会带来一定程度上的误差，当财力可行或对森林资源生态服务价值数据有较为精确的要求时，以《中华人民共和国林业行业标准——森林生态系统服务功能评估规范》详细测算森林资源生态服务价值仍是更为科学准确的方法。

4. 评估系数调整法总结

森林资源生态服务价值计量是编制森林资源资产负债表（价值量表）的基础和前提，确保森林资源资产负债表（价值量表）能够反映某地区在一定时点的森林资源实物量、有形资产价值及生态服务价值，以激发政府和社会公众合理利用森林资源、保护森林资源的积极性，完善领导干部森林资源资产离任审计工作的相关制度规范，从而推动生态建设的稳步推进。本书所提出的森林资源生态服务价值系数调整法，能够在合理误差内确保森林资源生态服务效益的价值量反映，从而提高森林资源生态服务价值计量的可操作性，降低此方面的财政支出，同时也可为其他自然资源生态服务价值计量提供理论探讨基础。

然而不容忽视的是，我国幅员辽阔，地区差异显著，对森林资源生态服务价值的影响因素难以在一时之间定义明确，除上述自然因素和部分社会因素外，仍存在其他影响因素可能导致区域森林资源生态服务价值的差异，在数据不断精确的要求下，对各地区社会因素影响系数及自然因素影响系数的设置需要更为精确的论证和充分的数据支持，这正是价值量型森林资源资产负债表体系中森林生态服务价值计量方法创新的未来研究领域和方向。

第十章

森林资源资产负债表编制案例

第一节　N 省 M 市发展概况

N 省作为全国首个国家生态文明试验区，根据中办、国办印发的《国家生态文明试验区实施方案》（中办发〔2016〕58 号）要求，积极探索编制自然资源资产负债表制度，其中包括森林资源资产负债表。为此，N 省研究制定了自然资源资产负债表编制方案，明确了分类标准和统计规范，自 2018 年起将编制工作推广到全省所有市县，并定期评估和公布核算结果。

此外，N 省还对森林资源资产负债表的编制进行了深入的研究。在借鉴会计核算理论与技术的基础上，构建了国有林场森林资源资产负债表的核算系统，提出了从森林资源调查资料到森林资源资产负债表的核算流程，并以 N 省将乐国有林场为案例，进行了实例研究。同时，N 省还开展了具有山海特色的生态产品市场化改革试点，包括南平顺昌森林资源运营、福州连江深远海域生态养殖、泉州永春生态产品三级市场等价值实现路径的创新。

M 市行政区土地面积 28. 13 万公顷，全市拥有林业用地 23. 75 万公顷，占全市土地总面积 84. 72%，森林面积 22. 56 万公顷，其中生态公益林面积 10. 38 万公顷，森林蓄积量 1 937 万立方米，年出材量 10 万立方米，森林覆盖率 80. 47%。M 市拥有丰富的自然资源，目前自然保护地内还有大约

2.11 万公顷的原生性森林植被未遭到人为破坏，是全球同纬度带现存面积最大、保留最为完整的中亚热带森林生态系统。M 市生态系统类型多样，拥有 11 个植被型、170 多个群丛组，涵盖了我国中亚热带地区所有的植被类型。这里生物多样性丰富，拥有极其富足的物种资源，是野生动植物的基因库。据相关资料记载，M 市行政区域内共记录 269 科 2 799 种高等植物和 558 种野生脊椎动物，其中高等植物包括苔藓植物 70 科 345 种、蕨类植物 40 科 314 种、裸子植物 7 科 26 种和被子植物 152 科 2 114 种。这里不仅有大量亚热带物种，还有从其他地区延伸至此的种类，堪称“天然植物园”。因此，凭借着丰富的物种和独特的自然环境，M 市成为学者们研究的重点，而本书以 L 县情况为案例编制森林资源资产负债表。

第二节　M 市森林资源资产负债表编制总则

一、编制目标

开展探索编制森林资源资产负债表工作，努力摸清 N 省主要森林资源资产的“家底”及其变动情况，为健全和完善森林资源统计调查制度提供信息基础，为推进 N 省生态文明建设提供信息支撑、监测预警和决策支持。根据《国家生态文明试验区实施方案》和《全面推广编制市、县（区）级自然资源资产负债表工作方案》等相关制度，制定本制度汇编。

（一）总体目标

紧紧围绕统筹推进“五位一体”总体布局和协调推进“四个全面”战略布局，把生态文明建设摆在更加突出的战略位置，牢固树立和践行“绿水青山就是金山银山”的绿色发展理念，围绕“主张所有、行使权利、履行义务、承担责任、落实权益”的所有者职责工作主线，坚持目标和问题导向，坚持试点先行，以资源清单为依据，以调查监测和确权登记为基础，摸清资产家底，落实全民所有森林资源资产所有权委托转委托主体责任，构建责权相统一的所有权委托代理和收益管理制度，创新全民所有权实现形式，实现市场在资源配置中的决定性作用，促进资源配置公平公正，提升配置效率；切实落实和维护国家所有者权益，为完善自然资源资产产权制度、推进生态文明建设、促进N省高质量发展提供有力支撑和保障。摸清森林资源资产的存量和流量，提供科学规范的统计调查制度，为推进生态文明建设、有效保护和永续利用自然资源提供信息基础、监测预警和决策支持。具体来说，其目标包括反映林木资产、林地资产以及森林生态资产的价值，揭示森林资源的经济性和公益性，并从代际公平与可持续发展角度完善资源负债的内涵。

（二）具体目标

盘点家底，核算增减。通过编制自然资源资产负债表，采集各类自然资源实物存量与质量数据，翔实记录自然资源的增减和自然资源资产保护工作，准确掌握自然资源资产状况及其变化。

量化负债，探索成因。通过编制自然资源资产负债表，反映自然资源资产负债状况及其构成。在此基础上，分析被评估区域资源过耗、环境损害及生态修复成本变化的原因。

离任审计，考评追责。自然资源资产负债表记录自然资源的期初值、期末值、流向变化与原因，可为党政领导干部离任（任中）审计、生态环境损害责任追究、自然资源分级代理与评价考核提供基础数据和技术支持。

资源管理，价值实现。通过编制自然资源资产负债表，对自然资源实行资产化管理，为自然资源有偿使用、监管督查等提供基础依据；通过价值核算，为自然资源资产价值实现提供技术参考，促进生态产品市场化与“两山转化”工作开展。

二、编制原则

森林资源资产负债表是反映森林资源存量和流量的财务报表，包括资产、负债和净资产三个部分。编制森林资源资产负债表需要遵循以下原则：

科学性原则：编制森林资源资产负债表需要采用科学的核算方法和技术手段，确保数据的准确性和可靠性。同时，还需要结合实际情况，制定合理的分类标准和统计规范，以便更好地反映森林资源的实际情况。

可比性原则：编制森林资源资产负债表需要采用统一的核算方法和分类标准，以确保不同地区、不同机构之间的数据具有可比性。同时，还需要及时公布资产负债表的结果和相关数据，以便公众了解森林资源的存量和流量情况。

完整性原则：编制森林资源资产负债表需要全面反映森林资源的各种类型和属性，包括林木资产、林地资产、其他资产等。同时，还需要考虑到森林资源的生态价值和经济价值，以全面评估其价值和贡献。

透明度原则：编制森林资源资产负债表需要公开透明，及时公布资产负债表的结果和相关数据，以便公众了解森林资源的存量和流量情况。同时，还需要加强对公众的宣传和教育，提高公众对森林资源的认识和重视程度。

动态性原则：编制森林资源资产负债表需要定期更新数据，及时反映森林资源的变化情况。同时，还需要加强对森林资源的监测和管理，及时发现问题并采取相应的措施。

可操作性原则：编制森林资源资产负债表需要考虑到实际操作的可行性和便利性，以便各级政府和相关部门能够有效地管理和利用森林资源。同时，还需要加强对相关人员的培训和考核，提高其责任意识和工作效率。

综上所述，编制森林资源资产负债表需要遵循科学性、可比性、完整性、透明度、动态性和可操作性等原则，以确保资产负债表的准确性、可比性和实用性，为加强森林资源的管理和保护提供有力的支持。

三、数据以及资料主要来源

编制土地资源资产账户、林木资源资产账户、水资源资产账户、矿产资源资产账户和海洋资源资产账户所需的基础数据，分别来自自然资源、生态环境、水利、农业农村、林业等主管部门。如有上级主管部门审定的数据，应当优先采用。现有资料不能满足需要的，可加大统计调查监测频率，增加调查监测点，必要时开展补充性调查。这些部门所收集的数据是编制森林资源资产负债表的基础。同时，也需要参考中国省、市、县、乡四级行政体制，结合地方实际情况进行数据的分类和核算。

四、编制依据

编制森林资源资产负债表的依据包括《国家森林资源连续清查技术规定》（2014）和《森林资源规划设计调查技术规程》（GB/T 26424—2010），这两个文件为编制林木资源存量及变动表和森林资源质量及变动表提供了技术支撑。此外，还需要基于森林资源相关核算信息、内容来进一步优化核算、统计与报表体系。

在操作实施层面，为了落实党中央、国务院决策部署，国家统计局会同原国土资源部等 7 个部门共同编制了《自然资源资产负债表试编制度（编制指南）》。同时，《森林资源资产评估和资本核算技术规范》的编制工作也在进行中，该工作由国家林业和草原局调查规划设计院牵头，由从事森林资源研究、生态环境、资产评估和国民核算等工作的相关专家和相关资产评估机构组成。具体文件包括：

《中华人民共和国物权法》；
《中华人民共和国土地管理法》（2019 年修正）；
《国家生态文明试验区实施方案》；
《自然资源资产负债表试编制度（编制指南）》；
《N 省自然资源资产负债表编制制度（试行）》；
《关于印发〈福州市自然资源资产负债表编制指南（试行）〉的通知》；
国家标准《森林生态系统服务功能评估规范》（GB/T 38582—2020）；
《森林生态系统服务功能评估规范》（LY/T 1721—2008）；
《国家森林资源连续清查技术规定》；
《森林资源规划设计调查主要技术规定》（林资发〔2003〕61 号）；
《森林资源规划设计调查技术规程》（GB/T 26424—2010）；

《古树名木普查技术规范》（LY/T 2738—2016）；
《古树名木鉴定与评估标准》（DBJ 13－110—2009）。

五、职责分工

L 县自然资源和规划局负责牵头组织协调，检查和督促编制工作进展，汇总、审核相关部门提供的编制结果。统计局、生态环境、水利、农业农村、林业等部门负责收集、整理相关基础资料，建立自然资源存量及变化统计台账，分别编制土地资源资产账户（自然资源、农业农村部门负责）、林木资源资产账户（林业部门负责）、水资源资产账户（水利、生态环境、自然资源部门负责）、矿产资源资产账户（自然资源部门负责）和海洋资源资产账户（自然资源、生态环境部门负责），并将报表、编制说明和有关基础数据在规定时间内报送 L 县自然资源和规划局。

六、质量控制

自然资源、生态环境、水利、农业农村、林业等主管部门应加强有关统计调查基础，改进调查方法，强化调查全过程质量控制，确保编表所需基础数据真实可靠，做到表内数据可追溯、可核查。统计部门应加强对相关部门报送的数据进行质量审核、评估和检查，确保数据协调和真实准确。

第三节　M 市森林资源资产负债表的编制

一、报表要素的确认与计量

（一）森林资源资产的确认与计量

森林资源资产的确认首先需要管理责任清晰。各级政府在授权范围行使辖区内森林资源的管理权，森林资源资产的确认需要以辖区明确为基础，明确森林管辖权归属。其次是可量性。森林资源资产的实物量计量已在各试点地区广泛开展，此外，还需要通过相应的技术手段，实现森林资源资产的价值量计量。最后是森林资源资产流入的经济利益很可能实现。森林资源的价值量计量需要以一定的实物条件为基础，例如活立木的生长状况直接影响其经济价值与生态效益。计量森林资源资产可采用实物量与价值量结合的方式，在实物量计量的基础上，通过主管部门制定或认可的基准价值反映森林资源资产的经济价值。

基于森林资源资产的自然禀赋等特性，决定了其计量属性必然具有个别性，即森林资源资产负债表体系采用的计量属性一定兼顾实物量和价值量的确认与计量。因此，从方便和强化森林资源确认与计量的角度出发，将基准价值作为森林资源资产核算的计量属性，能够有效地解决森林资源资产负债表体系对森林资源实物量和价值量的双重计量需要。而财务会计理论体系中的历史成本、重置成本、可变现净值、现值和公允价值等计量属性是从会计理论角度反映会计要素的金额，偏向于价值量的确认与计量，没有兼顾实物量的确认与计量，在计量方法方面更没有基准价值体系中所引用的将森林资源实物量转化为价值量的诸如市场法、代替法、成本法、支付意愿法、影子价格法、模糊数学法等常用方法。总之，基准价值（价格）是在一定条件下基于市场价格折算出来的区域平均价格，是森林资源的标准价格，既能满足森林资源实物的管理需要，又能满足实物量向价值量转化的需要。

1. 森林资源资产经济价值确认与计量

森林资源的经济价值指森林资源直接或间接能够产生的经济效益。森林资源最直接的经济价值体现为人类社会对木材的需求和利用，2018 年我国林业总产值达 7.6272 万亿元，林产品进出口贸易额达 1 653 亿美元，森林资源所蕴含的经济价值是社会经济生活的重要组成。狭义上的森林资源资产经济价值指林木产品在现在或未来的市场交易中所能体现的价值。广义上的森林资源资产经济价值除包含狭义的含义外，还包括森林资源活立木所产生的各类能够以货币量化的经济效益，即以下所指森林资源生态服务价值产生的经济效益。本书所指森林资源资产经济价值为狭义的价值含义。

2. 森林资源生态资产的确认与计量

森林资源生态资产是指森林生态系统所形成的能够被人类社会直接或间接利用的生态效益。《中华人民共和国林业行业标准》（LY/T 721—2008）规定的森林生态服务功能有：涵养水源、保育土壤、固碳释氧、积累营养物质、净化大气环境、森林防护、生物多样性保护和森林游憩等 8 个方面。生态文明建设是对可持续发展理论的进一步发展，旨在为后代人留下更多的生态资产，是中国特色社会主义事业建设的重要内容。因此，价值量型森林资源资产负债表的编制既要反映森林资源实物储量及其变化情况，又要反映报表编制主体管辖范围内森林资源所蕴含的经济价值及生态服务价值。森林资源生态价值是森林资产项目的重要组成，体现了区域内一定时期生态效益的量化结果。在编制森林资源资产负债表的过程中，对森林资源生态价值的反映尤其能够体现森林资源存在的价值，切实贯彻落实“绿水青山就是金山银山”的发展理念，为其他自然资源生态价值计量提供参考。

（二）森林资源负债的确认与计量

森林相关资源负债的确认需要满足以下条件：一是责任清晰。各级政府及其自然资源部门在管辖范围内行使森林资源管理权，同样负有生态保护修复职责。因此，森林资源负债是由于报表编制主体管理不善而导致的森林资源非自然损失。二是可计量性。森林资源的非自然损失应通过价值量、实物量或两者结合的办法计量，反映森林资源的非自然损失情况。三是非自然损失已现实发生或未来很可能发生。需要有确凿的证据表明该义务很可能导致行政主体经济效益或生态效益损失。与森林资源资产的确认和计量一样，森林资源负债的确认与计量需要结合行政主体实际林地面积损失、林木资源面积、蓄积损失和森林生态损失，采用森林资源资产价值量计量方法，以价值量反映森林资源负债。

1. 森林资源负债经济价值确认与计量

在对森林资源资产计量的基础上，计算单位林地、林木资源经济价值，结合林地征占用、林地临时他用、应更未更采伐迹地、应更未更火烧迹地、森林火灾、森林病虫灾、林木盗砍、应更未更造林损失等实物量损失，得出森林资源负债经济价值。森林资源负债的计量采用“实物量”与“价值量”结合的办法，通过统计上述事项导致的森林资源实物损失，结合基准价值所计算出的经济价值计量森林资源负债。

2. 森林资源生态负债的确认与计量

在对森林资源生态资产确认与计量的基础上，计算单位森林资源生态价值，根据伐区开掘情况、因林木负债事项及其他情况产生而导致的森林资源实物损失情况，结合基准价值所得出的森林资源生态损失计量森林资源生态负债。

（三）森林资源净资产的确认与计量

按照“资产－负债＝净资产”的会计等式，反映出行政主体（某级政府）包含林地资产、林木资源资产和森林资源生态服务价值在内的森林资源资产存量，体现人为或自然因素造成的森林资源过度损耗，同时也反映一定时间范围内森林资源建设和维护成果。

二、实物量统计与核算账户设置

（一）森林资源资产统计账户

1. 林地资产统计账户

依据《中华人民共和国森林法实施条例》对林地的规定及各级资源站统计数据分析，可设置以下几类林地资产统计账户，账户数据采纳资源站统计数据：有林地、灌木林地、疏林地、未成林造林地、苗圃地、无立木林地、非林地（统计属于报表主编主体管辖，但不属于上述几类用途且已有统计基础数据的林地）。

2. 林木资产统计账户

《中华人民共和国森林法》第四条规定，森林分为五类：防护林、用材林、经济林、薪炭林、特种用途林。从各级森林资源站统计数据来看，除上述五类基本类别数据外，各地会根据自身实际情况，增设“竹类”

“四旁树”“散生木”“疏林”等其他统计账户。因此，对林木资产的实物量统计可设置以下统计账户，账户数据采纳森林资源站统计数据：防护林、用材林、经济林、薪炭林、特种用途林、其他林木（统计除上述五类林木外，归属于报表编制主体管理且已纳入资源站统计范围的其他林木）。

3. 森林生态资产统计账户

《中华人民共和国林业行业标准》（LY/T 1721—2008）规定，森林资源生态系统服务功能涵盖八大类价值。然而，由于各地生态系统服务数据统计基础工作差异较大，大部分地区难以实现上述八大生态价值的完全统计。因此，关于森林生态资产实物统计账户可采取“先设置后填充”的思路，设置涵养水源、保育土壤、固碳释氧、积累营养物质、净化大气环境、森林防护、物种保育、森林游憩等8个森林生态资产统计账户，再由森林资源资产负债表编制主体的上级政府从当前生态数据统计基础工作的现状及重要性程度出发，规定年度内应统计的若干个森林生态资产账户，待生态数据测算条件成熟后，再逐步增加应统计的生态资产账户，以此逐步完善森林资源生态服务在森林资源资产负债表中的反映。

（二）森林资源负债统计账户

1. 林地负债统计账户

依据《中华人民共和国森林法》《中华人民共和国森林法实施细则》对林地管理的基本理念，设置以下林地负债账户，账户数据采纳森林资源站统计数据：①林地征占用：《森林法》第十八条规定，各类工程建设应当不占或少占林地，因此，设置林地征占用账户，统计因林地征占用、改变林地用途而导致的林地损失；②林地临时他用损失：统计因林地临时他用和违规占用而导致的林地损失；③应更未更采伐迹地：统计采伐后应造林更新但未完成迹地造林的林地；④应更未更火烧迹地：统计火烧后应造林更新但未完成迹地造林的林地；⑤其他林地损失：统计不归属于上述4种情况，但已造成林地现实损失的情况。

2. 林木负债统计账户

依据《中华人民共和国森林法》《中华人民共和国森林法实施细则》

及各省区市森林管理条例的基本理念，设置以下林木负债统计账户，账户数据采纳森林资源站统计数据：①林区火灾损失，统计报表主体因森林防火管理不善而导致的林木损失；②森林病虫灾损失，统计报表编制主体因森林病虫害防护管理不善而导致的林木损失；③林木盗砍损失，统计林木遭受盗砍但无法追回的损失情况；④超额采伐损失，统计因超额采伐而造成的林木损失；⑤应更未更造林损失，统计因采伐、火灾、病虫灾或其他导致林木损失而应当完成而尚未完成预期造林任务，在此期间造成的林木损失；⑥其他林木损失：统计不归属于上述5类林木负债，但造成林木的现实损失的其他情况。

3. 森林生态负债统计账户

目前，各地生态基础数据统计不完善，难以实现森林生态系统服务数据的准确测算。因此，对于森林生态负债的计量，报表编制主体可依据当年测算的生态资产总额与森林蓄积量的比例，得出单位森林蓄积量的生态资产，并以此单位价值测算以下生态负债：①伐区生态损失：统计因计划内采伐伐区林木资产减少而导致的森林生态系统服务减少；②林木负债生态损失：统计由于“林木负债”各事项导致的林木减少而产生森林生态损失；③其他森林生态损失：统计不归属于上述两种情况，但已造成森林生态现实损失的其他情况。

（三）森林净资产统计账户

依据“资产－负债＝净资产”的会计等式，设置“林地净资产”“林木净资产”“森林生态净资产”等统计账户，反映报表编制主体的净权益。

三、报表列报

（一）设定报表内容

按照“资产－负债＝净资产”的会计等式，反映出行政主体（某级政府）包含林地资产、林木资源资产和森林资源生态服务价值在内的森林资源资产存量，体现人为或自然因素造成的森林资源过度损耗，同时，也反映一定时间范围内森林资源建设和维护成果。

因此，以上述森林资产统计账户（林地资产统计账户、林木资产统计账户、森林生态资产统计账户）、森林负债统计账户（林地负债统计账户、林木负债统计账户、森林生态负债统计账户）、森林净资产统计账户（林地净资产统计账户、林木净资产统计账户、森林生态净资产统计账户）的实物量统计数据为基础，以主管部门制定或认可的基准价值的价值量测算依据，将其经济价值反映在对应报表账户中。

（二）森林资源资产负债表——价值量表列报（简要样表）

基于价值量型的森林资源资产负债表的报表项目如表 10－1 所示。根据《中华人民共和国审计法》和 N 省委办公厅、省政府办公厅印发的《贯彻落实开展领导干部自然资源资产离任审计试点方案的实施意见》要求，N 省审计厅派出审计组，对 2014 年 6 月至 2018 年 12 月期间 M 市党政主要领导同志履行森林资源资产管理相关责任情况进行了审计调查并出具森林资源专项审计调查报告。在审计过程中，森林资源专题审计小组以价值量型森林资源资产负债表为查验基础，查阅了政府工作报告、会议纪要、以政府名义发布的林业政策和制度、林业工作计划、资源站基础数据、财务数据等相关资料；同时，M 市委、政府及相关单位对所提供资料的真实性、完整性负责，并作出书面承诺。审计过程中主要对价值量的森林资源资产负债表的资产、负债和净资产进行了审计，该森林资源资产负债表样表如表 10－1 所示。

表 10－1　　森林资源资产负债表（价值量型样表）

编制单位：　　　　　　　　年　　月　　日　　　　　　　　单位：

项目	期初余额	期末余额	项目	期初余额	期末余额
林地资产			**林地负债**		
有林地			林地征占用		
疏林地			林地临时他用损失		

续表

项目	期初余额	期末余额	项目	期初余额	期末余额
灌木林地			应更未更采伐迹地		
未成林造林地			应更未更火烧迹地		
苗圃地					
无立木林地			其他林地损失		
非林地					
林木资源资产			**林木资源负债**		
防护林			森林火灾损失		
特种用途林			森林病虫灾损失		
用材林			林木盗砍损失		
薪炭林			应更未更造林损失		
经济林			超额采伐		
其他林木			其他林木损失		
森林生态资产			**森林生态负债**		
涵养水源			伐区生态损失		
保育土壤			林木负债生态损失		
固碳释氧			其他森林生态损失		
积累营养物质			**森林资源负债合计**		
净化大气环境			**森林资源净资产合计**		
森林防护			林地净资产		
物种保育			林木资源净资产		
森林游憩			生态净资产		
森林资源资产总计			**森林资源负债及净资产总计**		

报表编制说明：（1）受篇幅限制，本书不详细说明报表编制过程；（2）报表编制理论上应以会计年度为周期，但为了开展离任审计工作，使得价值量型报表的编制期间与领导干部任职期间一致以利于离任审计工作开展，本表主要为各会计年度汇总表，即期初余额为领导干部到任时点，期末余额为离任时点；（3）本表为学术探讨使用，对报表数据内容不作绝对准确承诺，也无意明示或暗示某地森林资源管理效益情况。

作为N省领导干部自然资源资产离任审计工作试点和生态系统服务价值核算试点，领导干部重视生态文明建设。自2014年起，M市相继开展“青山赎买”商品林收储工作、拨付生态公益林补偿资金、完成国有林场改革、探索生态银行模式等，实现造林绿化面积不断扩大，促进林地、林木资产增值。同时，以生态系统价值核算、自然资源资产负债表等制度推动生态产品价值实现。经过长期的生态保护修复，M市生态环境持续变好，在涵养水源、固碳释氧、积累营养物质、净化大气环境、森林防护、森林游憩等方面获得显著成效，促进人与自然和谐共生。M市领导干部自然资源资产离任审计制度的推行，不仅督促该市领导干部在任期内积极推出各项有益措施，落实经济责任与资源环境治理责任，而且通过核算生态系统服务价值、编制价值量型森林资源资产负债表，反映该市不同生态资源价值量的变化情况，为生态补偿定量分析、生态保护标准的制定以及绿色发展绩效考核提供生态类评估指标，为领导干部自然资源资产离任审计制度的实施提供依据。

四、附注披露

由于林木市场价格变化等客观因素的存在，价值量型森林资源资产负债表并不能够完全反映领导干部任职期间的森林资源管理与维护情况。因此，需要辅以森林资源资产负债表——报表附注，反映森林资源实物量和价值量的变动情况，辅助说明其他导致森林资源资产负债表变动的重大事项，以此来综合反映领导干部任职期间的森林资源管理状况。

报表附注应当披露包括但不限于下列内容：（1）编制主体的基本情况；（2）编制报表依据的价值类型；（3）资产、负债等实物量资料和数据，包括期初数量、期末数量、存量增减情况；（4）各种基准价值（价格）的编制成果及应用过程；（5）报表项目重大变动情况的说明；（6）其他要说明的重要事项；（7）有助于报表使用者评价、使用报表的相关信息。

第四节　分析与建议

森林资源资产负债表是反映森林资源存量和流量的财务报表，包括资产、负债和净资产三个部分。编制森林资源资产负债表对于加强森林资源的管理和保护具有重要意义。然而，在本案例中，还存在一些不足之处，需要进一步完善和改进。本书将从以下几个方面进行分析并提出相应的建议。

一、数据来源不充分

编制森林资源资产负债表需要大量的数据支持，包括林木数量、蓄积量、林地面积、土地质量等。但是，目前这些数据的获取渠道有限，且存在不准确、不完整等问题。例如，林木数量和蓄积量的统计往往依赖于人工调查，容易出现漏报或误报的情况；林地面积的测量也存在一定的误差；土地质量的评价标准和方法尚未统一。这些问题都会影响资产负债表的准确性和可靠性。

建议：加强数据采集和管理，建立完善的数据平台和数据库，提高数据质量和准确性。同时，加强对数据的监督和审核，确保数据的真实性和完整性。

二、分类标准不统一

编制森林资源资产负债表需要对不同类型的森林资源进行分类，但是目前分类标准不统一，导致不同地区、不同机构之间的数据难以比较和分析。例如，有些地方将天然林和人工林分开计算，而有些地方则将它们合并计算；有些地方将林下经济作物计入其他资产，而有些地方则将其计入林地资产。这些问题都会影响资产负债表的可比性和实用性。

建议：制定统一的分类标准和统计规范，明确各类森林资源的定义和范围，避免出现混淆和误解。同时，加强对分类标准的宣传和培训，提高相关人员的认识和理解。

三、核算方法不完善

编制森林资源资产负债表需要采用一定的核算方法，但是目前核算方法还不够完善，存在一些问题。例如，对于林木资产的核算，有些地方采用的是蓄积量法，而有些地方则采用的是面积法；对于林地资产的核算，有些地方采用的是市场价值法，而有些地方则采用的是成本法。这些问题都会影响资产负债表的准确性和可比性。

建议：研究和探索更加科学、合理的核算方法，结合实际情况选择合适的方法进行核算。同时，加强对核算方法的宣传和培训，提高相关人员的认识和理解。

四、信息披露不及时

编制森林资源资产负债表需要及时披露相关信息，以便公众了解森林资源的存量和流量情况。但是目前信息披露不够及时，往往需要等到年底或季度末才能公布结果。这会影响公众对森林资源的了解和认识，也不利于及时发现问题并采取相应的措施。

建议：加强信息披露工作，及时公布资产负债表的结果和相关数据。同时，加强对公众的宣传和教育，提高公众对森林资源的认识和重视程度。

五、缺乏有效的监管机制

编制森林资源资产负债表需要有有效的监管机制来保障其准确性和可靠性。但是目前监管机制还不够完善，存在一些问题。例如，对于数据的采集和管理缺乏有效的监督和审核；对于资产负债表的编制和使用缺乏有效的评估和反馈机制；对于违规行为缺乏有效的惩罚措施等。这些问题都会影响资产负债表的质量和效果。

建议：建立健全的监管机制，加强对资产负债表的监督和管理。同时，加强对相关人员的培训和考核，提高其责任意识和工作效率。此外，还需要加强对违规行为的打击力度，形成有效的威慑机制。

综上所述，编制森林资源资产负债表是一项重要的工作，对于加强森林资源的管理和保护具有重要意义。但是在实际工作中还存在一些不足之处，需要进一步完善和改进。通过加强数据采集和管理，制定统一的分类标准和统计规范，研究和探索更加科学、合理的核算方法，加强信息披露工作以及建立健全的监管机制等方面的努力，可以进一步提高森林资源资产负债表的准确性、可比性和实用性，为森林资源的管理和保护提供有力的支持。

第十一章

森林资源资产负债表实务运用——森林资源资产审计

第一节 领导干部森林资源资产离任审计实际运行现状

一、森林资源资产离任审计工作层次分析

《领导干部自然资源资产离任审计规定（试行）》明确了对森林、土地、矿产、水、海洋等自然资源的审计要求，领导干部森林资源资产离任审计工作在整个领导干部离任审计体系中的定位如图11－1所示。

二、当前森林资源管理基础工作现状分析

以N省为例，森林资源管理单位按省区市林业部门统一布置的“五年计划”经营方案，细化到每一年具体各项指标，年末由上级林业主管部门进行年度目标管理考评，总体工作开展有条不紊。在日常管理工作上，森林资源基层管理单位划分不同工区，并以林种小班实施精细化管理，伐区采伐、林地征占用和次年林木造林抚育工作形成了规范的审批制度。森林资源建档数据由N省厅林业资源管理站下发，森林资源基层管理单位核实，森林资源建

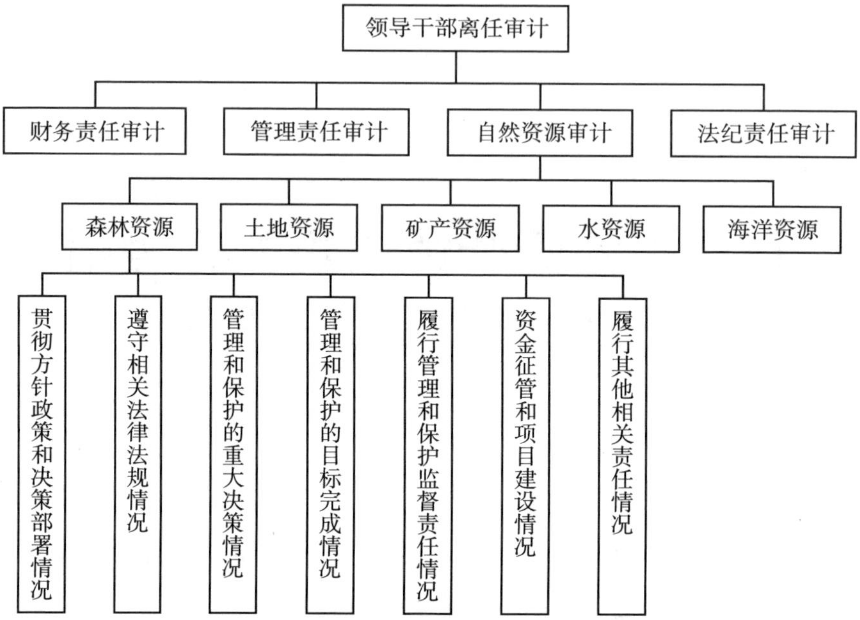

图 11－1　森林资源资产离任审计在领导干部自然资源离任审计中的定位

档数据较为及时、准确；在林业相关数据统计上，涵盖营林及采运生产情况、林业经济情况、国土绿化与森林质量提升情况、营林和重点防护林工程建设情况、濒危野生动植物抢救性保护和自然保护区建设情况、林业产量和产业产值情况、相关从业人员的管理情况以及林业投资管理情况，相关数据统计较为完备；在森林资源管理财务工作上，森林资源基层管理单位依据《国有林场（苗圃）财务制度》（财农〔2017〕72 号）管理日常财务收支和年度报表编制，详细记录辖区场圃基本情况和年度收支各项明细，林业自然保护区企业、事业和行政单位财务状况记录完备。总体而言，当前森林资源管理的日常管理、数据统计和财务状况等基础工作较为完善，形成了成熟的林业管理体系，为审计工作的开展提供基础工作支撑。

三、森林资源离任审计指标体系现状

各级政府党政主要领导干部自然资源资产离任审计中针对森林资源部

分的审计指标，以 N 省审计指标体系为例，设置了 5 项一级指标、20 余项二级指标，审计指标主要以法律法规和政策措施贯彻执行情况、相关决策制定和规划任务落实完成情况、相关约束性指标和目标责任制完成情况、相关资金管理使用和项目建设运行情况、相关预警机制建立和风险隐患处置情况等内容，详细如表 11－1 所示。

表 11－1　　N 省领导干部自然资源资产离任审计指标概括

审计和评价内容	审计和评价事项
1. 森林资源资产管理和生态环境保护法律法规执行和效果	1. 政策、制度的制定和执行情况
	2. 规划编制实施情况
	3. 监督考核情况
	4. 生态建设职责落实情况
2. 相关约束性指标	5. 林地面积（林地保有量、森林保有量）指标完成情况
	6. 森林覆盖率、蓄积量指标完成情况
	7. 造林任务完成率指标完成情况
	8. 采伐限额执行情况
	9. 森林火灾、有害生物受害率指标完成情况
3. 森林资源资产开发利用和生态环境保护重大决策情况	10. 重大决策及实施情况
	11. 森林采伐和木材运输情况
	12. 林地征占用情况
	13. 重点野生动植物保护情况
	14. 国家级公益林保护管理情况
	15. 林业执法情况
4. 森林资源资产开发利用和生态环境保护相关资金征收管理使用和项目建设运行情况	16. 本级财政投入情况
	17. 林业资金征收管理使用情况（森林植被恢复费、中央财政林业补助资金等）
	18. 重点林业工程建设情况（退耕还林工程、巩固退耕还林成果项目等）
5. 重大森林资源环境事件、预警机制建立及风险隐患处置情况	19. 森林防火预警机制建立和风险隐患处置情况
	20. 森林病虫害预警机制与处置情况

数据来源：N 省 NP 市审计局。

四、领导干部森林资源资产离任审计工作的执行情况

随着《领导干部自然资源资产离任审计规定（试行)》的出台，离任审计工作将由试点地区向全国范围内广泛开展。审计署统计数据显示，2018 年度地方各级审计机关计划组织领导干部自然资源资产离任审计项目 2 341 个，涉及党政主要领导干部 3 100 人，所揭示的问题引起了各级党委政府领导的高度关注。在森林资源离任审计具体运行方面，其审计切入点主要由以下几个步骤构成：首先是审前调查和数据分析，以获取上述审计指标所需材料清单为主；其次是审计工作的具体实施，依据相关法律法规政策，依托地理信息技术、数据库软件、工程辅助软件等工具，对上述审计指标进行统计核查；最后是审计结果评价，根据区域工作重心的不同，对上述审计指标设置不同的权重，以此综合评价领导干部任职期间森林资源资产管理与保护情况。

五、现行领导干部森林资源资产离任审计工作存在的主要问题

一是无法充分体现领导干部的受托管理责任。森林资源蕴含着重大经济价值，森林资源离任审计的客体受托管理国家森林资源，除日常管理工作规范外，其在任职期间所能创造的经济价值是其职责履行情况的重大体现。当前的审计工作缺乏对森林资源价值量的评估、确认与计量，不能直接体现领导干部任职期间森林资源价值量的增减变动，森林资源经营效益、林木病虫害损失、森林盗砍损失、森林火灾损失和林地征占用损失等内容没有相应的货币体现，不能反映领导干部任职期间的生态环境保护的受托责任。二是无法反映领导干部受托管理自然资源资产的成效。森林资源的生态价值在人类社会中发挥着巨大作用，而当前审计工作缺乏对森林资源生态服务效益的反映，不能直观体现领导干部任职期间森林生态服务价值的变动情况，无法考察领导干部贯彻执行生态文明建设的决策部署情况和绩效。三是森林资源资产负债表编制与领导干部森林资源资产离任审计之

间耦合度较低，报表编制与离任审计的脱节使两者的工作不能相互促进，且当前进行的离任审计工作大多是合规性审计，无法做到纵向时间可比、横向空间可比，审计结果的运用限制较多。四是实物量审计的责任界定较为困难。生态治理是一个长期的过程，仅以实物量作为衡量标准可能导致上一届领导留下的问题或取得的成效在下届任期内体现，审计人员无法准确界定领导干部所应承担的责任。

第二节 价值量型森林资源资产负债表离任审计工作的可行性分析

一、理论可行性分析

党的十八届三中全会明确提出要编制自然资源资产负债表和开展领导干部自然资源资产离任审计后，探讨两者协同运作的可行性成为理论界探讨热点。晏维龙（2016）分析了新常态下国家审计的变革与发展，认为我国国家审计的理念从工具理性逐步迈向价值理性，随着自然环境问题的逐步严峻，迫使环境审计从传统的事后审计转向环境管理体系评价、环境问题评估等内容，领导干部自然资源离任审计应由合规性审计逐步转向效益性审计，借以评价领导干部在任期间的自然资源管理与保护效益。刘明辉（2016）认为自然资源资产负债表作为反映地区自然资源存量及其变动情况的重要媒介，领导干部自然资源资产离任审计的审计对象应以报表和指标信息为基础，使两者能够相辅相成。在完善森林资源资产负债表和领导干部森林资源资产离任审计的协同性方面，张卫民（2019）提出了森林资源核算的账户设置，基于“林木资源资产 = 林木资源负债 + 净权益”的会计等式，构建了森林资源资产价值量表式，以完善森林资源资产负债表的表式来提高两者协同运作的可行性。袁继安（2019）认为，当前森林资源资产负债表的编制与领导干部森林资源资产离任审计之间的关联度较低，加之缺乏与离任审计相关的基础数据，可能会影响最终的审计结果和审计评价，必须有针对性地完善报表结构和整理相关基础数据。这些都为开展基于森林资源资产负债表的自然资源离任审计工作提供了制度基础与理论基础，有利于后续领导干部离任审计工作重视价值量审计与评价工作。

二、实践可行性分析

从当前领导干部自然资源资产离任审计的实务工作看，该审计更多的是合法性、合规则性审计，主要核查领导干部任职期间管理活动的真实性、合法性。各省区市所编制的森林资源资产负债表以实物量为主，仅能体现辖区内森林活立木和林产品存货状况，而缺乏对森林资源实物量及价值量变动的反映、领导干部自然资源资产管理与保护情况等内容，与领导干部自然资源资产离任审计所需要的支撑数据差异较大。因此，需要重构自然资源资产负债表的项目内容以满足领导干部自然资源资产离任审计的数据需求。例如，南平市审计局提出运用约束性指标完成情况表、责任状履行情况表、政策制度落实情况表，三表并行，对领导干部自然资源管理与保护情况进行量化评价。

以森林资源为例，编制森林资源资产负债表和领导干部森林资源资产离任审计，从实施目的上看，两者均以促进森林资源资产合理开发和生态环境保护为目标。从所需支撑数据上看，编制重构内容后的森林资源资产负债表（见表11－2）与开展领导干部森林资源资产离任审计所需的基础材料具有很大的重叠性，且极大部分已有统计基础数据可供利用，具备实务方面的可操作性。因此，基于森林资产负债表实施领导干部森林资源资产离任审计工作，在现实条件可行，在实务中可依据当地工作实际灵活更改报表项目内容，以审计需求编制报表，以报表反映领导干部森林资源资产管理和生态环境保护效益，两者相辅相成，相互促进。

三、价值量型森林资源资产负债表离任审计工作的基本内容

各地领导干部自然资源资产离任审计以考察领导干部法律法规和政策

措施贯彻执行情况、相关决策制定和规划任务落实完成情况、相关约束性指标和目标责任制完成情况、相关资金管理使用和项目建设运行情况、相关预警机制建立和风险隐患处置情况等内容为主，侧重对领导干部森林资源管理与保护情况的真实性、合法性审计，其更多地审计领导干部“任务完成情况”“制度建设及落实”等内容。

基于森林资产负债表实施领导干部森林资源资产离任审计以重构后的价值量型的森林资源资产负债表1为基础材料，报表项目如表11－2所示。①

表11－2　　森林资源资产负债表（价值量型样表）

编制单位：　　　　　　年　　月　　日　　　　　　单位：

<table>
<tr><th>项目</th><th>期初余额</th><th>期末余额</th><th>项目</th><th>期初余额</th><th>期末余额</th></tr>
<tr><td>林地资产</td><td></td><td></td><td>林地负债</td><td></td><td></td></tr>
<tr><td>有林地</td><td></td><td></td><td>林地征占用</td><td></td><td></td></tr>
<tr><td>疏林地</td><td></td><td></td><td>林地临时他用损失</td><td></td><td></td></tr>
<tr><td>灌木林地</td><td></td><td></td><td>应更未更采伐迹地</td><td></td><td></td></tr>
<tr><td>未成林造林地</td><td></td><td></td><td rowspan="2">应更未更火烧迹地</td><td rowspan="2"></td><td rowspan="2"></td></tr>
<tr><td>苗圃地</td><td></td><td></td></tr>
<tr><td>无立木林地</td><td></td><td></td><td rowspan="2">其他林地损失</td><td rowspan="2"></td><td rowspan="2"></td></tr>
<tr><td>非林地</td><td></td><td></td></tr>
<tr><td>林木资源资产</td><td></td><td></td><td>林木资源负债</td><td></td><td></td></tr>
<tr><td>防护林</td><td></td><td></td><td>森林火灾损失</td><td></td><td></td></tr>
<tr><td>特种用途林</td><td></td><td></td><td>森林病虫灾损失</td><td></td><td></td></tr>
<tr><td>用材林</td><td></td><td></td><td>林木盗砍损失</td><td></td><td></td></tr>
<tr><td>薪炭林</td><td></td><td></td><td>应更未更造林损失</td><td></td><td></td></tr>
<tr><td>经济林</td><td></td><td></td><td>超额采伐</td><td></td><td></td></tr>
<tr><td>其他林木</td><td></td><td></td><td>其他林木损失</td><td></td><td></td></tr>
</table>

① 笔者在前期形容成果中详细说明森林水资源资产负债表的项目构成原由、数据来源、编制方法等内容，此处不再重复说明。

续表

项目	期初余额	期末余额	项目	期初余额	期末余额
森林生态资产			**森林生态负债**		
涵养水源			伐区生态损失		
保育土壤			林木负债生态损失		
固碳释氧			其他森林生态损失		
积累营养物质			**森林资源负债合计**		
净化大气环境			**森林资源净资产合计**		
森林防护			林地净资产		
物种保育			林木资源净资产		
森林游憩			生态净资产		
森林资源资产总计			**森林资源负债及净资产总计**		

基于价值量型森林资产负债表实施领导干部森林资源资产离任审计能够基本满足当前的审计指标要求。例如，森林资源资产由“林地资产”“林木资源资产”“森林生态资产”三部分构成，森林资源资产的产生和变动，结合相关约束性指标和目标责任材料，能够评价领导干部相关决策制定和规划任务落实完成情况、相关约束性指标和目标责任制完成情况、相关资金管理使用和项目建设运行情况等内容；森林资源负债体现了领导干部所应承担的义务和责任，森林资源负债的产生和变动可评价领导干部法律法规和政策措施贯彻执行情况、相关预警机制建立和风险隐患处置情况等内容。此外，通过森林资源资产负债表能够直观体现领导干部森林资源资产管理与生态保护产生的净资产，从而将领导干部森林资源资产离任审计由真实性、合法性审计向效益性审计过渡，使不同地区的领导干部森林资源资产离任审计结果具备可比性，成为人事任免、奖惩的依据。

四、实物量型和价值量型森林资源资产负债表离任审计的联系和区别

（一）两者联系

（1）两者目标相同。无论价值量审计还是实物量审计，都是要反映被审计地区的主要领导干部“受托”管理包括森林资源在内的自然资源的责任。党的十八大以来，中国共产党领导全国人民统筹推进“五位一体”总体布局，在这种时代背景下，各级领导干部生态文明建设履职情况成为审计的重点内容，而履职情况不仅要看量的情况，还要看质的情况。因此，在当前领导干部森林资源离任审计实际工作中，价值量与实物量报表都是离任审计工作中不可缺的重要资料和依据。

（2）两者基本信息起源相同。无论价值量型的报表还是实物量型的报表，他们的信息起源是完全相同的，都只有一个被反映对象，就是各级领导干部履行管理职能的自然资源实体情况。价值量型的报表所使用的信息尽管更加广泛和全面，但其基本信息来源还是实物量的报表，是依据一定的方法和手段，经过一系列信息加工程序将实物量报表转化成价值量报表的，所以两种类型的报表的信息源是相同的，对两者进行审计工作也是可以相通的。

（3）两者使用的审计方法可以相互借鉴。审阅、核对、查询、观察、鉴定、分析性复核、实地调查、实地勘查等通行的审计方法在两种森林资源资产负债表审计都会采用到，两种不同型的报表审计所采用的审计方法在很大程度上具有共性，两种审计采用的方法在实务工作中往往相互借鉴、采用。

（二）两者区别

（1）审计侧重点不同。现行领导干部森林资源资产离任审计侧重对领导干部森林资源管理合规性的审查，审查领导干部是否贯彻执行法律法规

和政策措施、相关决策制定和规划任务是否落实、相关约束性指标和目标责任制完成情况等约束性内容；价值量型森林资源资产负债表审计以价值量型森林资源资产负债表为基础材料，通过对报表的审计，在审查报表数据真实性、准确性的过程中，审查森林资产、森林负债的发生及其数据变动是否合理合规，以此审查相关约束性要求。同时，通过森林资产、森林负债的发生及其数额的增减变动，评价领导干部任职期间的森林资源管理效益。

（2）审计证据的收集存在差异。现行领导干部森林资源资产离任审计与价值量型森林资源资产负债表审计最主要的审计证据差异在于，后者以审查价值量森林资源资产负债表数据准确性为目标，获取有关证明性材料，除森林年报数据、林业发展规划、林业经济统计数据、森林资源二类调查小班图（ARCGIS 数据）等书面材料外，还需要辅以专家评估验证、森林生态服务资产与森林生态负债的区域测算、听证会等审计证据。

（3）审计内容不同。现行领导干部森林资源资产离任审计以相关审计指标（见表 11 - 3）为审计内容，以审计指标为指引，开展相关审计工作。价值量型森林资源资产负债表审计以“森林资产”“森林负债”“森林净资产”等报表项目为审计内容，通过审查报表数据真实性、准确性，获取领导干部森林资源管理的合规性、效益性证据，以此作出审计评价。

第三节　价值量型森林资源资产负债表离任审计的应用

一、基本情况

N 省 WYS 市位于两省交界处，是我国南方的重点林区。截至 2018 年底，全市拥有林业用地 356. 23 万亩，占全市土地总面积 84. 72%，森林面积 338. 36 万亩，其中生公益林面积 155. 77 万亩，森林蓄积量 1 937 万立方米，年出材量 10 万立方米，森林覆盖率 80. 47%，1997 年获全国造林绿化百佳县（市）称号。WYS 市森林资源资产负债表如表 11 - 3 所示。

表 11－3　　WYS 市森林资源资产负债表

编制单位：WYS 市人民政府　　2018 年 12 月 31 日　　单位：万元

项目	期初余额	期末余额	项目	期初余额	期末余额
林地资产	**141 344.29**	**141 565.52**	**林地负债**	**2 595.05**	**2 662.66**
有林地	132 811.28	135 317.62	林地征占用	1 874.23	1 945.16
疏林地	234.65	250.36	林地临时他用损失	284	279.63
灌木林地	2 653.71	2 729.72	应更未更采伐迹地	45.65	57.52
未成林造林地	3 429.19	1 742.61			
苗圃地	12.00	17.14	应更未更火烧迹地	156.60	136.59
无立木林地	2 203.46	1 508.06			
其他林地	0	0	其他林地损失	234.57	243.76
林木资源资产	**1 109 082.49**	**1 109 925.51**	**林木资源负债**	**2 688.51**	**2 754.85**
防护林	225 976.19	226 026.15	森林火灾损失	129	112.28
特种用途林	219 585.84	222 550.84	森林病虫灾损失	10.55	20.15
用材林	440 946.56	441 287.26	林木盗砍损失	1745.53	1679.42
薪炭林	68.01	69.08	应更未更造林损失	574.43	678.50
经济林	0	0	超额采伐	0	0
其他林木	222 505.89	219 992.18	其他林木损失	229	264.50

续表

项目	期初余额	期末余额	项目	期初余额	期末余额
森林生态资产	**17 964 000**	**21 673 000**	**森林生态负债**	**3 225 591.88**	**3 305 570.27**
涵养水源	557 600	641 100	伐区生态损失	3 172 933.5	3 250 950
保育土壤	100	100	林木负债生态损失	51 081.69	52 342.15
固碳释氧	331 000	436 000	其他森林生态损失及补偿	1 576.69	2 278.12
积累营养物质	575 000	1 859 600	**森林资源负债合计**	**3 230 875.44**	**3 310 987.78**
净化大气环境	164 400	656 400	林地净资产	138 749.24	138 902.86
森林防护	605 900	1 480 800	林木资源净资产	1 106 393.98	1 107 170.66
物种保育	9 406 000	9 281 000	生态净资产	14 738 408.12	18 367 429.73
森林游憩	6 324 000	7 318 000	**森林资源净资产合计**	**15 983 551.34**	**19 613 503.25**
森林资源资产总计	19 214 426.78	22 924 491.03	**森林资源负债及净资产总计**	19 214 426.78	22 924 491.03

报表编制说明：（1）对林地资源、林木资源的资产与负债的价值量转化采用模拟市场技术类评估方法、替代市场技术类评估方法、成本法、收益法等技术方法；森林资源生态资产及生态负债的价值量核算采用《中华人民共和国林业行业标准》（LY/T 1721－2008）的技术方法。（2）受篇幅限制，本书不详细说明报表编制过程。（3）报表编制理论上应以会计年度为周期，但为了开展离任审计工作，使得价值量型报表的编制期间与领导干部任职期间一致以利离任审计工作开展，本表主要为各会计年度汇总表，即期初余额为领导干部到任时点（2014 年 6 月），期末余额为离任时点（2018 年 12 月）。（4）本表为学术探讨使用，对报表数据内容不作绝对准确承诺，也无意明示或暗示某地森林资源管理效益情况。

二、基于价值量型森林资源资产负债表的离任审计工作情况

2014 年 6 月至 2018 年 12 月，林某某同志担任中共 WYS 市委书记、谢某某同志担任 WYS 市人民政府市长。根据《中华人民共和国审计法》和 N 省委办、省政府办印发的《贯彻落实开展领导干部自然资源资产离任审计试点方案的实施意见》要求，N 省审计厅派出审计组，于 2019 年 4 月 11 日至 2019 年 6 月 20 日，对 2014 年 6 月至 2018 年 12 月期间 WYS 市党政主要领导同志履行森林资源资产管理相关责任情况进行了审计调查，在审计过程中，以价值量型森林资源资产负债表为查验基础，查阅了政府工作报告、会议纪要、以政府名义发布的林业政策和制度、林业工作计划、资源站基础数据、财务数据等相关资料。WYS 市党政及相关单位对所提供资料的真实性、完整性负责，并做出书面承诺。森林资源专题审计小组的责任是依法独立实施审计并出具森林资源专项审计调查报告。审计过程中主要对价值量的森林资源资产负债表的资产、负债和净资产进行了审计，最终得出了相应的审计结论。

三、基于价值量型森林资源资产负债表的离任审计报告

森林资源资产离任审计的报告

N 省 WYS 市人民政府：

根据《中华人民共和国审计法》《中华人民共和国森林法》《中华人民共和国森林法实施条例》及其他与森林资源管理相关的约束性规范，N 省审计厅派出审计组，于 2019 年 4 月 11 日至 2019 年 5 月 20 日，对 2014 年 6 月至 2018 年 12 月期间 WYS 市党政主要领导同志履行森林资源资产管理相关责任情况进行了审计调查。审查期间对 WYS 市调整后的 2014 年价值量型森林资源资产负债表（半年报）、2015 ~ 2018 年度价值量型森林资源资产负债表进行审计，根据审计结果，出具审计报告。

（一）被审计单位基本情况

（略）

（二）审计范围

以 WYS 市负有森林资源管理责任的辖区范围为领导干部森林资源资产离任审计范围，包括市属国有林场、自然生态保护区以及其他纳入森林年度报告核算数据的森林资源。省属国有林场等虽在辖区范围内，但不属于 WYS 市党政主要领导干部管辖的森林资源不包含在审计范围中。

（三）审计依据及审计证据

1. 国家相关法律、行政法规和行业标准或技术规范；

2. 各级林业主管部门下达的年度生产任务或阶段性工作目标；

3. 相关检查验收单位出具的检查结果、验收报告或考评意见等；

4. 资源部门公布的阶段性资源调查、监测数据；

5. 政府工作报告、会议纪要、以政府名义发布的林业政策和制度、林业工作计划、资源。

第十二章

研究结论、启示与展望

第一节　研究结论

我国森林资源质量的高低与森林资源储备、林业科技水平和人力资本的高低存在明显关联。我国森林资源储备空间异质性明显，主要取决于天然的地理情况与资源储备情况；我国多数省域林业的整体科技创新效益薄弱，林业科技水平较低，且相邻省域间林业科技互补的实现度较低；目前我国林业人力资本效益呈现转好趋势。但在国家政策的支持下，林业高精尖人才开始不断在省域间扩张、流动，促使区域间林业人力资本效益得到良好的改善，人力资源差异不断缩小，人力资源水平也在不断提升。

因此，要完善森林资源高质量发展体制，消除区域间森林资源质量发展不平衡效应。积极重视森林资源储备不足的省域，对于森林资源发展动力不足的省域，更要加强对森林资源的管理，有针对性地就不同区域的森林资源质量问题施行相应的措施，以最终达到消除区域间高质量发展不平衡的问题。要重视林业科技创新和人力资本对森林资源高质量发展的影响。相关部门可以通过鼓励地区的林业科技创新、林业人才引进与培养等措施来提升区域间森林资源高质量发展。要加强森林资源质量空间结构的审视，形成以“热点地区”带动“冷点地区”，“高质量地区”带动周边“低质量地区”的发展模式。相邻城市之间可以分享森林资源管理经验以及相关的林业技术手段，形成以局部带动局部的发展模式，最终实现中国森林资源的全面高质量发展。

现阶段在编制森林资源资产负债表还存在一些不足之处，需要进一步完善和改进。首先，编制森林资源资产负债表需要大量的数据支持，包括林木数量、蓄积量、林地面积、土地质量等。但是，目前这些数据的获取渠道有限，且存在不准确、不完整等问题。其次，编制森林资源资产负债表目前分类标准不统一，导致不同地区、不同机构之间的数据难以比较和分析，无疑将会影响资产负债表的可比性和实用性。再次，编制森林资源资产负债表目前核算方法还不够完善，口径存在不同之处，同样会影响资产负债表的准确性和可比性。同时，编制森林资源资产负债表所需的信息披露不够及时，往往需要等到年底或季度末才能公布结果。这会影响公众对森林资源的了解和认识，也不利于及时发现问题并采取相应的措施。最后，编制森林资源资产负债表需要有效的监管机制来保障其准确性和可靠性。但是目前监管机制还不够完善。

因此，其一，要加强数据采集和管理。建立完善的数据平台和数据库，提高数据质量和准确性。同时，加强对数据的监督和审核，确保数据的真实性和完整性。其二，要制定统一的分类标准和统计规范。明确各类森林资源的定义和范围，避免出现混淆和误解。同时，加强对分类标准的宣传和培训，提高相关人员的认识和理解。其三，要研究和探索更加科学、合理的核算方法。结合实际情况选择合适的方法进行核算。同时，加强对核算方法的宣传和培训，提高相关人员的认识和理解。其四，要加强信息披露工作。及时公布资产负债表的结果和相关数据。同时，加强对公众的宣传和教育，提高公众对森林资源的认识和重视程度。其五，要建立健全的监管机制，加强对资产负债表的监督和管理。加强对相关人员的培训和考核，提高其责任意识和工作效率。此外，还需要加强对违规行为的打击力度，形成有效的威慑机制。

总的来说，领导干部价值量型森林资源资产离任审计指标体系不仅能客观评估领导干部的经济责任和治理能力，还能全面反映区域森林资源管理的成效。首先，开展领导干部森林资源离任审计能促进领导干部积极、高效地履责。领导干部自然资源资产离任审计具有政策效应，通过优化官员晋升考核体系和强化环境治理监管提升了政府环境治理执行力，并且开展领导干部森林资源离任审计同样在一定程度上推进了地方政府积极承担受托环境责任，有效保证了国家生态环境保护政策的贯彻落实。其次，将价值量森林资源资产负债表作为标准化工具开展审计工作能较好地突出区域领导干部任期内对森林资源管理的成效。一是价值量型自然资源资产负债表能在领导干部自然资源资产离任审计的审计前期、中期及后期分别发挥数据支持、提供审计证据、反映价值量变动情况等作用；二是自然资源资产负债表与领导干部自然资源资产离任审计协同，能畅通多部门信息渠道、形成优势互补，更加客观、科学地反映领导干部履职情况。

因此，为了进一步完善和推广价值量型森林资源资产离任审计指标体系，需要加强相关理论框架和评价体系的建设。首先，要深入研究并完善森林资源资产的价值量核算方法，确保其科学性和准确性。目前领导干部离任审计相关实践已取得丰硕的成果和经验，但亟待进一步补充理论基础，指导离任审计工作走深走实。其次，要加强与多部门的合作和信息共享，建立统一、标准化的审计指标体系，以提升审计工作的整体效能。自然资源部门需要不断完善自然资源负债表的评价体系与理论框架，做好顶层设计，可通过与多部门合作、集体规划的模式，打造一个考核统一、口径一致的区域领导干部森林资源资产离任审计评价指标体系。再次，继续探索编制价值量型森林资源资产负债表。森林资源资产负债表通过价值量的转化有利于更好地反映森林生态系统功能和生态环境价值的变化，进一步放大领导干部森林资源资产管理和生态环境保护的效益情况，提高离任审计的工作效率，因此，需要继续探索实物量向价值量转化的核算方法，统一核算口径，以满足对森林资源资产日常化、标准化的管理要求。最后，应将价值量型森林资源资产负债表作为标准化的工具，纳入领导干部离任审计工作中，以促进两者的协同高效运作。领导干部根据森林资源负债表可以更加直观发现森林资源资产变化情况，从而重视对生态环境的保护工作，促进我国生态文明体制的完善。因此，需要将森林资源资产负债表作为一种标准化、常态化工具，辅助领导干部离任审计工作，促进两者高效协同。

第二节 研究启示

森林资源作为地球生态系统的重要组成部分，具有无可替代的价值。随着人类活动的不断扩张和发展，森林资源的保护和可持续利用面临诸多挑战。为了更好地管理和保护森林资源，学术界和实务界提出了森林资源资产负债表这一概念，也带来了丰富的启示。

一、森林资源的多重价值

森林资源资产负债表的核心在于全面评估森林资源的价值，而不仅是其经济价值。通过资产负债表，可以量化森林在生态、经济和社会方面的贡献。

1. 生态价值

维持生物多样性、提供生态服务、净化空气和水源等。这些服务对于地球生态系统的平衡和人类生存环境的改善至关重要。

2. 经济价值

木材、林产品和副产品的生产为人类提供了丰富的物质资源。同时，森林资源也是旅游业的重要依托，为当地经济发展提供了支撑。

3. 社会和文化价值

森林是许多文化和传统的重要组成部分，为人类提供了休闲、娱乐和心灵的寄托。它还为野生动植物提供了栖息地，维持了生态平衡。

通过资产负债表，可以全面了解和评估森林资源的价值，从而更好地制定相关政策和措施，促进森林资源的可持续利用。

二、资产负债表在决策中的作用

森林资源资产负债表不仅是一个价值核算工具，更是一个决策支持系统。它为政策制定者、企业决策者和公众提供了有关森林资源状况的全面信息，有助于作出更为科学和可持续的决策。

1. 政策制定

政府可以根据资产负债表的结果制定更为科学和有针对性的政策，如设立自然保护区、推广可持续林业管理和加强环境教育等措施。

2. 企业决策

企业可以利用资产负债表的信息来制订采伐计划、生态补偿措施等，确保企业的经营行为与可持续发展目标相一致。

3. 投资评估

投资者可以利用资产负债表的信息来评估投资项目的风险和机会，如投资于可持续林业项目或生态旅游项目等。

4. 提高公众意识

通过发布资产负债表的信息，提高公众对森林重要性的认识，引导公众参与保护和恢复森林资源的行动。

三、面临的挑战与对策

虽然森林资源资产负债表具有显著的优势和潜力，但在其实践过程中仍面临诸多挑战。为了克服这些挑战并推动森林资源资产负债表的广泛应用，需要采取一系列对策。

针对数据获取与处理，数据是编制资产负债表的基础，但目前数据的获取和处理仍面临诸多困难。为了解决这一问题，需要加强技术研发和培训，提高数据采集和处理的能力和效率。同时，加强国际合作与交流，促进信息的共享和经验的传播。

对于进行跨学科合作，森林资源资产负债表的编制需要跨学科的知识和合作。需要加强环境经济学、地理学、生态学和社会学等多学科的融合，共同研究和探索森林资源的价值和作用。通过这些努力，有望开创森林资源资产负债表的新篇章，为地球的绿色未来贡献力量。

要统一标准和方法。目前，不同地区和部门之间的标准和方法不统一，导致比较和交流存在障碍。因此，需要推动统一标准和方法的建设，加强国际组织间的合作与联动，形成保护森林资源的强大合力。

政府、企业和非政府组织需要联动，保护森林资源需要政府、企业和非政府组织的共同努力。需要强化这些组织之间的合作与联动，形成共同参与和合作的机制，推动森林资源的可持续发展。

四、开拓新领域

随着科技的不断进步和社会对可持续发展的日益重视，有理由相信森林资源资产负债表将在未来发挥更加重要的作用。

1. 技术进步

随着大数据、物联网、遥感技术等领域的不断发展，能够更精确地监测和评估森林资源的状况。这些技术将为数据获取和处理提供更强大的支持，提高资产负债表编制的准确性和时效性。

2. 绿色金融与生态补偿

随着绿色金融体系的不断完善，森林资源的经济价值将得到更充分的体现和发挥。通过将森林资源纳入资产定价体系，可以推动更多的资金流向林业产业和生态保护项目。同时，生态补偿机制的建立也将为森林资源的保护提供经济激励。

第三节　研究不足与展望

森林资源资产负债表作为管理和保护森林资源的重要工具，其未来发展方向涉及多个方面。然而，当前森林资源资产负债表还存在一些不足之处，需要进一步改进和完善。首先，数据获取和处理难度较大，由于森林资源的复杂性和动态性，数据的准确性和完整性难以保证；其次，核算体系有待完善，核算要素不全面，核算方法也不够科学和规范，这制约了森林资源资产负债表的应用和发展；最后，人才和技术支持不足，缺乏高素质的人才和技术支持，无法满足森林资源资产负债表编制和应用的需求。

针对这些不足，未来森林资源资产负债表的发展方向和展望包括以下几个方面：首先，需要完善核算体系，建立更加科学、规范、可操作的核算方法和指标体系，加强数据的获取、处理和分析，提高数据的准确性和完整性；其次，加强跨学科合作和交流，综合各学科的理论和方法，共同研究森林资源资产负债表的相关问题，推动其发展和完善；再次，推动国际化交流与合作，共同探讨森林资源资产负债表的发展方向和问题解决方案，促进全球范围内森林资源的管理和保护；最后，拓展应用领域也是未来的重要方向之一，将森林资源资产负债表应用于生态补偿、生态税收、生态投融资等领域，充分发挥其在生态文明建设中的作用。为了满足这些发展的需求，需要加强人才培养和技术研发和创新，培养一批既懂林业又懂环境经济学的复合型人才，推动技术进步和创新在森林资源资产负债表中的应用。

综上所述，未来森林资源资产负债表的发展需要在完善核算体系、加强跨学科合作、推动国际化交流与合作、拓展应用领域、加强人才培养和技术研发和创新等方面进行探索和实践。只有这样，才能更好地管理和保护森林资源，促进生态文明建设的可持续发展。

展望未来，森林资源资产负债表的发展前景广阔。随着科技的不断发展和社会对可持续发展的日益重视，森林资源资产负债表将迎来更多的发展机遇和挑战。未来的发展方向将更加注重数字化、智能化和精细化，利用大数据、人工智能、卫星遥感等技术手段提高数据获取和处理的效率和质量。同时，随着生态文明建设的深入推进，森林资源资产负债表将在政策制定和实践应用中发挥更加重要的作用。通过与政府、企业和社会各界的合作与联动，将森林资源资产负债表的研究成果应用于生态补偿、生态税收、生态投融资等领域，推动生态文明建设和可持续发展的实现。

总之，未来森林资源资产负债表的发展需要在多个方面进行探索和实践。

参考文献

［1］姚霖．自然资源资产负债表编制国家试点进展调研分析［J］．财会通讯，2017（04）：55－58，4.

［2］史聆聆，李萌，何磊等．我国生态文明体系现状及问题建议［J］．环境与可持续发展，2021，46（03）：127－133.

［3］张瑞琛．基于价值量的森林资源资产负债表财务报告概念框架构建研究［J］．会计研究，2020（09）：16－28.

［4］秦格．生态环境补偿会计报告和分析体系设计［C］//中国会计学会教育分会．中国会计学会 2012 年学术年会论文集．广东金融学院会计系，2012：8.

［5］王乐锦，朱炜，王斌．环境资产价值计量：理论基础、国际实践与中国选择——基于自然资源资产负债表编制视角［J］．会计研究，2016（12）：3－11，95.

［6］姜微．森林资源和湿地资源资产负债表编制及应用研究［D］．北京林业大学，2022.

［7］耿建新，安琪，尚会君．我国森林资源资产平衡表的编制工作研究——以国际规范与实践为视角［J］．审计与经济研究，2017，32（04）：51－62.

［8］张献方，周亚荣．自然资源资产负债表：现状及展望［J］．财会月刊，2019（16）：80－86.

［9］靳利军．基于绿色发展的森林资源资产负债表设计机理与实现路径研究［D］．东北林业大学，2022.

［10］柏连玉．森林资源资产负债表基本概念探析［J］．绿色财会，2016（12）：3－10.

［11］陈翠萍．浅谈森林资源资产会计［J］．绿色财会，2013（06）：7－8.

［12］周霞，史文斌，齐果等．自然资源资产负债表编制案例研究［J］．商业会计，2021（07）：13－17.

［13］盛杰．福建洋口国有林场森林资源资产负债表编制及应用研究［J］．中国林业经济，2023（04）：1－8.

［14］金海婷，裘益政，何为．增强森林资源保护的会计视角——森林资源资产负债表构建探讨［J］．绿色财会，2023（10）：25－31.

［15］范梦娟，熊胜绪，郭林英．森林资源资产负债表编制体系［J］．自然资源学报，2023，38（05）：1318－1333.

［16］靳利军，田国双，刘巨钊．森林资源核算研究知识图谱分析［J］．林业经济，2020，42（02）：3－14.

［17］于善波，王啸．浅析湿地保护区生物多样性资产公允价值计量模式［J］．中国管理信息化，2019，22（11）：4－5.

［18］张卫民，王鹤臻．森林资源资产价值计量研究——以B县森林资源资产核算为例［J］．会计之友，2022，（17）：36－43.

［19］王立．新时代生态文化建设研究［J］．山东理工大学学报（社会科学版），2019，35（02）：78－83.

［20］路彩霞．我国森林资源资产负债表的编制研究［D］．首都经济贸易大学，2018.

［21］陈艳利，弓锐，赵红云．自然资源资产负债表编制：理论基础、关键概念、框架设计［J］．会计研究，2015（09）：18－26＋96.

［22］武振国，李雪敏．自然资源资产负债表编制目标下的资产评估框架构建［J］．统计与决策，2023，39（24）：5－10.

［23］张卫民，李辰颖．森林资源资产负债表核算系统研究［J］．自然资源学报，2019，34（06）：1245－1258.

［24］吴芳，曹秋迪，沈菊琴等．水资源资产负债表编制主体及作用研究［J］．水利经济，2020，38（01）：14－20＋28＋85－86.

［25］焦志倩，王红瑞，许新宜等．自然资源资产负债表编制设计及应用Ⅰ：设计［J］．自然资源学报，2018，33（10）：1706－1714.

[26] 杨芳，延红卫．隆阳区国有林场森林资源资产评估研究 [J]．山东林业科技，2017，47 (03)：37 -41.

[27] 杨思崟，刘秋金，林镇江等．中国林业产业高质量融合发展路径研究 [J]．林业经济问题，2021，41 (06)：599 -606.

[28] 刘舒文．威海市环翠区沿海防护林生态服务价值估算及影响因子分析 [D]．山东农业大学，2021.

[29] 周晓光，潘登，潘高．湖南省森林生态系统主要服务功能计量评价 [J]．广西林业科学，2013，42 (01)：31 -37.

[30] 刘树华，李浩，陆宏芳．鼎湖山南亚热带森林生态系统服务价值动态 [J]．生态环境学报，2011，20 (Z1)：1042 -1047.

[31] 张瑞琛，杨景涵，林云舟等．领导干部价值量型森林资源资产离任审计研究——基于福建省 M 市的实践 [J]．林业经济，2023，45 (06)：62 -76.

[32] 福建衡胜生态科技有限公司自然资源资产负债研究课题组．浅析价值量自然资源资产负债表审计 [J]．中国乡镇企业会计，2021 (12)：150 -151.

[33] 苗强，张建军．关于自然资源资产负债表改革试点工作的几点思考 [J]．国土资源情报，2017 (06)：19 -21.

[34] 张瑞琛，林镇江，杨思崟等．系数调整法在森林资源生态服务价值评估中的运用 [J]．林业科学，2022，58 (12)：104 -113.

[35] 王爱国，郭胜川，朱乐．自然资源资产负债表编报体系：概念界定与总体框架 [J]．山东社会科学，2023 (04)：86 -93.

[36] 朱逢念，徐文思．领导干部自然资源资产离任审计问题探讨——基于 2018—2021 年审计报告的统计分析 [J]．财会通讯，2022 (19)：113 -120.

[37] 黄溶冰，谢晓君．领导干部自然资源资产离任审计能提升政府环境治理执行力吗? [J]．审计与经济研究，2022，37 (04)：9 -20.

[38] 张志涛，戴广翠，郭晔等．森林资源资产负债表编制基本框架研究 [J]．资源科学，2018，40 (05)：929 -935.

[39] 朱道林，张晖，段文技等．自然资源资产核算的逻辑规则与土地资源资产核算方法探讨 [J]．中国土地科学，2019，33 (11)：1 -7.

[40] 薛沛沛，王兵，牛香，等．武宁县、江山市和邵武市森林生态系统

服务功能及其价值评估［J］. 水土保持学报，2013，27（05）：249－254.

［41］牛香，宋庆丰，王兵，等. 吉林省森林生态系统服务功能［J］. 东北林业大学学报，2013，41（08）：36－41.

［42］李英，齐丹坤. 基于生态区位测度的伊春林区森林生态服务功能价值评估［J］. 林业科学，2013，49（08）：140－147.

［43］冯继广，丁陆彬，王景升等. 基于案例的中国森林生态系统服务功能评价［J］. 应用生态学报，2016，27（05）：1375－1382.

［44］胡耀升，于丽瑶，武健伟. 自然资源资产负债表核算系统构建——以森林资源为例［J］. 林业资源管理，2020（03）：22－25＋31.

［45］袁继安，伏珂颖，田大伦. 森林资源资产负债表若干问题研究［J］. 林业经济，2019，41（05）：66－70.

［46］张琦，谭志东. 领导干部自然资源资产离任审计的环境治理效应［J］. 审计研究，2019（01）：16－23.

［47］晏维龙，韩峰，汤二子. 新常态下的国家审计变革与发展［J］. 审计与经济研究，2016，31（02）：3－13.

［48］刘明辉，孙冀萍. 领导干部自然资源资产离任审计要素研究［J］. 审计与经济研究，2016，31（04）：12－20.

［49］国部克彦. 环境经营会计［M］. 中国政法大学出版社，2014.

［50］Gray R. Current developments and trends in social and environmental auditing，reporting and attestation：a review and comment［J］. International journal of auditing，2000，4（3）：247－268.

［51］Jayanthi R. Green accounting：A study about its importance and concept［J］. CLEAR International Journal of Research in Commerce & Management，2015，6（11）.